商法

学习笔记本

与

重点法条解读

NOTES
&
KEY ARTICLE INTERPRETATIONS
ON *The Commercial Law*

李建伟 编著

当代中国出版社
Contemporary China Publishing House

图书在版编目（CIP）数据

商法学习笔记本与重点法条解读 / 李建伟编著 .
北京：当代中国出版社，2024.11. -- ISBN 978-7
-5154-1501-7

Ⅰ. D923.995

中国国家版本馆 CIP 数据核字第 20249YL768 号

出 版 人　蔡继辉
责任编辑　邓颖君　彭世帆
责任校对　贾云华　康　莹
印刷监制　刘艳平
封面设计　宋　涛　鲁　娟
出版发行　当代中国出版社
地　　址　北京市地安门西大街旌勇里 8 号
网　　址　http：//www.ddzg.net
邮政编码　100009
编 辑 部　（010）66572156
市 场 部　（010）66572281　66572157
印　　刷　北京中科印刷有限公司
开　　本　880 毫米×1230 毫米　1/32
印　　张　16.75 印张　687 千字
版　　次　2024 年 11 月第 1 版
印　　次　2024 年 11 月第 1 次印刷
定　　价　78.00 元

版权所有，翻版必究；如有印装质量问题，请拨打（010）66572159 联系出版部调换。

目　　录

导言：如何学好公司法 ⋯⋯⋯⋯⋯⋯⋯⋯⋯⋯⋯⋯⋯⋯⋯⋯⋯⋯⋯⋯⋯ **001**

中华人民共和国公司法

第一章　总　则 ⋯⋯⋯⋯⋯⋯⋯⋯⋯⋯⋯⋯⋯⋯⋯⋯⋯⋯⋯⋯⋯⋯ 002
第二章　公司登记 ⋯⋯⋯⋯⋯⋯⋯⋯⋯⋯⋯⋯⋯⋯⋯⋯⋯⋯⋯⋯ 018
第三章　有限责任公司的设立和组织机构 ⋯⋯⋯⋯⋯⋯⋯⋯⋯⋯ 024
　　第一节　设　立 ⋯⋯⋯⋯⋯⋯⋯⋯⋯⋯⋯⋯⋯⋯⋯⋯⋯⋯ 024
　　第二节　组织机构 ⋯⋯⋯⋯⋯⋯⋯⋯⋯⋯⋯⋯⋯⋯⋯⋯⋯ 032
第四章　有限责任公司的股权转让 ⋯⋯⋯⋯⋯⋯⋯⋯⋯⋯⋯⋯⋯ 044
第五章　股份有限公司的设立和组织机构 ⋯⋯⋯⋯⋯⋯⋯⋯⋯⋯ 048
　　第一节　设　立 ⋯⋯⋯⋯⋯⋯⋯⋯⋯⋯⋯⋯⋯⋯⋯⋯⋯⋯ 048
　　第二节　股东会 ⋯⋯⋯⋯⋯⋯⋯⋯⋯⋯⋯⋯⋯⋯⋯⋯⋯⋯ 052
　　第三节　董事会、经理 ⋯⋯⋯⋯⋯⋯⋯⋯⋯⋯⋯⋯⋯⋯⋯ 056
　　第四节　监事会 ⋯⋯⋯⋯⋯⋯⋯⋯⋯⋯⋯⋯⋯⋯⋯⋯⋯⋯ 060
　　第五节　上市公司组织机构的特别规定 ⋯⋯⋯⋯⋯⋯⋯⋯ 062
第六章　股份有限公司的股份发行和转让 ⋯⋯⋯⋯⋯⋯⋯⋯⋯⋯ 066
　　第一节　股份发行 ⋯⋯⋯⋯⋯⋯⋯⋯⋯⋯⋯⋯⋯⋯⋯⋯⋯ 066
　　第二节　股份转让 ⋯⋯⋯⋯⋯⋯⋯⋯⋯⋯⋯⋯⋯⋯⋯⋯⋯ 074
第七章　国家出资公司组织机构的特别规定 ⋯⋯⋯⋯⋯⋯⋯⋯⋯ 082
第八章　公司董事、监事、高级管理人员的资格和义务 ⋯⋯⋯⋯ 086
第九章　公司债券 ⋯⋯⋯⋯⋯⋯⋯⋯⋯⋯⋯⋯⋯⋯⋯⋯⋯⋯⋯⋯ 100
第十章　公司财务、会计 ⋯⋯⋯⋯⋯⋯⋯⋯⋯⋯⋯⋯⋯⋯⋯⋯⋯ 104
第十一章　公司合并、分立、增资、减资 ⋯⋯⋯⋯⋯⋯⋯⋯⋯⋯ 108
第十二章　公司解散和清算 ⋯⋯⋯⋯⋯⋯⋯⋯⋯⋯⋯⋯⋯⋯⋯⋯ 114
第十三章　外国公司的分支机构 ⋯⋯⋯⋯⋯⋯⋯⋯⋯⋯⋯⋯⋯⋯ 122
第十四章　法律责任 ⋯⋯⋯⋯⋯⋯⋯⋯⋯⋯⋯⋯⋯⋯⋯⋯⋯⋯⋯ 124

第十五章　附则 …………………………………………… 128

附

最高人民法院关于适用《中华人民共和国公司法》时间效力的若干规定 ……… 130
国务院关于实施《中华人民共和国公司法》注册资本登记管理制度的规定 ……… 133

中华人民共和国合伙企业法

第一章　总则 ……………………………………………………… 136
第二章　普通合伙企业 …………………………………………… 140
　　第一节　合伙企业设立 ……………………………………… 140
　　第二节　合伙企业财产 ……………………………………… 142
　　第三节　合伙事务执行 ……………………………………… 142
　　第四节　合伙企业与第三人关系 …………………………… 146
　　第五节　入伙、退伙 ………………………………………… 146
　　第六节　特殊的普通合伙企业 ……………………………… 150
第三章　有限合伙企业 …………………………………………… 154
第四章　合伙企业解散、清算 …………………………………… 160
第五章　法律责任 ………………………………………………… 164
第六章　附则 ……………………………………………………… 168

中华人民共和国证券法

第一章　总则 ……………………………………………………… 172
第二章　证券发行 ………………………………………………… 174
第三章　证券交易 ………………………………………………… 184
　　第一节　一般规定 …………………………………………… 184
　　第二节　证券上市 …………………………………………… 186
　　第三节　禁止的交易行为 …………………………………… 188
第四章　上市公司的收购 ………………………………………… 194
第五章　信息披露 ………………………………………………… 200
第六章　投资者保护 ……………………………………………… 206
第七章　证券交易场所 …………………………………………… 210
第八章　证券公司 ………………………………………………… 216
第九章　证券登记结算机构 ……………………………………… 226

第十章	证券服务机构	230
第十一章	证券业协会	232
第十二章	证券监督管理机构	234
第十三章	法律责任	240
第十四章	附则	256

中华人民共和国期货和衍生品法

第一章	总则	260
第二章	期货交易和衍生品交易	264
第一节	一般规定	264
第二节	期货交易	266
第三节	衍生品交易	270
第三章	期货结算与交割	274
第四章	期货交易者	278
第五章	期货经营机构	282
第六章	期货交易场所	292
第七章	期货结算机构	296
第八章	期货服务机构	300
第九章	期货业协会	302
第十章	监督管理	304
第十一章	跨境交易与监管协作	310
第十二章	法律责任	314
第十三章	附则	326

中华人民共和国票据法

第一章	总则	330
第二章	汇票	336
第一节	出票	336
第二节	背书	338
第三节	承兑	340
第四节	保证	340
第五节	付款	342
第六节	追索权	344

第三章　本票	350
第四章　支票	352
第五章　涉外票据的法律适用	356
第六章　法律责任	358
第七章　附则	360

中华人民共和国信托法

第一章　总则	364
第二章　信托的设立	366
第三章　信托财产	370
第四章　信托当事人	372
第一节　委托人	372
第二节　受托人	372
第三节　受益人	376
第五章　信托的变更与终止	380
第六章　公益信托	382
第七章　附则	386

中华人民共和国保险法

第一章　总则	390
第二章　保险合同	392
第一节　一般规定	392
第二节　人身保险合同	398
第三节　财产保险合同	404
第三章　保险公司	412
第四章　保险经营规则	420
第五章　保险代理人和保险经纪人	426
第六章　保险业监督管理	430
第七章　法律责任	438
第八章　附则	444

附

最高人民法院关于适用《中华人民共和国保险法》若干问题的解释（一）…… 446
最高人民法院关于适用《中华人民共和国保险法》若干问题的解释（二）…… 447
最高人民法院关于适用《中华人民共和国保险法》若干问题的解释（三）…… 450
最高人民法院关于适用《中华人民共和国保险法》若干问题的解释（四）…… 454

中华人民共和国企业破产法

第一章　总则 …………………………………………………………… 458
第二章　申请和受理 ……………………………………………………… 460
　　第一节　申请 …………………………………………………… 460
　　第二节　受理 …………………………………………………… 460
第三章　管理人 …………………………………………………………… 466
第四章　债务人财产 ……………………………………………………… 470
第五章　破产费用和共益债务 …………………………………………… 474
第六章　债权申报 ………………………………………………………… 476
第七章　债权人会议 ……………………………………………………… 480
　　第一节　一般规定 ……………………………………………… 480
　　第二节　债权人委员会 ………………………………………… 482
第八章　重整 ……………………………………………………………… 486
　　第一节　重整申请和重整期间 ………………………………… 486
　　第二节　重整计划的制定和批准 ……………………………… 488
　　第三节　重整计划的执行 ……………………………………… 492
第九章　和解 ……………………………………………………………… 494
第十章　破产清算 ………………………………………………………… 498
　　第一节　破产宣告 ……………………………………………… 498
　　第二节　变价和分配 …………………………………………… 498
　　第三节　破产程序的终结 ……………………………………… 502
第十一章　法律责任 ……………………………………………………… 504
第十二章　附则 …………………………………………………………… 506

附

最高人民法院关于适用《中华人民共和国企业破产法》若干问题的
　规定（一）…………………………………………………………… 508

最高人民法院关于适用《中华人民共和国企业破产法》若干问题的
　　规定（二）·· 510
最高人民法院关于适用《中华人民共和国企业破产法》若干问题的
　　规定（三）·· 518

导言：如何学好公司法

今天来聊个大家很感兴趣的话题，如何学好公司法？笔者曾在多个律师论坛谈道，我国从事民商事审判的法官和民商事律师对于《公司法》这样一部法律普遍欠缺系统性的知识体系结构。全国每年大概有三千多万件民商事案件，其中近80%是合同纠纷。有关合同效力、合同解除、债权转移、保全、担保等合同纠纷业务的内容，无论是出道早、晚还是能力深、浅的民商事律师，抑或是刑事转民事的律师代理处理起来都没什么问题，法官对这类案件处理起来也比较熟悉。

但是难点在于，公司纠纷的解决，即便是北京海淀区和朝阳区的法院（这两个法院在级别上同其他省中级法院一样）中的许多民商事法官，每当提及与公司纠纷有关的概念、问题，他们也会有些拿不准，这很可能与法官个人对公司类纠纷的处理没有统一且合理的认识相关。广大中西部地区的基层法官更是时常会对公司类的纠纷处理游移不定。此外，笔者在平时参与案件论证的过程中就能感受到，对于民商法专家来讲，各个学者在与合同纠纷相关案件的论证上一般不会有太多的分歧。但对于公司纠纷，比如公司股权转让、改制、出资责任划分、公司决议纠纷、公司分红纠纷的研讨中往往分歧较大。

这是为什么呢？

因为就公司法本身属性而言，其兼有组织法和交易法两大属性。以股权转让为例，它既是一个交易行为，涉及原股东和受让人之间的关系，形成一个合同；但同时也具备组织法的问题，股权转让不单单是新旧股东之间的关系，还同时涉及公司的关系，股权转让后原股东退出，新股东加入。这个过程还牵扯到新旧股东同公司其他股东的关系，以及同公司管理层之间的关系。在实务中，因为得不到管理层或者其他股东的支持，许多新股东无法融入公司经营决策，无法获得应有的股东权利，而原股东在获得股权转让款后便草草退出不再负责。此时，新股东的权利救济便不再局限于合同法这类交易法的规制，还需从组织法即公司法的维度去寻找解决路径。在这个意义上说，与公司相关的法律纠纷具有它特有的复杂性。那么接下来我们就来谈谈，如何学好公司法？

第一，要有一定的公司经营、管理方面的基本常识。

笔者时常感觉学习公司法没有什么违和感。原因是笔者曾在中国人民大学商学院邓荣霖教授的指导下，踏踏实实地全职在人大博士后流动站做过两年研究。这期间笔者系统性地研修了两年管理学课程，包括公司行为学、公司管理学等组织行为学理论。这段学习经历使我积累了一定的公司管理的理论基础。笔者博士后的出站报告《公司制度、公司治理与公司管理——法律在公司管理中的地位与作用》着重探讨了公司制度、公司管理、公司治理之间的基本联系以及法律在公司管理中的地位和作用。时至今日，该报告中的不少观点和命题仍然在学术研究与实务中被广泛应用。

第二，要具备一些参与公司运作的实践经历。

比如二十多年前笔者在华为公司工作过一年，笔者亲眼看到一个高科技公司成长的过程，它的公司运作是怎样的。后来也参与过一些教育培训公司和图书出版公司的运作，在此过程中自己当股东，也参与过管理层决策。同时，笔者目前还兼任着一些上市公司的外部董事和独立董事，在这个过程中不断地学习。举个例子，一个上市公司每年要召开将近十次股东会、董事会，这是个宝贵的、难得的亲身感受最原汁原味的公司治理、公司管理的学习机会。这么多年下来，笔者对于一些公司治理、公司经营等纠纷问题的看法更开阔了一些，知识体系的建构也更完善了一些，对于具体问题的分析理解有时也会更深刻一些。这些视野、知识和能力的形成与积累都有赖于全方位的公司运作经历的锻炼与洗礼。当然在这里要说明一下，有时候我们不可能每个人都具备这个经历，笔者这个经历也并不一定是最好的经历。笔者主要想强调，励志想研习好公司法的同人得对公司管理、公司如何运作等问题，要有一定的了解。

第三，要注重域外公司法知识的学习。

学好中国的公司法，还需要涉猎一些如美国、日本、德国、法国等地的公司法律制度。实际上我们的公司法到现在为止，应该说主要学习的对象是美国，再次是日本，但直接源于我国台湾地区，1993年《公司法》的制定就是全方位吸收借鉴了我国台湾地区的经验。那么学习这些国家和地区的法律有什么好处呢？所谓他山之石可以攻玉，就是指开拓比较法视野，有时候你就多一些解决法律问题的方案、一些路径、一些方法，见多识广，这就是读万卷书不如行万里路的道理。

第四，要具备扎实的民法学基础。

笔者师从中国人民大学法学院的王利明教授，研习了六年民法学，后来在博士论文写作和毕业后的教学工作中转向了公司法研究。公司法是民法的特别法，如果一个学习者没有对民法的基础理论、物权法部分、合同法部分具有牢固的理论功底，那么在有些公司法问题的处理中也无法妥善解决。因为公司法本质上是"合同法"，如果要讲公司法与民法哪个部分结合的最紧密,那肯定不是婚姻继承法,也不是人格权法、也不是侵权法、也不是物权法,就是合同法。在我们的民法典时代,合同法的规则,不仅规定在《民法典》的合同编,在第一编的第六、七章,民事法律行为和代理部分也很重要。所以笔者无论是在参与公司法的修订论证过程中,还是在参与民法典合同编的修订过程中,抑或是在个人研究还是课堂教学,一直是在坚持不懈地学习《民法典》中的法律行为和代理制度。比方说笔者对公司决议的研究,主要是基于法律行为的理论进行研究,没有法律行为的理论背景,你怎么能研究好公司的决议呢?决议就是法律行为的一种。

第五,看待公司法的任何问题,都要从组织法和交易法的双重视角去分析。

在这里笔者要指出,笔者所遇到公司法的问题,90%以上都不是单纯的公司组织法问题,也不是单纯的公司交易法问题,而是组织法与交易法的连接点。如果你在方法论上从组织法和交易法的双重角度来看待公司纠纷的话,笔者相信很多问题,你的视野、你的角度、你的立场,就完全不一样。你会发现对很多问题的看法和原来相比,虽不至于得到一个醍醐灌顶的巨大提升,但也会在纠纷解决路径的寻找上顿感豁然开朗。

以上就是笔者在求学、从教和参加社会兼职的经历中就如何学好公司法所得到的一些心得体会,总结起来就是,要具备一定的管理学尤其是组织行为学知识;要有一定的参与公司经营运作的经历;认真学习公司法的基本理论尤其要注重域外公司法的研习;要具备扎实的民法理论基础;分析公司纠纷问题时要注重组织法、交易法双重思维的运用。上述观点仅仅是笔者的一孔之见,欢迎各位同人积极参与讨论和交流。

中华人民共和国公司法

（1993年12月29日第八届全国人民代表大会常务委员会第五次会议通过　根据1999年12月25日第九届全国人民代表大会常务委员会第十三次会议《关于修改〈中华人民共和国公司法〉的决定》第一次修正　根据2004年8月28日第十届全国人民代表大会常务委员会第十一次会议《关于修改〈中华人民共和国公司法〉的决定》第二次修正　2005年10月27日第十届全国人民代表大会常务委员会第十八次会议第一次修订　根据2013年12月28日第十二届全国人民代表大会常务委员会第六次会议《关于修改〈中华人民共和国海洋环境保护法〉等七部法律的决定》第三次修正　根据2018年10月26日第十三届全国人民代表大会常务委员会第六次会议《关于修改〈中华人民共和国公司法〉的决定》第四次修正　2023年12月29日第十四届全国人民代表大会常务委员会第七次会议第二次修订）

第一章 总则

第 1 条　立法宗旨

为了规范公司的组织和行为，保护公司、股东、职工和债权人的合法权益，完善中国特色现代企业制度，弘扬企业家精神，维护社会经济秩序，促进社会主义市场经济的发展，根据宪法，制定本法。

第 2 条　公司类型法定主义

本法所称公司，是指依照本法在中华人民共和国境内设立的有限责任公司和股份有限公司。

第 3 条　公司界定及权益保护

1. 公司是企业法人，有独立的法人财产，享有法人财产权。公司以其全部财产对公司的债务承担责任。
2. 公司的合法权益受法律保护，不受侵犯。

第 4 条　股东有限责任与股东权利

1. 有限责任公司的股东以其认缴的出资额为限对公司承担责任；股份有限公司的股东以其认购的股份为限对公司承担责任。
2. 公司股东对公司依法享有资产收益、参与重大决策和选择管理者等权利。

第 5 条　公司章程及其效力

设立公司应当依法制定公司章程。公司章程对公司、股东、董事、监事、高级管理人员具有约束力。

第 6 条　公司名称

1. 公司应当有自己的名称。公司名称应当符合国家有关规定。
2. 公司的名称权受法律保护。

第 7 条　公司名称中的组织形式

1. 依照本法设立的有限责任公司，应当在公司名称中标明有限责任公司或者有限公司字样。
2. 依照本法设立的股份有限公司，应当在公司名称中标明股份有限公司或者股份公司字样。

第 8 条　公司住所

公司以其主要办事机构所在地为住所。

第 9 条　经营范围

1. 公司的经营范围由公司章程规定。公司可以修改公司章程，变更经营范围。
2. 公司的经营范围中属于法律、行政法规规定须经批准的项目，应当依法经过批准。

第 10 条　法定代表人的选任与辞任

1. 公司的法定代表人按照公司章程的规定，由代表公司执行公司事务的董事或者经理担任。
2. 担任法定代表人的董事或者经理辞任的，视为同时辞去法定代表人。
3. 法定代表人辞任的，公司应当在法定代表人辞任之日起三十日内确定新的法定代表人。

>>> 法定代表人的职务依附于执行董事、经理等职位。理解此款的内涵，需要明确本法第46条第1款第7项规定的有限责任公司章程应当载明公司法定代表人的产生、变更办法是"末"，而本条第1款规定的执行董事、经理职务则是"本"，构成本末关系，不能倒置，否则在适用法律时会出现因果倒置的逻辑错误。展言之，法定代表人本身是一个身份不假，但并非一个独立的职务，也不存在某人仅出任法定代表人的情形——某人担任法定代表人根源于其担任了执行董事、经理的职务，而后根据公司章程关于法定代表人产生办法的相应规定，同时兼任法定代表人。由此，本款也就顺理成章地被推导出来——"担任法定代表人的董事或者经理辞任的，视为同时辞去法定代表人"。此谓"皮之不存，毛将焉附"。<<<

第 11 条　代表行为的法效归属

1. 法定代表人以公司名义从事的民事活动，其法律后果由公司承受。
2. 公司章程或者股东会对法定代表人职权的限制，不得对抗善意相对人。
3. 法定代表人因执行职务造成他人损害的，由公司承担民事责任。公司承担民事责任后，依照法律或者公司章程的规定，可以向有过错的法定代表人追偿。

>>> 除文字表述上的细微差异，本款实质内核与《民法典》第61条第2款一致。鉴于《民法典》适用的对象是外延更大的法人，而本条适用的对象仅为公司，有利于增强法律的适用性。法定代表人对外以公司名义进行民事活动时，与公司之间并非代理关系而是代表关系，且其代表职权来自法律、章程的授权，故不需要有公司的授权委托书。因此，法定代表人对外职务行为即公司行为，其后果自然由公司承受。本条的立法技术上用"以公司名义"来概括性地规定了法定代表人的职务行为，对于非"以公司名义"从事的非职务行为，自然不适用本款规定。总之，法定代表人签署的合同，合同履行义务归公司，合同权利归公司；若合同无效，那么无效后的法律效果也归属于公司。<<<

第 12 条　公司形式的变更

1. 有限责任公司变更为股份有限公司，应当符合本法规定的股份有限公司的条件。股份有限公司变更为有限责任公司，应当符合本法规定的有限责任公司的条件。
2. 有限责任公司变更为股份有限公司的，或者股份有限公司变更为有限责任公司的，公司变更前的债权、债务由变更后的公司承继。

第 13 条　分公司与子公司的责任承担

1. 公司可以设立子公司。子公司具有法人资格，依法独立承担民事责任。
2. 公司可以设立分公司。分公司不具有法人资格，其民事责任由公司承担。

第14条 公司转投资

1. 公司可以向其他企业投资。
2. 法律规定公司不得成为对所投资企业的债务承担连带责任的出资人的，从其规定。

>>> 公司成为承担无限责任的投资人比如普通合伙人的，有些公司依法要受到限制。目前来看，限制具体指《合伙企业法》第3条："国有独资公司、国有企业、上市公司以及公益性的事业单位、社会团体不得成为普通合伙人。"可见，国有独资公司、国有企业、上市公司以外的其他公司可以成为普通合伙人。对照新旧法，旧法强调公司对外投资须以有限责任、互不连带为原则，法律另有规定的除外。修改后的新法则无此限制，即原则上允许对所投资企业的债务承担连带责任，法律另有规定的除外。这一立法立场的巨变，有利于鼓励投资。<<<

第15条 公司对外投资、对外担保的议决

1. 公司向其他企业投资或者为他人提供担保，按照公司章程的规定，由董事会或者股东会决议；公司章程对投资或者担保的总额及单项投资或者担保的数额有限额规定的，不得超过规定的限额。
2. 公司为公司股东或者实际控制人提供担保的，应当经股东会决议。
3. 前款规定的股东或者受前款规定的实际控制人支配的股东，不得参加前款规定事项的表决。该项表决由出席会议的其他股东所持表决权的过半数通过。

>>> 民商法学界、实务界用了十几年的时间达成了一个脆弱的基本共识——越权代表规则。关于此问题，基于既有的司法经验尤其是《全国法院民商事审判工作会议纪要》（以下简称《九民纪要》）的成果，《最高人民法院关于适用〈中华人民共和国民法典〉有关担保制度的解释》第7—12条确立的基本裁判规则如下：
(1) 议决权法定。本条为强制性规定，公司为第三人债务提供担保（包括保证、物保以及其他具有担保功能的合同）的议决权在股东会或者董事会，两会之间的议决权分工由公司章程进一步确定，但公司为股东、实际控制人提供关联担保的议决权仅在股东会，不允许章程另外安排。
(2) 无有效决议就是越权行为。如公司对外担保合同签署缺少有效决议作为授权基础，即便法定代表人出面代表公司签署，该担保合同能否对公司发生效力，依据《民法典》第61、504条，《公司法》第11条规定的越权代表规则和表见代表规则确定。换言之，相对人的主观状态决定是否构成表见代表：①相对人善意的，构成表见代表，担保合同对公司发生效力，公司承担约定的担保责任；②相对人非善意的，构成无权代表，未经追认，担保合同对公司不发生效力，公司不承担担保责任，如有过错，依照《最高人民法院关于适用〈中华人民共和国民法典〉有关担保制度的解释》第17条担保合同无效规则承担相应赔偿责任。

(3) 相对人对自己的善意负有举证责任，如证明在订立担保合同时已对公司决议进行了合理审查，不知道且不应当知道法定代表人超越权限，为善意；否则，推定为恶意。公司也可以反证相对人知道或者应当知道决议系伪造、变造，如是，相对人为恶意。
(4) 法定代表人越权提供担保给公司造成损失的，公司事后得请求法定代表人承担赔偿责任。<<<

第 16 条　公司劳动保护义务

1. 公司应当保护职工的合法权益，依法与职工签订劳动合同，参加社会保险，加强劳动保护，实现安全生产。
2. 公司应当采用多种形式，加强公司职工的职业教育和岗位培训，提高职工素质。

第 17 条　职工参与公司的民主管理

1. 公司职工依照《中华人民共和国工会法》组织工会，开展工会活动，维护职工合法权益。公司应当为本公司工会提供必要的活动条件。公司工会代表职工就职工的劳动报酬、工作时间、休息休假、劳动安全卫生和保险福利等事项依法与公司签订集体合同。
2. 公司依照宪法和有关法律的规定，建立健全以职工代表大会为基本形式的民主管理制度，通过职工代表大会或者其他形式，实行民主管理。
3. 公司研究决定改制、解散、申请破产以及经营方面的重大问题、制定重要的规章制度时，应当听取公司工会的意见，并通过职工代表大会或者其他形式听取职工的意见和建议。

第 18 条　公司的党组织

在公司中，根据中国共产党章程的规定，设立中国共产党的组织，开展党的活动。公司应当为党组织的活动提供必要条件。

第 19 条　公司的合法经营义务

公司从事经营活动，应当遵守法律法规，遵守社会公德、商业道德，诚实守信，接受政府和社会公众的监督。

第 20 条　公司社会责任

1. 公司从事经营活动，应当充分考虑公司职工、消费者等利益相关者的利益以及生态环境保护等社会公共利益，承担社会责任。
2. 国家鼓励公司参与社会公益活动，公布社会责任报告。

第 21 条　禁止股东滥用股权

1. 公司股东应当遵守法律、行政法规和公司章程，依法行使股东权利，不得滥用股东权利损害公司或者其他股东的利益。
2. 公司股东滥用股东权利给公司或者其他股东造成损失的，应当承担赔偿责任。

>>>《最高人民法院关于适用〈中华人民共和国民法典〉总则编若干问题的解释》第3条第1、2款规定："对于民法典第一百三十二条所称的滥用民事权利，人民法院可以根据权利行使的对象、目的、时间、方式、造成当事人之间利益失衡的程度等因素作出认定。行为人以损害国家利益、社会公共利益、他人合法权益为主要目的行使民事权利的，人民法院应当认定构成滥用民事权利。"

这就为权利滥用的识别提供了方法论指引，同时公司法上股东权利滥用的构成要件分析及其识别规则也应遵守。

股东因出资同公司和其他股东有了权利义务的链接，这意味着股东希望与其他人通力合作以共同提升公司财产价值，获得投资回报。因此，股东和公司具有利益一致性，只有公司良性发展，股东的利益才能得到保障，"公司利益优先"要求股东行使权利不得"损人利己"。如股东以掏空公司等方式贬损公司价值、中饱私囊，则直接侵害公司财产权，进一步侵害其他股东的合理期待，也即构成权利滥用。

需要承认，股东利益与公司利益并非完全一致，认定股权滥用时应以损害公司利益为主要考量，以是否侵害其他股东利益为次要考虑。例如，公司盈利的，在多数股东的意志之下公司通过决议不分红，如少数股东不能证明多数股东具有恶意，则不应认定构成滥用股东权利。理由在于，虽然不分红决议事实上损害了少数股东利益，但此属于公司经营管理中的商业判断，可能更符合公司的长远利益。<<<

第22条 禁止不公平关联交易

1 公司的控股股东、实际控制人、董事、监事、高级管理人员不得利用关联关系损害公司利益。

2 违反前款规定，给公司造成损失的，应当承担赔偿责任。

>>> "关联交易"中"交易"的内涵，应采取功能性或经济性的广义理解，其外延涵盖法律行为以及其他基于意志的对公司财产状况和收益状况产生影响的措施，无论交易是有偿还是无偿，既包括商业上的合同、交易、安排，还包括诸如撤销、单方解除合同、抵销、行使期权等行为。

本条并未规定无效后果，而仅仅规定了损害赔偿责任——这无疑是明智的，因为交易行为效力如何由行为法调整。<<<

第23条 公司人格否认

1 公司股东滥用公司法人独立地位和股东有限责任，逃避债务，严重损害公司债权人利益的，应当对公司债务承担连带责任。

2 股东利用其控制的两个以上公司实施前款规定行为的，各公司应当对任一公司的债务承担连带责任。

3 只有一个股东的公司，股东不能证明公司财产独立于股东自己的财产，应当对公司债务承担连带责任。

>>> 《九民纪要》将常见的"滥权行为"类型化为三种：

一是人格混同。《九民纪要》第10条规定，公司人格与股东人格是否存在混同的最根本的判断标准，是公司是否具有独立意思和独立财产，最主要的表现是公司的财产与股东的财产是否混同且无法区分。在认定是否构成人格混同时，应综合考虑以下因素：其一，股东无偿使用公司资金或者财产，不作财务记载的；其二，股东用公司的资金偿还股东的债务，或者将公司的资金供关联公司无偿使用，不作财务记载的；其三，公司账簿与股东账簿不分，

致使公司财产与股东财产无法区分的;其四,股东自身收益与公司盈利不加区分,致使双方利益不清的;其五,公司的财产记载于股东名下,由股东占有、使用的;其六,人格混同的其他情形。在出现人格混同的情况下,往往同时出现以下混同:公司业务和股东业务混同;公司员工与股东员工混同,特别是财务人员混同;公司住所与股东住所混同。法院在审理案件时,关键要审查是否构成人格混同,而不要求同时具备其他方面的混同,其他方面的混同往往只是人格混同的补强。

二是过度支配与控制。《九民纪要》第11条规定,公司控制股东对公司过度支配与控制,操纵公司的决策过程,使公司完全丧失独立性,沦为控制股东的工具或躯壳,严重损害公司债权人利益的,应当否认公司人格,由滥用控制权的股东对公司债务承担连带责任。实践中常见的情形包括:其一,母子公司之间或者子公司之间进行利益输送;其二,母子公司或者子公司之间进行交易,收益归一方,损失却由另一方承担;其三,先从原公司抽走资金,然后再成立经营目的相同或者类似的公司,逃避原公司债务;其四,先解散公司,再以原公司场所、设备、人员及相同或者相似的经营目的另设公司,逃避原公司债务;其五,过度支配与控制的其他情形。控制股东或实际控制人控制多个子公司或者关联公司,滥用控制权使多个子公司或者关联公司财产边界不清、财务混同、利益相互输送,丧失人格独立性,沦为控制股东逃避债务、非法经营甚至违法犯罪工具的,可以综合案件事实,否认子公司或者关联公司法人人格,判令承担连带责任。

三是资本显著不足。《九民纪要》第12条规定,资本显著不足指的是,公司设立后在经营过程中,股东实际投入公司的资本数额与公司经营所隐含的风险相比明显不匹配。股东利用较少资本从事力所不及的经营,表明其没有从事公司经营的诚意,实质是恶意利用公司独立人格和股东有限责任把投资风险转嫁给债权人。由于资本显著不足的判断标准有很大的模糊性,尤其是要与公司采取"以小博大"的正常经营方式相区分,所以需要审慎适用,注意与其他因素结合起来综合判断。

本条第2款是新增内容,由此确立了横向人格否认制度。横向人格否认是指,在控制股东、实际控制人控制多家关联公司,滥用控制权使多个关联公司财产边界不清、财务混同、利益相互输送,彼此丧失人格独立性,沦为控制者逃避债务、非法经营甚至违法犯罪的工具的情形下,否认关联公司的法人人格,判令彼此承担连带责任。

第24条　电子通信会议

公司股东会、董事会、监事会召开会议和表决可以采用电子通信方式,公司章程另有规定的除外。

第25条 公司决议无效

公司股东会、董事会的决议内容违反法律、行政法规的无效。

>>> 我国《公司法》中的决议瑕疵制度目前仅覆盖股东会决议和董事会决议,文义上未包含监事会决议。鉴于新法引入了类别股股东会会议、公司债券持有人会议、审计委员会会议,合目的性解释的结论理应是:既然公司决议包括股东会、董事会、监事会、类别股股东会、公司债券持有人会议、审计委员会会议乃至清算组会议,且《民法典》第134条将以上会议的决议均列为民事法律行为,所以公司决议效力瑕疵规则应适用于以上所有会议。<<<

第26条 公司决议可撤销

1. 公司股东会、董事会的会议召集程序、表决方式违反法律、行政法规或者公司章程,或者决议内容违反公司章程的,股东自决议作出之日起六十日内,可以请求人民法院撤销。但是,股东会、董事会的会议召集程序或者表决方式仅有轻微瑕疵,对决议未产生实质影响的除外。

2. 未被通知参加股东会会议的股东自知道或者应当知道股东会决议作出之日起六十日内,可以请求人民法院撤销;自决议作出之日起一年内没有行使撤销权的,撤销权消灭。

>>> 应当如何正确理解"对决议未产生实质影响的"的内涵?这需要明确裁量驳回的宏观制度功能,并确立体系化的解释方案,以确保"实质影响"要件解释的客观性与科学性。具言之,从决议撤销之诉的事由就可以看出,一方面,决议撤销之诉的主要制度功能就在于维护公司决议的正当程序价值,尤其是保护决议参与者对于公司会议的出席权、临时提案权与议决权,如参与者的此类权利都不能得到保障,那么该类程序瑕疵绝对不能归属于"仅有轻微瑕疵,对决议未产生实质影响"。"实质影响"的精确含义指向决议程序本身而不是决议的后果,也即,某项公司决议的召集程序或者表决方式存在瑕疵,该瑕疵是否导致股东、董事的出席权、临时提案权、表决权不能正常行使,如是,则构成了实质影响;否则,即为非实质影响。

"轻微瑕疵"和"实质影响"要件应区分认定。具言之,"轻微瑕疵"是对决议程序瑕疵与程序价值(主要是参会者固有权是否受损的评估)背离程度的客观描述,"实质影响"可解释为决议瑕疵对公司决议自治性与组织性功能的影响。这两者分别承载着不同的规范功能,轻微瑕疵要件具有的更多的是控制决议撤销之诉的功能,防止滥诉,而实质影响要件更多的是防止参会者之外的主体借撤销之诉影响公司关系的安定。若两要件合一,或者虚置其中一个要件,显然上述功能分化将无法得以体现,这势必模糊利益衡量的过程。<<<

第27条	公司决议不成立	有下列情形之一的，公司股东会、董事会的决议不成立： （一）未召开股东会、董事会会议作出决议； （二）股东会、董事会会议未对决议事项进行表决； （三）出席会议的人数或者所持表决权数未达到本法或者公司章程规定的人数或者所持表决权数； （四）同意决议事项的人数或者所持表决权数未达到本法或者公司章程规定的人数或者所持表决权数。
第28条	公司决议无效、撤销或者不成立的法律后果	公司股东会、董事会决议被人民法院宣告无效、撤销或者确认不成立的，公司应当向公司登记机关申请撤销根据该决议已办理的登记。 股东会、董事会决议被人民法院宣告无效、撤销或者确认不成立的，公司根据该决议与善意相对人形成的民事法律关系不受影响。 >>> 公司依据决议与善意相对人形成的民事法律关系不受影响。此处的"不受影响"即公司与善意相对人的交易行为有效与否，不受决议的效力影响，这就意味着该行为该有效的继续有效，该可撤销的仍为可撤销，该效力待定的仍为效力待定，该无效的仍无效。 依照反向解释，公司依据决议与恶意相对人形成的民事法律关系受影响。<<<

第二章　公司登记

第 29 条　公司设立登记
1. 设立公司,应当依法向公司登记机关申请设立登记。
2. 法律、行政法规规定设立公司必须报经批准的,应当在公司登记前依法办理批准手续。

第 30 条　设立登记材料
1. 申请设立公司,应当提交设立登记申请书、公司章程等文件,提交的相关材料应当真实、合法和有效。
2. 申请材料不齐全或者不符合法定形式的,公司登记机关应当一次性告知需要补正的材料。

第 31 条　符合、不符合设立条件的登记处理
申请设立公司,符合本法规定的设立条件的,由公司登记机关分别登记为有限责任公司或者股份有限公司;不符合本法规定的设立条件的,不得登记为有限责任公司或者股份有限公司。

第 32 条　公司登记事项
1. 公司登记事项包括:
   (一) 名称;
   (二) 住所;
   (三) 注册资本;
   (四) 经营范围;
   (五) 法定代表人的姓名;
   (六) 有限责任公司股东、股份有限公司发起人的姓名或者名称。
2. 公司登记机关应当将前款规定的公司登记事项通过国家企业信用信息公示系统向社会公示。

第 33 条　公司营业执照
1. 依法设立的公司,由公司登记机关发给公司营业执照。公司营业执照签发日期为公司成立日期。
2. 公司营业执照应当载明公司的名称、住所、注册资本、经营范围、法定代表人姓名等事项。
3. 公司登记机关可以发给电子营业执照。电子营业执照与纸质营业执照具有同等法律效力。

> >>> 由于关涉公司登记业务是极其重要的实操,此处隆重地作出涉及5个条文的3个记载(登记)事项的比较。
> (1) 第32条。公司登记6个事项(这也是第34条变更登记事项范围)包括名称、住所、注册资本、经营范围、法定代表人的姓名、有限公司股东以及股份公司发起人的姓名或名称。
> (2) 第33条第2款。营业执照记载5个事项包括名称、住所、注册资本、经营范围、法定代表人姓名等。
> (3) 第46条。有限公司章程绝对必要记载8个事项包括名称、住所、经营范围、注册资本、股东的姓名或名称、法定代表人的产生变更办法以及其他事项(股东的出资额、出资方式与出资日期;公司的机构及其产生办法、职权、议事规则等)。
> (4) 第95条。股份公司章程绝对必要记载12个事项包括名称、住所、经营范围、注册资本、法定代表人的产生变更办法、发起人的姓名或名称以及认购的股份数、出资方式等。

中华人民共和国公司法 33—39条

> 对比可知，公司名称、公司住所、注册资本、经营范围、股东（发起人）的姓名或者名称、法定代表人姓名（或者产生、变更办法）这6个事项，乃是公司登记、营业执照、公司章程的共同记载（登记）事项。这些事项一旦发生法律事实的变更，第34条规定公司应及时办理变更登记。<<<

第34条 变更登记及其登记效力

1. 公司登记事项发生变更的，应当依法办理变更登记。
2. 公司登记事项未经登记或者未经变更登记，不得对抗善意相对人。

> \>>> 本条第2款规定"公司登记事项未经登记或者未经变更登记，不得对抗善意相对人"，依反对解释，公司登记事项未经登记或者未经变更登记，善意相对人可以对抗公司，此即前述公信效力；还可解释出，公司登记事项经登记或者变更登记，公司可以对抗善意相对人，此即前述对抗效力。<<<

第35条 变更登记所需文件

1. 公司申请变更登记，应当向公司登记机关提交公司法定代表人签署的变更登记申请书、依法作出的变更决议或者决定等文件。
2. 公司变更登记事项涉及修改公司章程的，应当提交修改后的公司章程。
3. 公司变更法定代表人的，变更登记申请书由变更后的法定代表人签署。

第36条 变更登记后换发营业执照

公司营业执照记载的事项发生变更的，公司办理变更登记后，由公司登记机关换发营业执照。

第37条 公司注销登记

公司因解散、被宣告破产或者其他法定事由需要终止的，应当依法向公司登记机关申请注销登记，由公司登记机关公告公司终止。

第38条 分公司设立登记

公司设立分公司，应当向公司登记机关申请登记，领取营业执照。

第39条 虚假设立登记的法律后果

虚报注册资本、提交虚假材料或者采取其他欺诈手段隐瞒重要事实取得公司设立登记的，公司登记机关应当依照法律、行政法规的规定予以撤销。

第40条 公司信息公示

1. 公司应当按照规定通过国家企业信用信息公示系统公示下列事项：
（一）有限责任公司股东认缴和实缴的出资额、出资方式和出资日期，股份有限公司发起人认购的股份数；
（二）有限责任公司股东、股份有限公司发起人的股权、股份变更信息；
（三）行政许可取得、变更、注销等信息；
（四）法律、行政法规规定的其他信息。
2. 公司应当确保前款公示信息真实、准确、完整。

第41条 公司登记便利化

1. 公司登记机关应当优化公司登记办理流程，提高公司登记效率，加强信息化建设，推行网上办理等便捷方式，提升公司登记便利化水平。
2. 国务院市场监督管理部门根据本法和有关法律、行政法规的规定，制定公司登记注册的具体办法。

第三章 有限责任公司的设立和组织机构

第一节 设立

第 42 条 有限公司的股东人数

有限责任公司由一个以上五十个以下股东出资设立。

第 43 条 设立协议

有限责任公司设立时的股东可以签订设立协议,明确各自在公司设立过程中的权利和义务。

第 44 条 先公司交易及责任承担

1. 有限责任公司设立时的股东为设立公司从事的民事活动,其法律后果由公司承受。
2. 公司未成立的,其法律后果由公司设立时的股东承受;设立时的股东为二人以上的,享有连带债权,承担连带债务。
3. 设立时的股东为设立公司以自己的名义从事民事活动产生的民事责任,第三人有权选择请求公司或者公司设立时的股东承担。
4. 设立时的股东因履行公司设立职责造成他人损害的,公司或者无过错的股东承担赔偿责任后,可以向有过错的股东追偿。

>>> 本条第 1 款是关于有限公司股东设立公司行为之责任承担的一般原则。设立中的公司与成立后的公司二者为承继关系,故而发起人(设立人)的设立行为理应由成立后的公司自然承受。具言之,本条款明确了该种承继的责任范围为股东"为设立公司"而从事的民事活动,由此将股东为自己利益或其他与公司设立无关的行为排除在外。

本条第 2 款规定了公司设立失败时的对外责任承担规则。在公司设立阶段,全体股东(发起人)之间为合伙关系。基于设立公司行为的共同行为理论,公司设立失败的情形下,因设立公司行为而产生了债务,应当由全体股东共同承担连带责任,债权人有权选择向全体股东或者部分股东请求清偿全部债务。即便被债权人提出诉讼请求的并非全体股东,被起诉的股东也应对债务全额予以清偿,而不能以超过协议内部约定或者出资比例为由抗辩。

本条第 3 款对于发起人(设立时的股东)为设立公司而以自己名义对外签订合同的责任承担问题作了特殊规定,即赋予相对人选择权。有限公司股东出于设立公司的目的,以个人名义对外订立合同,原则上应当坚持合同的相对性,只能对签约当事人发生法律效力,而不能向合同关系以外的第三方(公司)主张权利;但是考虑到在设立公司的过程中,设立中的公司并不具有完全的民事主体资格、难以设立中公司的名义直接对外签订合同,故股东时常以自己名义对外订立合同,但股东签订该合同的真实意思表示是为设立公司,因此成立后的公司自然应当承担相应的合同责任。

本条第 4 款规定了股东因设立公司而发生职务侵权行为时的责任承担问题。公司成立后,股东为履行公司职务造成他人侵害的,根据《民法典》第 1191 条第 1 款的规定,用人单位的工作人员因执行工作任务造成他人损害的,由用人单位承担侵权责任。用人单位承担侵权责任后,可以向有故意或者重大过失的工作人员追偿。但是,如果在公司设立过程中,股东为履行设立公司的职

责造成他人损害的，从性质上看，应该类似于职务侵权行为。因此，基于对受害人的保护和对公司违法风险的考量，在此可以参照《民法典》第1191条关于用人单位工作人员职务侵权由用人单位承担侵权责任的规定，由公司承担侵权责任；如果公司设立失败，则通过本条第2款追究相应人员的责任。<<<

第45条	有限公司初始章程的制定		设立有限责任公司，应当由股东共同制定公司章程。
第46条	有限公司章程绝对必要记载事项	1	有限责任公司章程应当载明下列事项： （一）公司名称和住所； （二）公司经营范围； （三）公司注册资本； （四）股东的姓名或者名称； （五）股东的出资额、出资方式和出资日期； （六）公司的机构及其产生办法、职权、议事规则； （七）公司法定代表人的产生、变更办法； （八）股东会认为需要规定的其他事项。
		2	股东应当在公司章程上签名或者盖章。
第47条	注册资本限期认缴制	1	有限责任公司的注册资本为在公司登记机关登记的全体股东认缴的出资额。全体股东认缴的出资额由股东按照公司章程的规定自公司成立之日起五年内缴足。
		2	法律、行政法规以及国务院决定对有限责任公司注册资本实缴、注册资本最低限额、股东出资期限另有规定的，从其规定。
第48条	股东出资形式	1	股东可以用货币出资，也可以用实物、知识产权、土地使用权、股权、债权等可以用货币估价并可以依法转让的非货币财产作价出资；但是，法律、行政法规规定不得作为出资的财产除外。
		2	对作为出资的非货币财产应当评估作价，核实财产，不得高估或者低估作价。法律、行政法规对评估作价有规定的，从其规定。
第49条	股东未按期足额缴纳出资的赔偿责任	1	股东应当按期足额缴纳公司章程规定的各自所认缴的出资额。
		2	股东以货币出资的，应当将货币出资足额存入有限责任公司在银行开设的账户；以非货币财产出资的，应当依法办理其财产权的转移手续。
		3	股东未按期足额缴纳出资的，除应当向公司足额缴纳外，还应当对给公司造成的损失承担赔偿责任。

>>> 按期足额缴纳出资是股东对于公司的唯一一主义务，须严格履行；否则，其应依法承担相应的法律责任。第3款专款规定瑕疵出资股东对公司的两项法律责任：补缴出资责任与损害赔偿责任。<<<

第50条 发起人的资本充实担保责任

有限责任公司设立时，股东未按照公司章程规定实际缴纳出资，或者实际出资的非货币财产的实际价额显著低于所认缴的出资额的，设立时的其他股东与该股东在出资不足的范围内承担连带责任。

>>> 出资充实担保责任的范围仅限于"公司成立时"发起人（设立人），股东需要实际缴纳出资但出资不足的部分，不包括设立时发起人股东认缴但在公司成立后才需要实缴的部分。
"出资充实担保责任"的主债务乃是瑕疵出资股东的补缴责任，主债务人乃是该瑕疵出资股东，担保人是"公司设立时的其他股东"，责任性质在形式上表述为"连带责任"，其实质是连带保证责任。<<<

第51条 董事会对股东出资情况的核查、催缴义务

1. 有限责任公司成立后，董事会应当对股东的出资情况进行核查，发现股东未按期足额缴纳公司章程规定的出资的，应当由公司向该股东发出书面催缴书，催缴出资。

2. 未及时履行前款规定的义务，给公司造成损失的，负有责任的董事应当承担赔偿责任。

>>> 董事会的核查义务。该义务强调应当核查各个发起人股东的出资情况，也包括对于增资扩股的认股人（新、老股东）的出资情况展开核查的义务（本法第228条）。
董事会的催缴义务。公司成立后，董事会经核查后发现存在股东构成瑕疵出资的，以及需要加速到期的股东，董事会需要以公司名义发出书面催缴书，进行催缴。
董事会启动司法程序的义务。进一步延伸的义务当然是，如被催缴的股东置之不理，则董事会负有启动诉讼、仲裁等司法手段进行催缴的义务；否则，可能少数股东将提起股东代位诉讼（本法第189条），此时董事会可能已经涉嫌构成对信义义务的违反。<<<

第52条 催缴失权制度

1. 股东未按照公司章程规定的出资日期缴纳出资，公司依照前条第一款规定发出书面催缴书催缴出资的，可以载明缴纳出资的宽限期；宽限期自公司发出催缴书之日起，不得少于六十日。宽限期届满，股东仍未履行出资义务的，公司经董事会决议可以向该股东发出失权通知，通知应当以书面形式发出。自通知发出之日起，该股东丧失其未缴纳出资的股权。

2. 依照前款规定丧失的股权应当依法转让，或者相应减少注册资本并注销该股权；六个月内未转让或者注销的，由公司其他股东按照其出资比例足额缴纳相应出资。

3. 股东对失权有异议的，应当自接到失权通知之日起三十日内，向人民法院提起诉讼。

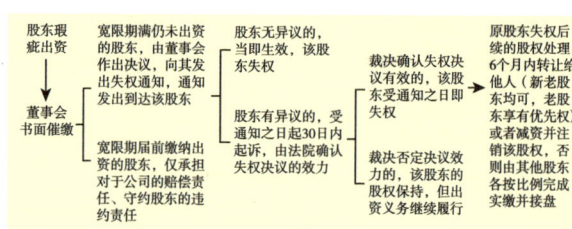

第53条 禁止抽逃出资

公司成立后,股东不得抽逃出资。

违反前款规定的,股东应当返还抽逃的出资;给公司造成损失的,负有责任的董事、监事、高级管理人员应当与该股东承担连带赔偿责任。

第54条 有限公司的股东出资加速到期

公司不能清偿到期债务的,公司或者已到期债权的债权人有权要求已认缴出资但未届出资期限的股东提前缴纳出资。

>>> 关于适用情形,2019年《九民纪要》第6条规定为:①公司作为被执行人的案件,人民法院穷尽执行措施无财产可供执行,已具备破产原因,但不申请破产的;②在公司债务产生后,公司股东会决议或以其他方式延长股东出资期限的。相比之下,本条的内容变化在于:一是将加速到期的条件简单限定为"公司不能清偿到期债务",比《九民纪要》的规定更为宽松,摆脱了执行程序的前置;二是与破产标准脱钩,避免了与破产程序债权人平等受偿的组织法要求相违背;三是删去了上述第二种情形。
本条规定的是入库规则,即无论公司债权人还是公司自身请求该股东加速出资,该股东都是将出资交付给公司,以增加公司的责任财产,有助于公司清偿债务(不一定单限于该债权人的债权)。<<<

第55条 有限公司股东的出资证明书

有限责任公司成立后,应当向股东签发出资证明书,记载下列事项:
(一)公司名称;
(二)公司成立日期;
(三)公司注册资本;
(四)股东的姓名或者名称、认缴和实缴的出资额、出资方式和出资日期;
(五)出资证明书的编号和核发日期。
出资证明书由法定代表人签名,并由公司盖章。

第56条　有限公司股东名册

1. 有限责任公司应当置备股东名册,记载下列事项:
（一）股东的姓名或者名称及住所;
（二）股东认缴和实缴的出资额、出资方式和出资日期;
（三）出资证明书编号;
（四）取得和丧失股东资格的日期。
2. 记载于股东名册的股东,可以依股东名册主张行使股东权利。

第57条　有限公司股东知情权

1. 股东有权查阅、复制公司章程、股东名册、股东会会议记录、董事会会议决议、监事会会议决议和财务会计报告。
2. 股东可以要求查阅公司会计账簿、会计凭证。股东要求查阅公司会计账簿、会计凭证的,应当向公司提出书面请求,说明目的。公司有合理根据认为股东查阅会计账簿、会计凭证有不正当目的,可能损害公司合法利益的,可以拒绝提供查阅,并应当自股东提出书面请求之日起十五日内书面答复股东并说明理由。公司拒绝提供查阅的,股东可以向人民法院提起诉讼。
3. 股东查阅前款规定的材料,可以委托会计师事务所、律师事务所等中介机构进行。
4. 股东及其委托的会计师事务所、律师事务所等中介机构查阅、复制有关材料,应当遵守有关保护国家秘密、商业秘密、个人隐私、个人信息等法律、行政法规的规定。
5. 股东要求查阅、复制公司全资子公司相关材料的,适用前四款的规定。

>>> 本条第1款规定股东对普通信息资料享有"绝对知情权",无须说明"正当目的"即可查阅、复制之。普通信息资料包括公司章程、股东名册、股东会会议记录、董事会会议决议、监事会会议决议和财务会计报告,权利行使方式包括查阅与复制。
本条第2款规定股东对特殊信息资料享有查阅权。特殊信息资料包括会计账簿与会计凭证,涉及公司具体经营信息及商业秘密,因此法律限制了股东行使知情权的条件与方式,股东只有查阅权而无复制权,且必须具备正当目的。知情权虽具有共益权属性,但是股东申请查阅公司信息多是为了获得与投资相关的个人利益。为贴合实践中的判断标准,在是否损及公司合法利益要件难以判断时,可以将股东申请查阅的资料与申请人作为股东的地位和利益的关联性作为辅助判断股东目的是否正当的考量因素。
本条第5款增设了穿透查阅规则,母公司股东可以查阅、复制全资子公司的材料。<<<

第二节　组织机构

第58条　有限公司股东会的构成与地位

有限责任公司股东会由全体股东组成。股东会是公司的权力机构,依照本法行使职权。

第59条	股东会的职权	1	股东会行使下列职权： （一）选举和更换董事、监事，决定有关董事、监事的报酬事项； （二）审议批准董事会的报告； （三）审议批准监事会的报告； （四）审议批准公司的利润分配方案和弥补亏损方案； （五）对公司增加或者减少注册资本作出决议； （六）对发行公司债券作出决议； （七）对公司合并、分立、解散、清算或者变更公司形式作出决议； （八）修改公司章程； （九）公司章程规定的其他职权。
		2	股东会可以授权董事会对发行公司债券作出决议。
		3	对本条第一款所列事项股东以书面形式一致表示同意的，可以不召开股东会会议，直接作出决定，并由全体股东在决定文件上签名或者盖章。
			>>> 依照本法第112条第1款的规定，本条第1款、第2款关于股东会职权的规定，也适用于股份公司。<<<
第60条	一人公司的股东享有股东会职权		只有一个股东的有限责任公司不设股东会。股东作出前条第一款所列事项的决定时，应当采用书面形式，并由股东签名或者盖章后置备于公司。
第61条	首次股东会会议的召集和主持		首次股东会会议由出资最多的股东召集和主持，依照本法规定行使职权。
第62条	有限公司股东会的定期、临时会议	1	股东会会议分为定期会议和临时会议。
		2	定期会议应当按照公司章程的规定按时召开。代表十分之一以上表决权的股东、三分之一以上的董事或者监事会提议召开临时会议的，应当召开临时会议。
第63条	有限公司股东会会议的召集和主持	1	股东会会议由董事会召集，董事长主持；董事长不能履行职务或者不履行职务的，由副董事长主持；副董事长不能履行职务或者不履行职务的，由过半数的董事共同推举一名董事主持。
		2	董事会不能履行或者不履行召集股东会会议职责的，由监事会召集和主持；监事会不召集和主持的，代表十分之一以上表决权的股东可以自行召集和主持。
第64条	有限公司股东会会议通知期限与会议记录	1	召开股东会会议，应当于会议召开十五日前通知全体股东；但是，公司章程另有规定或者全体股东另有约定的除外。
		2	股东会应当对所议事项的决定作成会议记录，出席会议的股东应当在会议记录上签名或者盖章。

第65条 有限公司股东的表决权比例

股东会会议由股东按照出资比例行使表决权；但是，公司章程另有规定的除外。

第66条 股东会的议事规则

1. 股东会的议事方式和表决程序，除本法有规定的外，由公司章程规定。
2. 股东会作出决议，应当经代表过半数表决权的股东通过。
3. 股东会作出修改公司章程、增加或者减少注册资本的决议，以及公司合并、分立、解散或者变更公司形式的决议，应当经代表三分之二以上表决权的股东通过。

第67条 董事会的设置和职权

1. 有限责任公司设董事会，本法第七十五条另有规定的除外。
2. 董事会行使下列职权：
   （一）召集股东会会议，并向股东会报告工作；
   （二）执行股东会的决议；
   （三）决定公司的经营计划和投资方案；
   （四）制订公司的利润分配方案和弥补亏损方案；
   （五）制订公司增加或者减少注册资本以及发行公司债券的方案；
   （六）制订公司合并、分立、解散或者变更公司形式的方案；
   （七）决定公司内部管理机构的设置；
   （八）决定聘任或者解聘公司经理及其报酬事项，并根据经理的提名决定聘任或者解聘公司副经理、财务负责人及其报酬事项；
   （九）制定公司的基本管理制度；
   （十）公司章程规定或者股东会授予的其他职权。
3. 公司章程对董事会职权的限制不得对抗善意相对人。

>>> 根据本法第120条第2款，本条规定也适用于股份公司。<<<

第68条 董事会的组成

1. 有限责任公司董事会成员为三人以上，其成员中可以有公司职工代表。职工人数三百人以上的有限责任公司，除依法设监事会并有公司职工代表的外，其董事会成员中应当有公司职工代表。董事会中的职工代表由公司职工通过职工代表大会、职工大会或者其他形式民主选举产生。
2. 董事会设董事长一人，可以设副董事长。董事长、副董事长的产生办法由公司章程规定。

第69条 有限公司审计委员会

有限责任公司可以按照公司章程的规定在董事会中设置由董事组成的审计委员会，行使本法规定的监事会的职权，不设监事会或者监事。公司董事会成员中的职工代表可以成为审计委员会成员。

>>> 本条连同本法第83条为有限公司的监督机构选择提供了多元方案，有限公司可以根据章程选择如下监督模式：(1) 设立监事会；(2) 设立1名监事；(3) 设立审计委员会；(4) 不设专门监督机构。前述第1、2种模式下，公司治理结构与旧法相同，即采用

第七十五条　规模较小或者股东人数较少的有限责任公司，可以不设董事会，设一名董事，行使本法规定的董事会的职权。该董事可以兼任公司经理。

"双层制"或"三角制"模式，股东会是权力机关，董事会是执行机关，监事会（1名监事）是监督机关。第3种模式下公司治理结构整体接近于英美法系的单层制模式，股东会下仅设立董事会，不另设立监事会（监事）。第4种模式仅适用于中小微规模的有限公司。<<<

第70条 董事的任期与辞任

1. 董事任期由公司章程规定，但每届任期不得超过三年。董事任期届满，连选可以连任。
2. 董事任期届满未及时改选，或者董事在任期内辞任导致董事会成员低于法定人数的，在改选出的董事就任前，原董事仍应当依照法律、行政法规和公司章程的规定，履行董事职务。
3. 董事辞任的，应当以书面形式通知公司，公司收到通知之日辞任生效，但存在前款规定情形的，董事应当继续履行职务。

第71条 董事解任

1. 股东会可以决议解任董事，决议作出之日解任生效。
2. 无正当理由，在任期届满前解任董事的，该董事可以要求公司予以赔偿。

>>> 离职赔偿承担了对被解任董事的救济功能，对公司无因解任董事形成制约，促使公司审慎决定。同时，一定程度上保障了董事依法独立行使职权，有利于防止双控人滥用控制权无理由撤换董事会成员。在具体个案中，可结合剩余任期和董事薪酬等因素综合确定赔偿的合理数额。<<<

第72条 董事会会议的召集和主持

董事会会议由董事长召集和主持；董事长不能履行职务或者不履行职务的，由副董事长召集和主持；副董事长不能履行职务或者不履行职务的，由过半数的董事共同推举一名董事召集和主持。

第73条 董事会的议事规则

1. 董事会的议事方式和表决程序，除本法有规定的外，由公司章程规定。
2. 董事会会议应当有过半数的董事出席方可举行。董事会作出决议，应当经全体董事的过半数通过。
3. 董事会决议的表决，应当一人一票。
4. 董事会应当对所议事项的决定作成会议记录，出席会议的董事应当在会议记录上签名。

第74条 经理的设置和职权

1. 有限责任公司可以设经理，由董事会决定聘任或者解聘。
2. 经理对董事会负责，根据公司章程的规定或者董事会的授权行使职权。经理列席董事会会议。

中华人民共和国公司法 74—78条

>>> 我国关于经理代理权的立场与大陆法系基本相同，即认为经理并非公司法定代表机关，不当然享有公司代表权，其能否代表公司取决于是否担任法定代表人（本法第10条）。未担任法定代表人的经理，对外以公司名义从事法律行为，视为公司代理人而非代表人，此时适用《民法典》第170条而非第61、62条。当非法代的经理对外为职务代理行为时，其代理权限于"职权范围内"。<<<

第75条　一名董事的设置

规模较小或者股东人数较少的有限责任公司，可以不设董事会，设一名董事，行使本法规定的董事会的职权。该董事可以兼任公司经理。

第76条　监事会的设置与组成

1　有限责任公司设监事会，本法第六十九条、第八十三条另有规定的除外。
2　监事会成员为三人以上。监事会成员应当包括股东代表和适当比例的公司职工代表，其中职工代表的比例不得低于三分之一，具体比例由公司章程规定。监事会中的职工代表由公司职工通过职工代表大会、职工大会或者其他形式民主选举产生。
3　监事会设主席一人，由全体监事过半数选举产生。监事会主席召集和主持监事会会议；监事会主席不能履行职务或者不履行职务的，由过半数的监事共同推举一名监事召集和主持监事会会议。
4　董事、高级管理人员不得兼任监事。

第77条　监事的任期

1　监事的任期每届为三年。监事任期届满，连选可以连任。
2　监事任期届满未及时改选，或者监事在任期内辞任导致监事会成员低于法定人数的，在改选出的监事就任前，原监事仍应当依照法律、行政法规和公司章程的规定，履行监事职务。

第78条　监事会的职权

监事会行使下列职权：
（一）检查公司财务；
（二）对董事、高级管理人员执行职务的行为进行监督，对违反法律、行政法规、公司章程或者股东会决议的董事、高级管理人员提出解任的建议；
（三）当董事、高级管理人员的行为损害公司的利益时，要求董事、高级管理人员予以纠正；
（四）提议召开临时股东会会议，在董事会不履行本法规定的召集和主持股东会会议职责时召集和主持股东会会议；
（五）向股东会会议提出提案；
（六）依照本法第一百八十九条的规定，对董事、高级管理人员提起诉讼；
（七）公司章程规定的其他职权。

>>> 根据本法第131条第2款的规定，本条也适用于股份公司监事会。<<<

第六十九条　有限责任公司可以按照公司章程的规定在董事会中设置由董事组成的审计委员会，行使本法规定的监事会的职权，不设监事会或者监事。公司董事会成员中的职工代表可以成为审计委员会成员。

第八十三条　规模较小或者股东人数较少的有限责任公司，可以不设监事会，设一名监事，行使本法规定的监事会的职权；经全体股东一致同意，也可以不设监事。

第一百八十九条　董事、高级管理人员有前条规定的情形的，有限责任公司的股东、股份有限公司连续一百八十日以上单独或者合计持有公司百分之一以上股份的股东，可以书面请求监事会向人民法院提起诉讼；监事有前条规定的情形的，前述股东可以书面请求董事会向人民法院提起诉讼。

监事会或者董事会收到前款规定的股东书面请求后拒绝提起诉讼，或者自收到请求之日起三十日内未提起诉讼，或者情况紧急、不立即提起诉讼将会使公司利益受到难以弥补的损害的，前款规定的股东有权为公司利益以自己的名义直接向人民法院提起诉讼。

他人侵犯公司合法权益，给公司造成损失的，本条第一款规定的股东可以依照前两款的规定向人民法院提起诉讼。

公司全资子公司的董事、监事、高级管理人员有前条规定情形，或者他人侵犯公司全资子公司合法权益造成损失的，有限责任公司的股东、股份有限公司连续一百八十日以上单独或者合计持有公司百分之一以上股份的股东，可以依照前三款规定书面请求全资子公司的监事会、董事会向人民法院提起诉讼或者以自己的名义直接向人民法院提起诉讼。

第79条 监事的列席、质询与建议权和监事会的调查权

1. 监事可以列席董事会会议,并对董事会决议事项提出质询或者建议。
2. 监事会发现公司经营情况异常,可以进行调查;必要时,可以聘请会计师事务所等协助其工作,费用由公司承担。

第80条 要求董事、高管提交执行职务报告及董事、高管的配合义务

1. 监事会可以要求董事、高级管理人员提交执行职务的报告。
2. 董事、高级管理人员应当如实向监事会提供有关情况和资料,不得妨碍监事会或者监事行使职权。

第81条 监事会的议事规则

1. 监事会每年度至少召开一次会议,监事可以提议召开临时监事会会议。
2. 监事会的议事方式和表决程序,除本法有规定的外,由公司章程规定。
3. 监事会决议应当经全体监事的过半数通过。
4. 监事会决议的表决,应当一人一票。
5. 监事会应当对所议事项的决定作成会议记录,出席会议的监事应当在会议记录上签名。

第82条 监事会履职费用的承担

监事会行使职权所必需的费用,由公司承担。

第83条 设一名监事、不设监督机构

规模较小或者股东人数较少的有限责任公司,可以不设监事会,设一名监事,行使本法规定的监事会的职权;经全体股东一致同意,也可以不设监事。

>>> 根据本法第133条,相同情形的股份公司亦可仅设1名监事,体现出两类公司在制度上的同质化趋势,区别仅在于股份公司必设监督机构。<<<

第四章 有限责任公司的股权转让

第84条 有限公司的股权自愿转让

1. 有限责任公司的股东之间可以相互转让其全部或者部分股权。
2. 股东向股东以外的人转让股权的,应当将股权转让的数量、价格、支付方式和期限等事项书面通知其他股东,其他股东在同等条件下有优先购买权。股东自接到书面通知之日起三十日内未答复的,视为放弃优先购买权。两个以上股东行使优先购买权的,协商确定各自的购买比例;协商不成的,按照转让时各自的出资比例行使优先购买权。
3. 公司章程对股权转让另有规定的,从其规定。

>>> 本条第1款明确股权内部转让采自由原则,对股权的内部转让既不做程序要求,也不做实体限制,这背后的法理逻辑在于股权的内部转让一般不会影响有限公司内部的封闭性和股东的稳定性。尽管是较为自由的股东间内部股权转让,也会面临复杂的利益博弈。对此公司法不应武断干涉,应为当事人意思自治与博弈预留充分的空间。股权外部转让,按照第2款规定,取消了原来的其他股东过半数的同意权规则,仅其他股东保留优先购买权。
约束其他股东行使优先购买权的主要限制措施是同等条件。所谓"同等条件",应当综合包括但不限于数量、价格、支付方式、期限等因素进行综合考量。一般而言:关于数量,购买出让人的全部股权优于部分股权;关于价格,主张优先权不应低于出让股东报价;关于支付方式,一次性付款方式优于分期付款,若多个受让人之间都采用分期付款的方式,则应进一步考量分期付款期限;关于支付期限,短的支付期限优于长的支付期限。事实上,只要为出让股东所合理看重、足以对交易产生实质影响的各类因素均应在"同等条件"的考量范围内。当然,不应包括其他股东无论怎样努力也不可能具备的纯粹随意条件,比如感恩或情感偏好。<<<

第85条 有限公司的股权强制转让

人民法院依照法律规定的强制执行程序转让股东的股权时,应当通知公司及全体股东,其他股东在同等条件下有优先购买权。其他股东自人民法院通知之日起满二十日不行使优先购买权的,视为放弃优先购买权。

第86条 有限公司股权变动、模式

1. 股东转让股权的,应当书面通知公司,请求变更股东名册;需要办理变更登记的,并请求公司向公司登记机关办理变更登记。公司拒绝或者在合理期限内不予答复的,转让人、受让人可以依法向人民法院提起诉讼。
2. 股权转让的,受让人自记载于股东名册时起可以向公司主张行使股东权利。

第87条 公司在股权转让后的其他义务

依照本法转让股权后,公司应当及时注销原股东的出资证明书,向新股东签发出资证明书,并相应修改公司章程和股东名册中有关股东及其出资额的记载。对公司章程的该项修改不需再由股东会表决。

第 88 条 股权转让后的出资责任承担

1. 股东转让已认缴出资但未届出资期限的股权的,由受让人承担缴纳该出资的义务;受让人未按期足额缴纳出资的,转让人对受让人未按期缴纳的出资承担补充责任。

2. 未按照公司章程规定的出资日期缴纳出资或者作为出资的非货币财产的实际价额显著低于所认缴的出资额的股东转让股权的,转让人与受让人在出资不足的范围内承担连带责任;受让人不知道且不应当知道存在上述情形的,由转让人承担责任。

>>> 出资未届期的股权转让的出资责任分配规则,本条第1款规定为:受让人承担出资责任、转让人承担补充责任,这也系一种补充型连带责任。瑕疵出资股权转让的出资责任分配规则,本条第2款规定为:原则上转让人/受让人在出资不足范围内连带;如受让人善意的,由转让人单独担责。<<<

第 89 条 有限公司异议股东评估权

1. 有下列情形之一的,对股东会该项决议投反对票的股东可以请求公司按照合理的价格收购其股权:
(一)公司连续五年不向股东分配利润,而公司该五年连续盈利,并且符合本法规定的分配利润条件;
(二)公司合并、分立、转让主要财产;
(三)公司章程规定的营业期限届满或者章程规定的其他解散事由出现,股东会通过决议修改章程使公司存续。

2. 自股东会决议作出之日起六十日内,股东与公司不能达成股权收购协议的,股东可以自股东会决议作出之日起九十日内向人民法院提起诉讼。

3. 公司的控股股东滥用股东权利,严重损害公司或者其他股东利益的,其他股东有权请求公司按照合理的价格收购其股权。

4. 公司因本条第一款、第三款规定的情形收购的本公司股权,应当在六个月内依法转让或者注销。

>>> 从整体来看,本条第3款与本法第21条第2款、第22条、第180条第3款以及《最高人民法院关于适用〈中华人民共和国公司法〉若干问题的规定(四)》第15条等已然构成了中国法上的不公平损害救济规则体系。新《公司法》通过本款将股权回购这类救济措施扩张适用于处理有限公司股东压制问题。<<<

第 90 条 有限公司股东资格继承

自然人股东死亡后,其合法继承人可以继承股东资格;但是,公司章程另有规定的除外。

第五章 股份有限公司的设立和组织机构

第一节 设立

第91条 股份公司设立方式

1. 设立股份有限公司,可以采取发起设立或者募集设立的方式。
2. 发起设立,是指由发起人认购设立公司时应发行的全部股份而设立公司。
3. 募集设立,是指由发起人认购设立公司时应发行股份的一部分,其余股份向特定对象募集或者向社会公开募集而设立公司。

第92条 发起人人数与资格

设立股份有限公司,应当有一人以上二百人以下为发起人,其中应当有半数以上的发起人在中华人民共和国境内有住所。

第93条 发起人职责与发起人协议

1. 股份有限公司发起人承担公司筹办事务。
2. 发起人应当签订发起人协议,明确各自在公司设立过程中的权利和义务。

第94条 股份公司章程制订

设立股份有限公司,应当由发起人共同制订公司章程。

第95条 股份公司章程绝对必要记载事项

股份有限公司章程应当载明下列事项:
(一)公司名称和住所;
(二)公司经营范围;
(三)公司设立方式;
(四)公司注册资本、已发行的股份数和设立时发行的股份数,面额股的每股金额;
(五)发行类别股的,每一类别股的股份数及其权利和义务;
(六)发起人的姓名或者名称、认购的股份数、出资方式;
(七)董事会的组成、职权和议事规则;
(八)公司法定代表人的产生、变更办法;
(九)监事会的组成、职权和议事规则;
(十)公司利润分配办法;
(十一)公司的解散事由与清算办法;
(十二)公司的通知和公告办法;
(十三)股东会认为需要规定的其他事项。

第96条 股份公司的注册资本

1. 股份有限公司的注册资本为在公司登记机关登记的已发行股份的股本总额。在发起人认购的股份缴足前,不得向他人募集股份。
2. 法律、行政法规以及国务院决定对股份有限公司注册资本最低限额另有规定的,从其规定。

第97条 不同设立方式下发起人的认购数额

1. 以发起设立方式设立股份有限公司的,发起人应当认足公司章程规定的公司设立时应发行的股份。
2. 以募集设立方式设立股份有限公司的,发起人认购的股份不得少于公司章程规定的公司设立时应发行股份总数的百分之三十五;但是,法律、行政法规另有规定的,从其规定。

第98条 发起人的实缴义务

1. 发起人应当在公司成立前按照其认购的股份全额缴纳股款。
2. 发起人的出资,适用本法第四十八条、第四十九条第二款关于有限责任公司股东出资的规定。

第99条 发起人的出资连带责任

发起人不按照其认购的股份缴纳股款,或者作为出资的非货币财产的实际价额显著低于所认购的股份的,其他发起人与该发起人在出资不足的范围内承担连带责任。

第100条 招股说明书与认股书

发起人向社会公开募集股份,应当公告招股说明书,并制作认股书。认股书应当载明本法第一百五十四条第二款、第三款所列事项,由认股人填写认购的股份数、金额、住所,并签名或者盖章。认股人应当按照所认购股份足额缴纳股款。

第101条 公开募集股份公司的验资

向社会公开募集股份的股款缴足后,应当经依法设立的验资机构验资并出具证明。

第102条 股份公司的股东名册

股份有限公司应当制作股东名册并置备于公司。股东名册应当记载下列事项:
(一)股东的姓名或者名称及住所;
(二)各股东所认购的股份种类及股份数;
(三)发行纸面形式的股票的,股票的编号;
(四)各股东取得股份的日期。

第103条 股份公司的成立大会

1. 募集设立股份有限公司的发起人应当自公司设立时应发行股份的股款缴足之日起三十日内召开公司成立大会。发起人应当在成立大会召开十五日前将会议日期通知各认股人或者予以公告。成立大会应当有持有表决权过半数的认股人出席,方可举行。
2. 以发起设立方式设立股份有限公司成立大会的召开和表决程序由公司章程或者发起人协议规定。

第104条 公司成立大会的职权

1. 公司成立大会行使下列职权:
(一)审议发起人关于公司筹办情况的报告;
(二)通过公司章程;
(三)选举董事、监事;
(四)对公司的设立费用进行审核;
(五)对发起人非货币财产出资的作价进行审核;
(六)发生不可抗力或者经营条件发生重大变化直接影响公司设立的,可以作出不设立公司的决议。
2. 成立大会对前款所列事项作出决议,应当经出席会议的认股人所持表决权过半数通过。

第四十八条 股东可以用货币出资，也可以用实物、知识产权、土地使用权、股权、债权等可以用货币估价并可以依法转让的非货币财产作价出资；但是，法律、行政法规规定不得作为出资的财产除外。

对作为出资的非货币财产应当评估作价，核实财产，不得高估或者低估作价。法律、行政法规对评估作价有规定的，从其规定。

第四十九条 股东应当按期足额缴纳公司章程规定的各自所认缴的出资额。

股东以货币出资的，应当将货币出资足额存入有限责任公司在银行开设的账户；以非货币财产出资的，应当依法办理其财产权的转移手续。

股东未按期足额缴纳出资的，除应当向公司足额缴纳外，还应当对给公司造成的损失承担赔偿责任。

第一百五十四条 公司向社会公开募集股份，应当经国务院证券监督管理机构注册，公告招股说明书。

招股说明书应当附有公司章程，并载明下列事项：（一）发行的股份总数；（二）面额股的票面金额和发行价格或者无面额股的发行价格；（三）募集资金的用途；（四）认股人的权利和义务；（五）股份种类及其权利和义务；（六）本次募股的起止日期及逾期未募足时认股人可以撤回所认股份的说明。

公司设立时发行股份的，还应当载明发起人认购的股份数。

第105条 不得抽回股本

1. 公司设立时应发行的股份未募足,或者发行股份的股款缴足后,发起人在三十日内未召开成立大会的,认股人可以按照所缴股款并加算银行同期存款利息,要求发起人返还。
2. 发起人、认股人缴纳股款或者交付非货币财产出资后,除未按期募足股份、发起人未按期召开成立大会或者成立大会决议不设立公司的情形外,不得抽回其股本。

第106条 董事会申请设立登记的义务

董事会应当授权代表,于公司成立大会结束后三十日内向公司登记机关申请设立登记。

第107条 股份公司设立责任与股东资本充实责任

本法第四十四条、第四十九条第三款、第五十一条、第五十二条、第五十三条的规定,适用于股份有限公司。

第108条 有限公司变更为股份公司的资本规则的规定

有限责任公司变更为股份有限公司时,折合的实收股本总额不得高于公司净资产额。有限责任公司变更为股份有限公司,为增加注册资本公开发行股份时,应当依法办理。

第109条 股份公司置备文件资料

股份有限公司应当将公司章程、股东名册、股东会会议记录、董事会会议记录、监事会会议记录、财务会计报告、债券持有人名册置备于本公司。

第110条 股份公司股东的查阅权

1. 股东有权查阅、复制公司章程、股东名册、股东会会议记录、董事会会议决议、监事会会议决议、财务会计报告,对公司的经营提出建议或者质询。
2. 连续一百八十日以上单独或者合计持有公司百分之三以上股份的股东要求查阅公司的会计账簿、会计凭证的,适用本法第五十七条第二款、第三款、第四款的规定。公司章程对持股比例有较低规定的,从其规定。
3. 股东要求查阅、复制公司全资子公司相关材料的,适用前两款的规定。
4. 上市公司股东查阅、复制相关材料的,应当遵守《中华人民共和国证券法》等法律、行政法规的规定。

第二节 股东会

第111条 股份公司股东会的构成及地位

股份有限公司股东会由全体股东组成。股东会是公司的权力机构,依照本法行使职权。

第112条 股份公司股东会的职权

1. 本法第五十九条第一款、第二款关于有限责任公司股东会职权的规定,适用于股份有限公司股东会。
2. 本法第六十条关于只有一个股东的有限责任公司不设股东会的规定,适用于只有一个股东的股份有限公司。

第四十四条　有限责任公司设立时的股东为设立公司从事的民事活动，其法律后果由公司承受。
公司未成立的，其法律后果由公司设立时的股东承受；设立时的股东为二人以上的，享有连带债权，承担连带债务。
设立时的股东为设立公司以自己的名义从事民事活动产生的民事责任，第三人有权选择请求公司或者公司设立时的股东承担。
设立时的股东因履行公司设立职责造成他人损害的，公司或者无过错的股东承担赔偿责任后，可以向有过错的股东追偿。

第四十九条　股东应当按期足额缴纳公司章程规定的各自所认缴的出资额。
股东以货币出资的，应当将货币出资足额存入有限责任公司在银行开设的账户；以非货币财产出资的，应当依法办理其财产权的转移手续。
股东未按期足额缴纳出资的，除应当向公司足额缴纳外，还应当对给公司造成的损失承担赔偿责任。

第五十一条　有限责任公司成立后，董事会应当对股东的出资情况进行核查，发现股东未按期足额缴纳公司章程规定的出资的，应当由公司向该股东发出书面催缴书，催缴出资。
未及时履行前款规定的义务，给公司造成损失的，负有责任的董事应当承担赔偿责任。

第五十二条　股东未按照公司章程规定的出资日期缴纳出资，公司依照前条第一款规定发出书面催缴书催缴出资的，可以载明缴纳出资的宽限期；宽限期自公司发出催缴书之日起，不得少于六十日。宽限期届满，股东仍未履行出资义务的，公司经董事会决议可以向该股东发出失权通知，通知应当以书面形式发出。自通知发出之日起，该股东丧失其未缴纳出资的股权。
依照前款规定丧失的股权应当依法转让，或者相应减少注册资本并注销该股权；六个月内未转让或者注销的，由公司其他股东按照其出资比例足额缴纳相应出资。
股东对失权有异议的，应当自接到失权通知之日起三十日内，向人民法院提起诉讼。

第五十三条　公司成立后，股东不得抽逃出资。
违反前款规定的，股东应当返还抽逃的出资；给公司造成损失的，负有责任的董事、监事、高级管理人员应当与该股东承担连带赔偿责任。

第五十七条　股东有权查阅、复制公司章程、股东名册、股东会会议记录、董事会会议决议、监事会会议决议和财务会计报告。
股东可以要求查阅公司会计账簿、会计凭证。股东要求查阅公司会计账簿、会计凭证的，应当向公司提出书面请求，说明目的。公司有合理根据认为股东查阅会计账簿、会计凭证有不正当目的，可能损害公司合法利益的，可以拒绝提供查阅，并应当自股东提出书面请求之日起十五日内书面答复股东并说明理由。公司拒绝提供查阅的，股东可以向人民法院提起诉讼。
股东查阅前款规定的材料，可以委托会计师事务所、律师事务所等中介机构进行。
股东及其委托的会计师事务所、律师事务所等中介机构查阅、复制有关材料，应当遵守有关保护国家秘密、商业秘密、个人隐私、个人信息等法律、行政法规的规定。
股东要求查阅、复制公司全资子公司相关材料的，适用前四款的规定。

第五十九条　股东会行使下列职权：（一）选举和更换董事、监事，决定有关董事、监事的报酬事项；（二）审议批准董事会的报告；（三）审议批准监事会的报告；（四）审议批准公司的利润分配方案和弥补亏损方案；（五）对公司增加或者减少注册资本作出决议；（六）对发行公司债券作出决议；（七）对公司合并、分立、解散、清算或者变更公司形式作出决议；（八）修改公司章程；（九）公司章程规定的其他职权。
股东会可以授权董事会对发行公司债券作出决议。
对本条第一款所列事项股东以书面形式一致表示同意的，可以不召开股东会会议，直接作出决定，并由全体股东在决定文件上签名或者盖章。

第六十条　只有一个股东的有限责任公司不设股东会。股东作出前条第一款所列事项的决定时，应当采用书面形式，并由股东签名或者盖章后置备于公司。

第113条 股份公司的股东会定期会议、临时会议

股东会应当每年召开一次年会。有下列情形之一的,应当在两个月内召开临时股东会会议:
(一)董事人数不足本法规定人数或者公司章程所定人数的三分之二时;
(二)公司未弥补的亏损达股本总额三分之一时;
(三)单独或者合计持有公司百分之十以上股份的股东请求时;
(四)董事会认为必要时;
(五)监事会提议召开时;
(六)公司章程规定的其他情形。

第114条 股份公司股东会会议的召集与主持

1. 股东会会议由董事会召集,董事长主持;董事长不能履行职务或者不履行职务的,由副董事长主持;副董事长不能履行职务或者不履行职务的,由过半数的董事共同推举一名董事主持。
2. 董事会不能履行或者不履行召集股东会会议职责的,监事会应当及时召集和主持;监事会不召集和主持的,连续九十日以上单独或者合计持有公司百分之十以上股份的股东可以自行召集和主持。
3. 单独或者合计持有公司百分之十以上股份的股东请求召开临时股东会会议的,董事会、监事会应当在收到请求之日起十日内作出是否召开临时股东会会议的决定,并书面答复股东。

第115条 股份公司股东会的召开程序

1. 召开股东会会议,应当将会议召开的时间、地点和审议的事项于会议召开二十日前通知各股东;临时股东会会议应当于会议召开十五日前通知各股东。
2. 单独或者合计持有公司百分之一以上股份的股东,可以在股东会会议召开十日前提出临时提案并书面提交董事会。临时提案应当有明确议题和具体决议事项。董事会应当在收到提案后二日内通知其他股东,并将该临时提案提交股东会审议;但临时提案违反法律、行政法规或者公司章程的规定,或者不属于股东会职权范围的除外。公司不得提高提出临时提案股东的持股比例。
3. 公开发行股份的公司,应当以公告方式作出前两款规定的通知。
4. 股东会不得对通知中未列明的事项作出决议。

第116条 股份公司的决议多数决

1. 股东出席股东会会议,所持每一股份有一表决权,类别股股东除外。公司持有的本公司股份没有表决权。
2. 股东会作出决议,应当经出席会议的股东所持表决权过半数通过。
3. 股东会作出修改公司章程、增加或者减少注册资本的决议,以及公司合并、分立、解散或者变更公司形式的决议,应当经出席会议的股东所持表决权的三分之二以上通过。

第117条 股份公司的累积投票制

1. 股东会选举董事、监事，可以按照公司章程的规定或者股东会的决议，实行累积投票制。
2. 本法所称累积投票制，是指股东会选举董事或者监事时，每一股份拥有与应选董事或者监事人数相同的表决权，股东拥有的表决权可以集中使用。

>>> 如排除影响股东投票选择的其他复杂因素，仅从概率论来讲，累积投票中确定选举出一名董事所需的最低股份数（X）的公式：$X \geq S/(D+1)+1$。其中，S代表表决权股份总数，D代表待选董事总数。类推，选出N名董事所需股份数（Y）的公式：$Y \geq NS/(D+1)+1$。<<<

第118条 股份公司的股东表决权委托

股东委托代理人出席股东会会议的，应当明确代理人代理的事项、权限和期限；代理人应当向公司提交股东授权委托书，并在授权范围内行使表决权。

第119条 股份公司的股东会会议记录

股东会应当对所议事项的决定作成会议记录，主持人、出席会议的董事应当在会议记录上签名。会议记录应当与出席股东的签名册及代理出席的委托书一并保存。

第三节 董事会、经理

第120条 股份公司董事会的组成、任期及职权

1. 股份有限公司设董事会，本法第一百二十八条另有规定的除外。
2. 本法第六十七条、第六十八条第一款、第七十条、第七十一条的规定，适用于股份有限公司。

第121条 股份公司审计委员会

1. 股份有限公司可以按照公司章程的规定在董事会中设置由董事组成的审计委员会，行使本法规定的监事会的职权，不设监事会或者监事。
2. 审计委员会成员为三名以上，过半数成员不得在公司担任除董事以外的其他职务，且不得与公司存在任何可能影响其独立客观判断的关系。公司董事会成员中的职工代表可以成为审计委员会成员。
3. 审计委员会作出决议，应当经审计委员会成员的过半数通过。
4. 审计委员会决议的表决，应当一人一票。
5. 审计委员会的议事方式和表决程序，除本法有规定的外，由公司章程规定。
6. 公司可以按照公司章程的规定在董事会中设置其他委员会。

第一百二十八条　规模较小或者股东人数较少的股份有限公司，可以不设董事会，设一名董事，行使本法规定的董事会的职权。该董事可以兼任公司经理。

第六十七条　有限责任公司设董事会，本法第七十五条另有规定的除外。
　　董事会行使下列职权：（一）召集股东会会议，并向股东会报告工作；（二）执行股东会的决议；（三）决定公司的经营计划和投资方案；（四）制订公司的利润分配方案和弥补亏损方案；（五）制订公司增加或者减少注册资本以及发行公司债券的方案；（六）制订公司合并、分立、解散或者变更公司形式的方案；（七）决定公司内部管理机构的设置；（八）决定聘任或者解聘公司经理及其报酬事项，并根据经理的提名决定聘任或者解聘公司副经理、财务负责人及其报酬事项；（九）制定公司的基本管理制度；（十）公司章程规定或者股东会授予的其他职权。
　　公司章程对董事会职权的限制不得对抗善意相对人。

第六十八条　有限责任公司董事会成员为三人以上，其成员中可以有公司职工代表。职工人数三百人以上的有限责任公司，除依法设监事会并有公司职工代表的外，其董事会成员中应当有公司职工代表。董事会中的职工代表由公司职工通过职工代表大会、职工大会或者其他形式民主选举产生。
　　董事会设董事长一人，可以设副董事长。董事长、副董事长的产生办法由公司章程规定。

第七十条　董事任期由公司章程规定，但每届任期不得超过三年。董事任期届满，连选可以连任。
　　董事任期届满未及时改选，或者董事在任期内辞任导致董事会成员低于法定人数的，在改选出的董事就任前，原董事仍应当依照法律、行政法规和公司章程的规定，履行董事职务。
　　董事辞任的，应当以书面形式通知公司，公司收到通知之日辞任生效，但存在前款规定情形的，董事应当继续履行职务。

第七十一条　股东会可以决议解任董事，决议作出之日解任生效。
　　无正当理由，在任期届满前解任董事的，该董事可以要求公司予以赔偿。

>>> 本条第2款规定的"不得在公司担任除董事以外的其他职务","其他职务"如何理解?由于本款末句特意明确"公司董事会成员中的职工代表可以成为审计委员会成员",所以此处的"其他职务"不包括职工董事担任的公司职务。"不得与公司存在任何可能影响其独立客观判断的关系"的理解:审计委员会既然行使监事会的职权,意味着其职责在于监督执行董事与高管,本法第76条第4款规定"董事、高级管理人员不得兼任监事"也适用于审计委员会,但鉴于审计委员会下设于董事会,所以此处的"董事"可限缩解释为"执行董事",那么,这意味着董事会成员中的下列类型董事——独立非执行董事、外部董事、职工董事充任审计委员会成员,毫无障碍;但是不具有独立性的另外两类董事——执行董事、非独立非执行董事(如控股股东委派、推选的不执行公司事务的董事),如充任审计委员会成员,不得超过全体成员的半数。<<<

第122条 — 董事长、副董事长的产生及其职权

1. 董事会设董事长一人,可以设副董事长。董事长和副董事长由董事会以全体董事的过半数选举产生。
2. 董事长召集和主持董事会会议,检查董事会决议的实施情况。副董事长协助董事长工作,董事长不能履行职务或者不履行职务的,由副董事长履行职务;副董事长不能履行职务或者不履行职务的,由过半数的董事共同推举一名董事履行职务。

第123条 — 董事会会议的类型及其召开程序

1. 董事会每年度至少召开两次会议,每次会议应当于会议召开十日前通知全体董事和监事。
2. 代表十分之一以上表决权的股东、三分之一以上董事或者监事会,可以提议召开临时董事会会议。董事长应当自接到提议后十日内,召集和主持董事会会议。
3. 董事会召开临时会议,可以另定召集董事会的通知方式和通知时限。

第124条 — 董事会议事规则及会议记录

1. 董事会会议应当有过半数的董事出席方可举行。董事会作出决议,应当经全体董事的过半数通过。
2. 董事会决议的表决,应当一人一票。
3. 董事会应当对所议事项的决定作成会议记录,出席会议的董事应当在会议记录上签名。

第125条 — 董事会会议的出席及责任承担

1. 董事会会议,应当由董事本人出席;董事因故不能出席,可以书面委托其他董事代为出席,委托书应当载明授权范围。
2. 董事应当对董事会的决议承担责任。董事会的决议违反法律、行政法规或者公司章程、股东会决议,给公司造成严重损失的,参与决议的董事对公司负赔偿责任;但经证明在表决时曾表明异议并记载于会议记录的,该董事可以免除责任。

第126条	经理的设置、任职与职权	1 2	股份有限公司设经理，由董事会决定聘任或者解聘。 经理对董事会负责，根据公司章程的规定或者董事会的授权行使职权。经理列席董事会会议。
第127条	董事兼任经理		公司董事会可以决定由董事会成员兼任经理。
第128条	一名董事的设置与职权		规模较小或者股东人数较少的股份有限公司，可以不设董事会，设一名董事，行使本法规定的董事会的职权。该董事可以兼任公司经理。
第129条	董监高薪酬的定期披露		公司应当定期向股东披露董事、监事、高级管理人员从公司获得报酬的情况。

第四节 监事会

第130条	股份公司监事会的组成与任期	1 2 3 4 5	股份有限公司设监事会，本法第一百二十一条第一款、第一百三十三条另有规定的除外。 监事会成员为三人以上。监事会成员应当包括股东代表和适当比例的公司职工代表，其中职工代表的比例不得低于三分之一，具体比例由公司章程规定。监事会中的职工代表由公司职工通过职工代表大会、职工大会或者其他形式民主选举产生。 监事会设主席一人，可以设副主席。监事会主席和副主席由全体监事过半数选举产生。监事会主席召集和主持监事会会议；监事会主席不能履行职务或者不履行职务的，由监事会副主席召集和主持监事会会议；监事会副主席不能履行职务或者不履行职务的，由过半数的监事共同推举一名监事召集和主持监事会会议。 董事、高级管理人员不得兼任监事。 本法第七十七条关于有限责任公司监事任期的规定，适用于股份有限公司监事。
第131条	监事会的职权及履职费用承担	1 2	本法第七十八条至第八十条的规定，适用于股份有限公司监事会。 监事会行使职权所必需的费用，由公司承担。
第132条	股份有限公司监事会会议制度	1 2 3 4 5	监事会每六个月至少召开一次会议。监事可以提议召开临时监事会会议。 监事会的议事方式和表决程序，除本法有规定的外，由公司章程规定。 监事会决议应当经全体监事的过半数通过。 监事会决议的表决，应当一人一票。 监事会应当对所议事项的决定作成会议记录，出席会议的监事应当在会议记录上签名。

第一百二十一条　股份有限公司可以按照公司章程的规定在董事会中设置由董事组成的审计委员会，行使本法规定的监事会的职权，不设监事会或者监事。

审计委员会成员为三名以上，过半数成员不得在公司担任除董事以外的其他职务，且不得与公司存在任何可能影响其独立客观判断的关系。公司董事会成员中的职工代表可以成为审计委员会成员。

审计委员会作出决议，应当经审计委员会成员的过半数通过。

审计委员会决议的表决，应当一人一票。

审计委员会的议事方式和表决程序，除本法有规定的外，由公司章程规定。

公司可以按照公司章程的规定在董事会中设置其他委员会。

第一百三十三条　规模较小或者股东人数较少的股份有限公司，可以不设监事会，设一名监事，行使本法规定的监事会的职权。

第七十七条　监事的任期每届为三年。监事任期届满，连选可以连任。

监事任期届满未及时改选，或者监事在任期内辞任导致监事会成员低于法定人数的，在改选出的监事就任前，原监事仍应当依照法律、行政法规和公司章程的规定，履行监事职务。

第七十八条　监事会行使下列职权：（一）检查公司财务；（二）对董事、高级管理人员执行职务的行为进行监督，对违反法律、行政法规、公司章程或者股东会决议的董事、高级管理人员提出解任的建议；（三）当董事、高级管理人员的行为损害公司的利益时，要求董事、高级管理人员予以纠正；（四）提议召开临时股东会会议，在董事会不履行本法规定的召集和主持股东会会议职责时召集和主持股东会会议；（五）向股东会会议提出提案；（六）依照本法第一百八十九条的规定，对董事、高级管理人员提起诉讼；（七）公司章程规定的其他职权。

第七十九条　监事可以列席董事会会议，并对董事会决议事项提出质询或者建议。

监事会发现公司经营情况异常，可以进行调查；必要时，可以聘请会计师事务所等协助其工作，费用由公司承担。

第八十条　监事会可以要求董事、高级管理人员提交执行职务的报告。

董事、高级管理人员应当如实向监事会提供有关情况和资料，不得妨碍监事会或者监事行使职权。

| 第133条 | 设一名监事 | 规模较小或者股东人数较少的股份有限公司,可以不设监事会,设一名监事,行使本法规定的监事会的职权。 |

第五节 上市公司组织机构的特别规定

第134条	上市公司的定义	本法所称上市公司,是指其股票在证券交易所上市交易的股份有限公司。
第135条	处置公司重大资产的决议通过比例	上市公司在一年内购买、出售重大资产或者向他人提供担保的金额超过公司资产总额百分之三十的,应当由股东会作出决议,并经出席会议的股东所持表决权的三分之二以上通过。
第136条	独立董事与上市公司章程必要记载事项	上市公司设独立董事,具体管理办法由国务院证券监督管理机构规定。 上市公司的公司章程除载明本法第九十五条规定的事项外,还应当依照法律、行政法规的规定载明董事会专门委员会的组成、职权以及董事、监事、高级管理人员薪酬考核机制等事项。

>>> 独立董事,又称独董,全称"独立非执行董事",独立,是指与其所受聘的上市公司及其主要股东、实际控制人不存在直接或者间接利害关系,或者其他可能影响其进行独立客观判断的关系,非执行,是指其不在上市公司担任除董事外的其他职务。由此,独董在董事会组成上区别于其他主体:执行董事、职工董事、外部董事、非独立非执行董事等。<<<

第137条	上市公司审计委员会的特别职权	上市公司在董事会中设置审计委员会的,董事会对下列事项作出决议前应当经审计委员会全体成员过半数通过: (一)聘用、解聘承办公司审计业务的会计师事务所; (二)聘任、解聘财务负责人; (三)披露财务会计报告; (四)国务院证券监督管理机构规定的其他事项。
第138条	董事会秘书	上市公司设董事会秘书,负责公司股东会和董事会会议的筹备、文件保管以及公司股东资料的管理,办理信息披露事务等事宜。
第139条	关联董事回避表决	上市公司董事与董事会会议决议事项所涉及的企业或者个人有关联关系的,该董事应当及时向董事会书面报告。有关联关系的董事不得对该项决议行使表决权,也不得代理其他董事行使表决权。该董事会会议由过半数的无关联关系董事出席即可举行,董事会会议所作决议须经无关联关系董事过半数通过。出席董事会会议的无关联关系董事人数不足三人的,应当将该事项提交上市公司股东会审议。

第九十五条 股份有限公司章程应当载明下列事项：（一）公司名称和住所；（二）公司经营范围；（三）公司设立方式；（四）公司注册资本、已发行的股份数和设立时发行的股份数，面额股的每股金额；（五）发行类别股的，每一类别股的股份数及其权利和义务；（六）发起人的姓名或者名称、认购的股份数、出资方式；（七）董事会的组成、职权和议事规则；（八）公司法定代表人的产生、变更办法；（九）监事会的组成、职权和议事规则；（十）公司利润分配办法；（十一）公司的解散事由与清算办法；（十二）公司的通知和公告办法；（十三）股东会认为需要规定的其他事项。

第140条 上市公司的股权信息披露

1. 上市公司应当依法披露股东、实际控制人的信息,相关信息应当真实、准确、完整。
2. 禁止违反法律、行政法规的规定代持上市公司股票。

>>> 对于股权代持协议,总结我国公司法及司法政策,目前的裁判立场有以下几点:(1)非上市的非金融类普通公司的代持,只要其本身不具有其他违反法律、行政法规强制性规定的,有效,即我国法律并不禁止此类公司的股权代持行为。(2)上市公司的股权代持协议无效,依据为本款,意在维护资本市场秩序。(3)商业银行、信托、基金、证券、保险等金融类公司的股权代持协议无效,意在维护金融安全(经济安全)。<<<

第141条 交叉持股的限制

1. 上市公司控股子公司不得取得该上市公司的股份。
2. 上市公司控股子公司因公司合并、质权行使等原因持有上市公司股份的,不得行使所持股份对应的表决权,并应当及时处分相关上市公司股份。

第六章 股份有限公司的股份发行和转让

第一节 股份发行

第142条 股票面额制度

1. 公司的资本划分为股份。公司的全部股份，根据公司章程的规定择一采用面额股或者无面额股。采用面额股的，每一股的金额相等。
2. 公司可以根据公司章程的规定将已发行的面额股全部转换为无面额股或者将无面额股全部转换为面额股。
3. 采用无面额股的，应当将发行股份所得股款的二分之一以上计入注册资本。

>>> 本条第1款兼采面额股制度与无面额股制度，形成了对无面额股制度"赋权型"的规制路径。这种并行式的立法模式授予了企业自主选择发行面额股或者无面额股的权利，对现有制度的冲击相对较小，部分股票流动性较弱的中小公司无须承担不必要的转换成本。与此同时，本款明确规定同一公司只能择一采用，而不能搞"混合发行"。如有转换，根据公司章程的规定应将全部股票进行转换，不得混合使用两种制度。限制原因在于，同一公司两类股票并存并不利于投资者准确判断公司价值，加大了价格发现的难度，更不利于保证公司股东的平等权益。
就会计账簿记载而言，在面额股制度下，所有者投入的资本被分别计入"股本"也即注册资本，与"股本溢价"也即资本公积金中，注册资本的数额通过"股票的票面价值"与"股份总数"的乘积计算。但在无面额股制度下，上述会计规则被打破。本条第3款规定公司应当将发行股份所得股款的1/2以上计入注册资本，余额相应计入资本公积金，公司有权决定是否设置资本公积金科目以及计入资本公积金科目的所得股款比例。<<<

第143条 股份发行的原则与规则

1. 股份的发行，实行公平、公正的原则，同类别的每一股份应当具有同等权利。
2. 同次发行的同类别股份，每股的发行条件和价格应当相同；认购人所认购的股份，每股应当支付相同价额。

第144条 类别股的发行

1. 公司可以按照公司章程的规定发行下列与普通股权利不同的类别股：
   （一）优先或者劣后分配利润或者剩余财产的股份；
   （二）每一股的表决权数多于或者少于普通股的股份；
   （三）转让须经公司同意等转让受限的股份；
   （四）国务院规定的其他类别股。
2. 公开发行股份的公司不得发行前款第二项、第三项规定的类别股；公开发行前已发行的除外。
3. 公司发行本条第一款第二项规定的类别股的，对于监事或者审计委员会成员的选举和更换，类别股与普通股每一股的表决权数相同。

>>> 本条第1款在类别股问题上的简练表述,为未来公司实务的创新留下了充足的弹性空间。

(1)第1项:优先或劣后分配利润、剩余财产的股份,涉及利润分配权与剩余财产分配权子权利的差异化安排。该类别股以优先股为典型,是类别股实践中最为常见和最早出现的种类。公司优先股股东享有在利益分配或剩余财产分配层面的优先权利,而其代价往往是对于公司经营话语权的让渡。

(2)第2项:表决权数多于或者少于普通股的股份,涉及表决权子权利的差异化安排。每一股表决权数少于普通股的为低级表决权,主要针对公众投资者发行,每一股表决权数多于普通股的为超级表决权,主要为内部人持有。表决权差异化安排所形成的双层乃至多层股权结构,将公司治理从经济参与中剥离,是创始人股东保持控制权的主要手段。

(3)第3项:转让须经公司同意等转让受限的股份,涉及处分权子权利的差异化安排。该类别股的核心功能在于防止股权扩散。例如,公司在发行附带拒绝权或复数表决权股份时,为避免此类股份落入第三人手中,对此类股份附加限制转让条件,这也体现了类别股存在组合上的自治空间。

(4)第4项:兜底条款的其他类别股,为未来的类别股创新发展奠定空间。除明确列举的三种常见类别股外,第四项进行了兜底性规定,授权国务院继续规定其他种类的类别股,这是类型法定主义的集中体现。该项为可转换股、可回赎股、追踪股等对财产类子权利有特殊安排的类别股,附董事选任股权、领售股等对控制类子权利有特殊安排的类别股获得法律认可保留了可能性。

本条第2款是对类别股的发行限制规则。在类别股发行方面,公众公司仅允许发行财产权特别股,不得发行对表决权子权利存在差异化安排的类别股以及转让自由受到限制的类别股,但在公开发行前已发行的股份可以维持。这为公司在公开募集之前引入以上两类类别股留下空间:(1)禁止第1款第2项类别股在公众公司发行,系出于保证上市公司控制权正常变动的考虑。该类别股塑造的双重股权结构可能使公司控制权结构剧烈变化,有碍证券市场稳定,损及投资者利益。因此,有必要限制公众公司在公开发行后新发行此类股份,但公开发行前的控制权结构信息可为后加入的投资者提前获知,对未公开发行前已经作出的表决权差异化安排可以放宽要求。(2)禁止第1款第3项类别股在公众公司发行,系出于保证公众公司股份流动性的考虑。通过出售股份退出公众公司是公开市场中的投资者保护自身利益的重要手段,保障股份流动性是保护投资者的关键所在。股份的流动性与股份的标准化程度密切相关,限制转让受限的类别股发行有助于标准化的维持。而公开发行前已发行的转让受限类别股对证券市场投资者的利益影响较小,故允许该类股票在公开发行后继续存在。

本条第 3 款是对类别股的内容限制规则。对表决权差异化安排下的类别股内容进行限制，系出于保障监督机构正常履行职责的考虑。监事会、审计委员会代表全体股东的利益对董事会、经理层进行监督，要避免董事会、经理层被部分股东所控制，关键即在于保证董事会、经理层选任过程的独立性。在双重股权结构的安排下，以表决权为核心的控制权容易集中到每股表决权比例较高的股东手中，股东进而控制监督机构的选举而使后者产生依附性。通过对类别股内容的限制，各股份的监督机构成员选举权得以实现"一股一权"，得以尽量避免控制权集中导致的监督机构依附问题。<<<

第145条 类别股的章程记载事项

发行类别股的公司，应当在公司章程中载明以下事项：
（一）类别股分配利润或者剩余财产的顺序；
（二）类别股的表决权数；
（三）类别股的转让限制；
（四）保护中小股东权益的措施；
（五）股东会认为需要规定的其他事项。

第146条 类别股股东会决议

1. 发行类别股的公司，有本法第一百一十六条第三款规定的事项等可能影响类别股股东权利的，除应当依照第一百一十六条第三款的规定经股东会决议外，还应当经出席类别股股东会议的股东所持表决权的三分之二以上通过。
2. 公司章程可以对需经类别股股东会议决议的其他事项作出规定。

第147条 股票

1. 公司的股份采取股票的形式。股票是公司签发的证明股东所持股份的凭证。
2. 公司发行的股票，应当为记名股票。

第148条 面额股股票的发行价格

面额股股票的发行价格可以按票面金额，也可以超过票面金额，但不得低于票面金额。

第149条 纸面形式的股票记载事项

1. 股票采用纸面形式或者国务院证券监督管理机构规定的其他形式。
2. 股票采用纸面形式的，应当载明下列主要事项：
（一）公司名称；
（二）公司成立日期或者股票发行的时间；
（三）股票种类、票面金额及代表的股份数，发行无面额股的，股票代表的股份数。
3. 股票采用纸面形式的，还应当载明股票的编号，由法定代表人签名，公司盖章。
4. 发起人股票采用纸面形式的，应当标明发起人股票字样。

第一百一十六条 股东出席股东会会议，所持每一股份有一表决权，类别股股东除外。公司持有的本公司股份没有表决权。

股东会作出决议，应当经出席会议的股东所持表决权过半数通过。

股东会作出修改公司章程、增加或者减少注册资本的决议，以及公司合并、分立、解散或者变更公司形式的决议，应当经出席会议的股东所持表决权的三分之二以上通过。

第150条 股份公司交付股票的时间

股份有限公司成立后,即向股东正式交付股票。公司成立前不得向股东交付股票。

第151条 新股发行的股东会决议事项

1 公司发行新股,股东会应当对下列事项作出决议:
(一)新股种类及数额;
(二)新股发行价格;
(三)新股发行的起止日期;
(四)向原有股东发行新股的种类及数额;
(五)发行无面额股的,新股发行所得股款计入注册资本的金额。

2 公司发行新股,可以根据公司经营情况和财务状况,确定其作价方案。

第152条 授权资本制

1 公司章程或者股东会可以授权董事会在三年内决定发行不超过已发行股份百分之五十的股份。但以非货币财产作价出资的,应当经股东会决议。

2 董事会依照前款规定决定发行股份导致公司注册资本、已发行股份数发生变化的,对公司章程该项记载事项的修改不需再由股东会表决。

>>> 综合来看,与英美授权资本制相比,我国关于董事会的职权限制较为严格,可谓"迷你版"授权资本制,引入新制度初期的谨慎与慎重也是可取的立场。本条及第153条的立法背景在于,授权资本制使公司新股发行权由股东会转移至董事会,由此可能带来两对利益冲突:董事与股东之间的利益冲突以及不同股东之间的利益冲突。具体而言,不正当的股份发行可能使公司原有股东利益因发行价格不公允受损,也可能使股东股权因发行对象问题而被稀释。鉴于此,有必要对董事会的发行权进行规制,以降低公司代理成本。本条及第153条借鉴域外立法经验,综合采取了授权期限、授权比例、出资形式等方面措施对董事会的股份发行权进行授权兼限制。<<<

第153条 授权资本制的董事会决议多数决

公司章程或者股东会授权董事会决定发行新股的,董事会决议应当经全体董事三分之二以上通过。

第154条 公开募集股份的注册制及招股说明书内容

1 公司向社会公开募集股份,应当经国务院证券监督管理机构注册,公告招股说明书。

2 招股说明书应当附有公司章程,并载明下列事项:
(一)发行的股份总数;
(二)面额股的票面金额和发行价格或者无面额股的发行价格;
(三)募集资金的用途;
(四)认股人的权利和义务;

中华人民共和国公司法 **154—158**条

（五）股份种类及其权利和义务；
（六）本次募股的起止日期及逾期未募足时认股人可以撤回所认股份的说明。
公司设立时发行股份的，还应当载明发起人认购的股份数。

第155条 股票承销
公司向社会公开募集股份，应当由依法设立的证券公司承销，签订承销协议。

第156条 代收股款
公司向社会公开募集股份，应当同银行签订代收股款协议。
代收股款的银行应当按照协议代收和保存股款，向缴纳股款的认股人出具收款单据，并负有向有关部门出具收款证明的义务。
公司发行股份募足股款后，应予公告。

第二节 股份转让

第157条 股份转让原则
股份有限公司的股东持有的股份可以向其他股东转让，也可以向股东以外的人转让；公司章程对股份转让有限制的，其转让按照公司章程的规定进行。

第158条 股份转让的场所与方式
股东转让其股份，应当在依法设立的证券交易场所进行或者按照国务院规定的其他方式进行。

>>> 与上市公司相对，非上市股份公司的股票转让可以依照国务院规定的其他方式进行：
(1) 作为"新三板"的全国中小企业股份转让系统。该系统"是经国务院批准，依据证券法设立的全国性证券交易场所，主要为创新型、创业型、成长型中小微企业发展服务"。根据全国人大常委会法工委，卞耀武主编的《中华人民共和国证券法释义》对于《证券法》第37条第1款"国务院批准的其他全国性证券交易场所"的解释，"新三板"是公开发行的证券在现阶段除证券交易所外唯一的交易场所。其由"全国中小股份转让系统有限责任公司"负责运营，允许境内所有符合条件的股份公司申请挂牌，是非上市公众公司转让股份的主要场所。
(2) 区域性股权交易市场。该市场是为特定企业提供股权、债权转让和融资服务的私募市场，一般由省级政府批准并在省级行政区划内提供设施和服务。现全国共有约40家区域性股权市场，是我国多层次资本市场的重要组成部分。
(3) 证券公司柜台市场。该市场是指证券公司在集中交易场所外，为与交易对手方进行交易或与投资者进行交易提供服务的场所或平台，由证券业协会发布的《证券公司柜台市场管理办法（试行）》进行规范。<<<

第159条 股份变动模式

1. 股票的转让,由股东以背书方式或者法律、行政法规规定的其他方式进行;转让后由公司将受让人的姓名或者名称及住所记载于股东名册。
2. 股东会会议召开前二十日内或者公司决定分配股利的基准日前五日内,不得变更股东名册。法律、行政法规或者国务院证券监督管理机构对上市公司股东名册变更另有规定的,从其规定。

第160条 股份限售

1. 公司公开发行股份前已发行的股份,自公司股票在证券交易所上市交易之日起一年内不得转让。法律、行政法规或者国务院证券监督管理机构对上市公司的股东、实际控制人转让其所持有的本公司股份另有规定的,从其规定。
2. 公司董事、监事、高级管理人员应当向公司申报所持有的本公司的股份及其变动情况,在就任时确定的任期期间每年转让的股份不得超过其所持有本公司股份总数的百分之二十五;所持本公司股份自公司股票上市交易之日起一年内不得转让。上述人员离职后半年内,不得转让其所持有的本公司股份。公司章程可以对公司董事、监事、高级管理人员转让其所持有的本公司股份作出其他限制性规定。
3. 股份在法律、行政法规规定的限制转让期限内出质的,质权人不得在限制转让期限内行使质权。

第161条 异议股东股份回购请求权

1. 有下列情形之一的,对股东会该项决议投反对票的股东可以请求公司按照合理的价格收购其股份,公开发行股份的公司除外:
(一)公司连续五年不向股东分配利润,而公司该五年连续盈利,并且符合本法规定的分配利润条件;
(二)公司转让主要财产;
(三)公司章程规定的营业期限届满或者章程规定的其他解散事由出现,股东会通过决议修改章程使公司存续。
2. 自股东会决议作出之日起六十日内,股东与公司不能达成股份收购协议的,股东可以自股东会决议作出之日起九十日内向人民法院提起诉讼。
3. 公司因本条第一款规定的情形收购的本公司股份,应当在六个月内依法转让或者注销。

第162条 股份公司股份回购

1. 公司不得收购本公司股份。但是,有下列情形之一的除外:
(一)减少公司注册资本;
(二)与持有本公司股份的其他公司合并;
(三)将股份用于员工持股计划或者股权激励;
(四)股东因对股东会作出的公司合并、分立决议持异议,要求公司收购其股份;
(五)将股份用于转换公司发行的可转换为股票的公司债券;
(六)上市公司为维护公司价值及股东权益所必需。

2 公司因前款第一项、第二项规定的情形收购本公司股份的,应当经股东会决议;公司因前款第三项、第五项、第六项规定的情形收购本公司股份的,可以按照公司章程或者股东会的授权,经三分之二以上董事出席的董事会会议决议。

3 公司依照本条第一款规定收购本公司股份后,属于第一项情形的,应当自收购之日起十日内注销;属于第二项、第四项情形的,应当在六个月内转让或者注销;属于第三项、第五项、第六项情形的,公司合计持有的本公司股份数不得超过本公司已发行股份总数的百分之十,并应当在三年内转让或者注销。

4 上市公司收购本公司股份的,应当依照《中华人民共和国证券法》的规定履行信息披露义务。上市公司因本条第一款第三项、第五项、第六项规定的情形收购本公司股份的,应当通过公开的集中交易方式进行。

5 公司不得接受本公司的股份作为质权的标的。

第163条 禁止财务资助及其例外

1 公司不得为他人取得本公司或者其母公司的股份提供赠与、借款、担保以及其他财务资助,公司实施员工持股计划的除外。

2 为公司利益,经股东会决议,或者董事会按照公司章程或者股东会的授权作出决议,公司可以为他人取得本公司或者其母公司的股份提供财务资助,但财务资助的累计总额不得超过已发行股本总额的百分之十。董事会作出决议应当经全体董事的三分之二以上通过。

3 违反前两款规定,给公司造成损失的,负有责任的董事、监事、高级管理人员应当承担赔偿责任。

>>> 本条采取"原则禁止,例外允许"的立法模式。为了防范循环增资,变相以公司资产履行对赌协议,变相抽逃出资等实践中的欺诈性行为,禁止公司为他人取得本公司或本公司母公司的股份提供财务资助被作为一般原则。第1款末句的除外规定,属于无条件例外,仅限于员工持股计划。第2款为禁止财务资助原则的附条件例外,采公司批准规则和资本比例规则。本款的规制模式是对许可的例外情形进行事前审查和防控,并提供相对具体的判断标准。具言之,规制条件有三:主观要件为"为公司利益";程序要件为公司有效决议;额度要件:资助数额上限为发行股本总额的10%。本条第3款规定违法财务资助行为发生导致公司损失的,负有责任的董监高应对公司承担赔偿责任。这与本法关于未尽催缴义务(第51条)、抽逃资本(第53条)、违法分红(第211条)、违法减资(第226条)等情形下的法律责任如出一辙,都涉及对董监高违反忠实义务、勤勉义务的司法判断。

因而,本条以"原则——一般例外——具体例外——法律责任"的结构展开。本条文的规制能够在一定程度上保障公司资本真实,保护中小股东和债权人利益以及遏制杠杆收购。本规范的调整范围为股份公司。<<<

第164条	公示催告股票失效与补发	股票被盗、遗失或者灭失,股东可以依照《中华人民共和国民事诉讼法》规定的公示催告程序,请求人民法院宣告该股票失效。人民法院宣告该股票失效后,股东可以向公司申请补发股票。
第165条	上市公司的股票交易	上市公司的股票,依照有关法律、行政法规及证券交易所交易规则上市交易。
第166条	上市公司信息公开	上市公司应当依照法律、行政法规的规定披露相关信息。
第167条	股份公司股东资格继承	自然人股东死亡后,其合法继承人可以继承股东资格;但是,股份转让受限的股份有限公司的章程另有规定的除外。

第七章 国家出资公司组织机构的特别规定

第168条 国家出资公司的概念、类型与法律适用
1. 国家出资公司的组织机构,适用本章规定;本章没有规定的,适用本法其他规定。
2. 本法所称国家出资公司,是指国家出资的国有独资公司、国有资本控股公司,包括国家出资的有限责任公司、股份有限公司。

第169条 国家出资公司履行出资人职责的机构
1. 国家出资公司,由国务院或者地方人民政府分别代表国家依法履行出资人职责,享有出资人权益。国务院或者地方人民政府可以授权国有资产监督管理机构或者其他部门、机构代表本级人民政府对国家出资公司履行出资人职责。
2. 代表本级人民政府履行出资人职责的机构、部门,以下统称为履行出资人职责的机构。

第170条 国家出资公司中党的领导地位
国家出资公司中中国共产党的组织,按照中国共产党章程的规定发挥领导作用,研究讨论公司重大经营管理事项,支持公司的组织机构依法行使职权。

第171条 国有独资公司的章程制定
国有独资公司章程由履行出资人职责的机构制定。

第172条 国有独资公司的股东会职权行使
国有独资公司不设股东会,由履行出资人职责的机构行使股东会职权。履行出资人职责的机构可以授权公司董事会行使股东会的部分职权,但公司章程的制定和修改,公司的合并、分立、解散、申请破产,增加或者减少注册资本,分配利润,应当由履行出资人职责的机构决定。

第173条 国有独资公司的董事会
1. 国有独资公司的董事会依照本法规定行使职权。
2. 国有独资公司的董事会成员中,应当过半数为外部董事,并应当有公司职工代表。
3. 董事会成员由履行出资人职责的机构委派;但是,董事会成员中的职工代表由公司职工代表大会选举产生。
4. 董事会设董事长一人,可以设副董事长。董事长、副董事长由履行出资人职责的机构从董事会成员中指定。

第174条 国有独资公司经理
1. 国有独资公司的经理由董事会聘任或者解聘。
2. 经履行出资人职责的机构同意,董事会成员可以兼任经理。

第175条 国有独资公司的董事、高管兼职限制
国有独资公司的董事、高级管理人员,未经履行出资人职责的机构同意,不得在其他有限责任公司、股份有限公司或者其他经济组织兼职。

| 第176条 | 国有独资公司的审计委员会 | 国有独资公司在董事会中设置由董事组成的审计委员会行使本法规定的监事会职权的，不设监事会或者监事。 |
| 第177条 | 国家出资公司的合规管理 | 国家出资公司应当依法建立健全内部监督管理和风险控制制度，加强内部合规管理。 |

第八章 公司董事、监事、高级管理人员的资格和义务

第178条 董监高消极任职资格

1. 有下列情形之一的，不得担任公司的董事、监事、高级管理人员：
（一）无民事行为能力或者限制民事行为能力；
（二）因贪污、贿赂、侵占财产、挪用财产或者破坏社会主义市场经济秩序，被判处刑罚，或者因犯罪被剥夺政治权利，执行期满未逾五年，被宣告缓刑的，自缓刑考验期满之日起未逾二年；
（三）担任破产清算的公司、企业的董事或者厂长、经理，对该公司、企业的破产负有个人责任的，自该公司、企业破产清算完结之日起未逾三年；
（四）担任因违法被吊销营业执照、责令关闭的公司、企业的法定代表人，并负有个人责任的，自该公司、企业被吊销营业执照、责令关闭之日起未逾三年；
（五）个人因所负数额较大债务到期未清偿被人民法院列为失信被执行人。
2. 违反前款规定选举、委派董事、监事或者聘任高级管理人员的，该选举、委派或者聘任无效。
3. 董事、监事、高级管理人员在任职期间出现本条第一款所列情形的，公司应当解除其职务。

第179条 董监高的守法合规义务

董事、监事、高级管理人员应当遵守法律、行政法规和公司章程。

第180条 董监高的忠实义务、勤勉义务，影子董事

1. 董事、监事、高级管理人员对公司负有忠实义务，应当采取措施避免自身利益与公司利益冲突，不得利用职权牟取不正当利益。
2. 董事、监事、高级管理人员对公司负有勤勉义务，执行职务应当为公司的最大利益尽到管理者通常应有的合理注意。
3. 公司的控股股东、实际控制人不担任公司董事但实际执行公司事务的，适用前两款规定。

>>> 违反忠实义务的本质是为自己的私利滥用权利以谋求不法利益，简称"为私益而滥权"，属于消极义务，其具体构成为：（1）董监高的利益与公司利益处于冲突之中；（2）滥用职权便利；（3）为自己谋取不正当利益。最经典的违反忠实义务的行为就是不当关联交易行为，关联董监高的合规操作应是如实向股东会、董事会报告利害关系，而后回避表决。
勤勉义务要求受信人不仅具备处理好受托事务的能力，而且需要积极行使该项能力完成受托事务，因而属于积极义务。应当为公司的最大利益而行事，这是董监高职务行为的唯一标准。此义务的职业性标准是基于现代商业组织的职业性要求管理者尽到通常应有的合理注意。"合理注意"的最终判断标准是商事判断规则，但在当前立法中仍然缺失。实际上，商事判断规则正是公司法立法主旨中"弘扬企业家精神"的重要保障制度。

根据本条第3款，双控人被认定为影子董事的，意味着其受到双重规制：(1) 公司法关于双控人的规制，如第15条、第22条等；(2) 公司法关于董事的规制，如包括本条在内的本章诸多条文。<<<

第181条　董监高违反公司忠实义务的若干行为

董事、监事、高级管理人员不得有下列行为：
（一）侵占公司财产、挪用公司资金；
（二）将公司资金以其个人名义或者以其他个人名义开立账户存储；
（三）利用职权贿赂或者收受其他非法收入；
（四）接受他人与公司交易的佣金归为己有；
（五）擅自披露公司秘密；
（六）违反对公司忠实义务的其他行为。

>>> 本条所列各项行为都涉及董监高等职业经理人的基本职业操守，也是基本道德准则，属于法律的红线，是董监高的绝对禁止行为；如有违反，则必然构成违反忠实义务的行为，除承担民事责任外，往往还可能承担刑事责任。<<<

第182条　董监高的自我交易行为

董事、监事、高级管理人员，直接或者间接与本公司订立合同或者进行交易，应当就与订立合同或者进行交易有关的事项向董事会或者股东会报告，并按照公司章程的规定经董事会或者股东会决议通过。
董事、监事、高级管理人员的近亲属，董事、监事、高级管理人员或者其近亲属直接或者间接控制的企业，以及与董事、监事、高级管理人员有其他关联关系的关联人，与公司订立合同或者进行交易，适用前款规定。

>>> 公司法上的关联交易，根据关联人身份的不同，可分为双控人与公司的关联交易和董监高与公司的关联交易，后者即本条规范的董监高自我交易，指董监高及其利害关系人与公司之间的交易。依照本条规定可以进一步分为如下两类。一是直接自我交易，即董事本人与公司的交易。二是间接自我交易，又分为四类：(1) 董事的关联人与公司的交易，本条关联人还包括董事的近亲属，即董事的父母、配偶、子女、祖父母、孙子女外孙子女、兄弟姐妹；(2) 董事任职或投资的其他企业与公司的交易；(3) 董事近亲属任职或投资的其他企业与公司的交易；(4) 与董事有其他关联关系的关联人与公司的交易，此处的其他关联人是兜底概念，指除董事近亲属、董事及其近亲属任职或投资企业以外的其他存在关联关系的人，具体需参照第265条第4项关于关联关系的界定，实践中可能包括特定利害关系人、同居人、近亲属外的其他亲属与公司的交易，乃至这些"其他关联人"任职、投资的企业等。

董事自我交易如同其他关联交易一样也是一柄"双刃剑":一方面,其可以增加公司的交易机会、节约交易成本、提高交易效率;另一方面,由于交易双方存在利益冲突但交易实由董事一方决定,董事一旦违反忠实义务就容易形成非公允交易,导致公司利益受损。因此,法律有必要规制董事自我交易。关联交易的规范体系并不限于公司法,还有《会计法》《税法》《证券法》等多个部门法以及财政部所制定的《企业会计准则——基本准则》,有一个洋洋大观的规范体系。在《公司法》内部,第22条属于公司关联交易的一般条款,本条则属于针对董监高自我交易的专门条款,属于一般规范与特别规范的关系,同时关于关联交易的范围界定,离不开第265条对高管、关联关系等重要概念的规定。

从正面来讲,正当的自我交易须具备正当程序,结合本法第185条,正当程序包括如下三点:(1)信息披露,即要求关联董监高应将与订立合同或者进行交易有关的事项向董事会或股东会报告。(2)回避,如果董事会决议,则关联董事应回避表决,由非关联董事全体过半数或者更高要求的多数决通过;如果股东会决议,则不存在关联董监高回避问题,但关联股东是否回避应视法律、章程规定而定。(3)表决,即按照公司章程的规定经董事会或股东会决议通过。"按照公司章程的规定"指公司章程应对某类自我交易的议决机关在股东会与董事会之间作出选择,如章程没有规定或者规定不明,关联董监高可以要求两个法人机关的任一机关作出决议,但不能自己决定。

在救济上,公司可以提起关联交易合同的效力瑕疵之诉,如公司因其意思被董监高控制而无法起诉,股东可依法提起股东代位诉讼要求确认自我交易合同无效、不生效力或选择撤销之。因非公允自我交易导致公司利益受损的,公司可请求关联董监高承担赔偿责任,同时可以对获益的董监高行使归入权。针对前述请求,公司可提起给付之诉,如公司因为其意思被董监高控制而无法提起诉讼,股东可依法提起股东代位诉讼。<<<

第183条　禁止篡夺公司机会规则

董事、监事、高级管理人员,不得利用职务便利为自己或者他人谋取属于公司的商业机会。但是,有下列情形之一的除外:
(一)向董事会或者股东会报告,并按照公司章程的规定经董事会或者股东会决议通过;
(二)根据法律、行政法规或者公司章程的规定,公司不能利用该商业机会。

>>> 公司机会理论,是英美法系的重要理论,指限制或者禁止董事把属于公司的商业机会转归自己利用而从中谋利。在各国公司实践中,评估一项机会是否属于公司机会的考量因素包括:是否与公司能力相关;是否属于公司经营范围;公司是否具有利益或期待利益;是否与公司构成竞争;是否与董事职务的履行相关等。

		禁止董监高利用职务便利为自己或他人谋取属于公司的商业机会，此为禁止篡夺公司机会的原则性规定。两种豁免情形为：一是董监高已经向董事会或股东会报告，并按照公司章程的规定经董事会或股东会决议通过的，可以利用公司机会。二是根据法律、行政法规或者公司章程的规定，公司不能利用该商业机会。<<<
第184条	董监高的竞业禁止义务	董事、监事、高级管理人员未向董事会或者股东会报告，并按照公司章程的规定经董事会或者股东会决议通过，不得自营或者为他人经营与其任职公司同类的业务。
		>>> 竞业，即经营有竞争关系的同类业务。按照该定义，竞业的构成要件有以下三点：(1) 同类业务；(2) 存在竞争关系；(3) 自营或者为他人经营。 本条旨在规制董监高兼职经营可能带来的同业竞争问题，一般情形下，董监高承担竞业禁止义务是忠实义务的基本要求，竞业也是董监高不可逾越的红线。结合本法第185条，被许可的竞业行为建立在以下正当程序之上：信息披露（关联董监高向董事会、股东会如实报告）+ 回避（本人回避表决）+ 批准（依照章程规定由董事会或股东会批准）；否则即非法竞业，构成忠实义务的违反。<<<
第185条	特定交易的关联董事回避表决	董事会对本法第一百八十二条至第一百八十四条规定的事项决议时，关联董事不得参与表决，其表决权不计入表决权总数。出席董事会会议的无关联关系董事人数不足三人的，应当将该事项提交股东会审议。
第186条	公司归入权	董事、监事、高级管理人员违反本法第一百八十一条至第一百八十四条规定所得的收入应当归公司所有。
		>>> 公司归入权指公司对内部人违反忠实义务等特定行为所获得的溢出收益收归所有的权利。公司归入权的实质是对各方进行利益平衡，是公司内部人违反忠实义务时法律赋予公司的特别救济手段，目的在于阻却机会主义行为的发生。公司归入权的构成要件是公司行使归入权的法定实体要件。我国公司行使归入权必须符合以下四个法定要件：其一，归入权的行使对象原则上为公司的董监高等公司内部人。若上述人员利用配偶、子女及他人的名义实施了归入权规制的特定行为，该他人也成为公司归入权的行使对象。其二，行为人在客观上实施了违反法定义务的特定行为。如违反同业竞争禁止义务、挪用公司资金或将公司资金借贷给他人和以公司资产为本公司的股东或者其他个人债务提供担保、短线交易等行为。其三，行为人从该特定行为中获取了利益。若行为主体没有取得任何收入，公司就不能行使归入权。取得的收入既可以是货币形态，又可以是

第一百八十一条 董事、监事、高级管理人员不得有下列行为：（一）侵占公司财产、挪用公司资金；（二）将公司资金以其个人名义或者以其他个人名义开立账户存储；（三）利用职权贿赂或者收受其他非法收入；（四）接受他人与公司交易的佣金归为己有；（五）擅自披露公司秘密；（六）违反对公司忠实义务的其他行为。

第一百八十二条 董事、监事、高级管理人员，直接或者间接与本公司订立合同或者进行交易，应当就与订立合同或者进行交易有关的事项向董事会或者股东会报告，并按照公司章程的规定经董事会或者股东会决议通过。

　　董事、监事、高级管理人员的近亲属，董事、监事、高级管理人员或者其近亲属直接或者间接控制的企业，以及与董事、监事、高级管理人员有其他关联关系的关联人，与公司订立合同或者进行交易，适用前款规定。

第一百八十三条 董事、监事、高级管理人员，不得利用职务便利为自己或者他人谋取属于公司的商业机会。但是，有下列情形之一的除外：（一）向董事会或者股东会报告，并按照公司章程的规定经董事会或者股东会决议通过；（二）根据法律、行政法规或者公司章程的规定，公司不能利用该商业机会。

		实物形态，既可以是公开的收入，又可以是隐性收入。其四，特定行为和获取利益之间有因果关系。只有行为人的特定行为和取得收入之间存在因果关系，公司才能对其行使归入权。<<<
第187条	股东的质询权	股东会要求董事、监事、高级管理人员列席会议的，董事、监事、高级管理人员应当列席并接受股东的质询。
第188条	董监高的违信责任	董事、监事、高级管理人员执行职务违反法律、行政法规或者公司章程的规定，给公司造成损失的，应当承担赔偿责任。 >>> 违信责任，即违反信义义务的民事责任，本质上是一种侵权责任，符合一般侵权责任的四要件，即加害行为、损害后果、因果关系及过错。实际上，本法多处规定董监高违反信义义务的违信责任，例如，未履行催缴义务（第51条）、协助抽逃出资（第53条）、违法分红（第211条）、违法减资（第226条）等引发的负有责任的董监高对公司的赔偿责任。本条是关于违信责任的一般规定。<<<
第189条	股东代位诉讼	1. 董事、高级管理人员有前条规定的情形的，有限责任公司的股东、股份有限公司连续一百八十日以上单独或者合计持有公司百分之一以上股份的股东，可以书面请求监事会向人民法院提起诉讼；监事有前条规定的情形的，前述股东可以书面请求董事会向人民法院提起诉讼。 2. 监事会或者董事会收到前款规定的股东书面请求后拒绝提起诉讼，或者自收到请求之日起三十日内未提起诉讼，或者情况紧急、不立即提起诉讼将会使公司利益受到难以弥补的损害的，前款规定的股东有权为公司利益以自己的名义直接向人民法院提起诉讼。 3. 他人侵犯公司合法权益，给公司造成损失的，本条第一款规定的股东可以依照前两款的规定向人民法院提起诉讼。 4. 公司全资子公司的董事、监事、高级管理人员有前条规定情形，或者他人侵犯公司全资子公司合法权益造成损失的，有限责任公司的股东、股份有限公司连续一百八十日以上单独或者合计持有公司百分之一以上股份的股东，可以依照前三款规定书面请求全资子公司的监事会、董事会向人民法院提起诉讼或者以自己的名义直接向人民法院提起诉讼。 >>> 股东代位诉讼又称股东代表诉讼、股东派生诉讼或股东衍生诉讼，指管理层及其以外的他人侵害公司利益而公司怠于提起诉讼时，符合法定条件的股东可以为公司利益、以自己名义提起诉讼，请求侵害人对公司担责。 本条第1款在区分公司类型的基础上对股东代位诉讼的原告资格进行了规定，即有限公司的股东、股份公司连续180日以上单独或者合计持有公司1%以上股份的股东。

本条将股东代表诉讼的被告分为两类，一是第1款规定的董事、高管。结合《公司法》第188条，一般认为此处也包含监事。二是第3款规定的董监高以外的"他人"，首先指管理层之外的实际控制人，其次指董监高、实际控制人的利害关系人。

本条第2款规定了股东代位诉讼的前置程序。通常情形下，有原告资格的股东需经前置程序才能向法院提起诉讼。具体而言，前置程序要求监事会或董事会收到本条第1款规定的股东书面请求后拒绝提起诉讼，或自收到请求之日起30日内未提起诉讼。前置程序的满足需要时间成本，而在特定情形下，要求股东履行前置程序则不必要或不合理，前置程序的豁免制度有其必要性。前置程序的豁免情形，即情况紧急、不立即提起诉讼将会使公司利益受到难以弥补的损害。

本条第4款确立了股东双重派生诉讼。双重派生诉讼由普通派生诉讼衍生而来，但由于其适用于更加复杂的公司集团，需要对其适用要件进行调整。公司法的双重派生诉讼要求母子公司之间形成直接持股关系，排除以协议、人事安排等方式对另一公司事实控制的情形。并进一步要求前述股权控制达到全资控股，排除绝对控股与相对控股。<<<

第190条　股东直接诉讼

董事、高级管理人员违反法律、行政法规或者公司章程的规定，损害股东利益的，股东可以向人民法院提起诉讼。

>>> 本条确立股东直接诉讼，也即股东针对董事、高管提起的赔偿诉讼，是与前条规定的股东代位诉讼相对应的概念，二者的核心区别是，如果董事、高管违法违章行为侵害公司利益，进而间接侵害股东利益，可能引发股东代位诉讼；反之，如董事、高管违法违章行为直接侵害股东利益，则引发股东直接诉讼。这是公司组织法提供的保护股东权益的措施。从民法视角，董事对股东所承担责任之性质似乎也符合民法上的侵权责任，但应注意二者的区别。当董事、高管与股东之间发生直接的合同或侵权关系，应认定为普通民事责任，而非公司组织法上的特别法律关系。<<<

第191条　董事高管对第三人的责任

董事、高级管理人员执行职务，给他人造成损害的，公司应当承担赔偿责任；董事、高级管理人员存在故意或者重大过失的，也应当承担赔偿责任。

>>> 直接责任人范围，仅包括董事、高管，不包括同样承担信义义务的监事，这是基于董事、高管与监事的不同职权而设计的。

直接责任人的主观过错。过错形态限于故意、重大过失，而不包括一般过失、抽象轻过失，这就将直接责任限于不能容忍的过错场合。

"他人"是公司以外的任何受害人,没有争议的是,他人首先包括公司债权人;进一步地,还包括公司股东尤其是少数股东(证券市场的中小投资者),以前引《证券法》第85条为例证。本条规定的董事、高管对第三人的责任是一种特别法定责任,如其故意、重大过失行为也构成侵权责任,则可能与《民法典》第1191条规定的职务侵权责任重合,直接侵权行为适用《民法典》的规定,间接侵权行为适用本条规定,因本条乃特别法规范。

"公司应当承担赔偿责任",有故意、重大过失的董事、高管"也应当承担赔偿责任",这两句表述了公司与董事、高管的责任关系,究竟应当如何理解,目前学理上有以下学说:按份责任说、平行连带责任说、补充连带责任说、补充责任说、不真正连带责任说等。我们更倾向于补充连带责任说。<<<

第192条 双控人与董事、高管的连带责任

公司的控股股东、实际控制人指示董事、高级管理人员从事损害公司或者股东利益的行为的,与该董事、高级管理人员承担连带责任。

>>> 实际控制人与被指示的董事、高管承担连带责任,这一安排在侵权法上有充足的理论依据——共同侵权。该规定的行文表述亦沿用了共同侵权的逻辑:按照《民法典》第1169条第1款规定,教唆、帮助他人实施侵权行为的,应与行为人承担连带责任。双控人指示董事、高管侵害公司与其他股东利益,表明双控人与受操纵董事、高管在具有共同意思联络的情况下实施了共同侵权行为,二者应承担连带责任。本条的适用可与第191条结合,即双控人指示公司董事、高管从事损害公司、股东利益的行为,进一步侵害公司之外的"他人",该董事、高管显然具有故意,此时该他人可以要求双控人与董事、高管承担连带责任。<<<

第193条 董事责任保险

1 公司可以在董事任职期间为董事因执行公司职务承担的赔偿责任投保责任保险。

2 公司为董事投保责任保险或者续保后,董事会应当向股东会报告责任保险的投保金额、承保范围及保险费率等内容。

第九章 公司债券

第194条 公司债券的定义与发行、交易合法原则

1. 本法所称公司债券,是指公司发行的约定按期还本付息的有价证券。
2. 公司债券可以公开发行,也可以非公开发行。
3. 公司债券的发行和交易应当符合《中华人民共和国证券法》等法律、行政法规的规定。

第195条 公司债券募集办法

1. 公开发行公司债券,应当经国务院证券监督管理机构注册,公告公司债券募集办法。
2. 公司债券募集办法应当载明下列主要事项:
   (一) 公司名称;
   (二) 债券募集资金的用途;
   (三) 债券总额和债券的票面金额;
   (四) 债券利率的确定方式;
   (五) 还本付息的期限和方式;
   (六) 债券担保情况;
   (七) 债券的发行价格、发行的起止日期;
   (八) 公司净资产额;
   (九) 已发行的尚未到期的公司债券总额;
   (十) 公司债券的承销机构。

第196条 公司债券的纸面记载事项

公司以纸面形式发行公司债券的,应当在债券上载明公司名称、债券票面金额、利率、偿还期限等事项,并由法定代表人签名,公司盖章。

第197条 公司债券持有人名册

公司债券应当为记名债券。

第198条 公司债券应当记名

1. 公司发行公司债券应当置备公司债券持有人名册。
2. 发行公司债券的,应当在公司债券持有人名册上载明下列事项:
   (一) 债券持有人的姓名或者名称及住所;
   (二) 债券持有人取得债券的日期及债券的编号;
   (三) 债券总额,债券的票面金额、利率、还本付息的期限和方式;
   (四) 债券的发行日期。

第199条 公司债券的登记结算

公司债券的登记结算机构应当建立债券登记、存管、付息、兑付等相关制度。

第200条 公司债券依法转让

1. 公司债券可以转让,转让价格由转让人与受让人约定。
2. 公司债券的转让应当符合法律、行政法规的规定。

第201条 公司债券的转让模式

公司债券由债券持有人以背书方式或者法律、行政法规规定的其他方式转让;转让后由公司将受让人的姓名或者名称及住所记载于公司债券持有人名册。

第 202 条 股份公司可转换债券的发行

1. 股份有限公司经股东会决议,或者经公司章程、股东会授权由董事会决议,可以发行可转换为股票的公司债券,并规定具体的转换办法。上市公司发行可转换为股票的公司债券,应当经国务院证券监督管理机构注册。
2. 发行可转换为股票的公司债券,应当在债券上标明可转换公司债券字样,并在公司债券持有人名册上载明可转换公司债券的数额。

第 203 条 可转换公司债券债权人的选择权

发行可转换为股票的公司债券的,公司应当按照其转换办法向债券持有人换发股票,但债券持有人对转换股票或者不转换股票有选择权。法律、行政法规另有规定的除外。

第 204 条 债券持有人会议及其决议

1. 公开发行公司债券的,应当为同期债券持有人设立债券持有人会议,并在债券募集办法中对债券持有人会议的召集程序、会议规则和其他重要事项作出规定。债券持有人会议可以对与债券持有人有利害关系的事项作出决议。
2. 除公司债券募集办法另有约定外,债券持有人会议决议对同期全体债券持有人发生效力。

第 205 条 债券受托管理人

公开发行公司债券的,发行人应当为债券持有人聘请债券受托管理人,由其为债券持有人办理受领清偿、债权保全、与债券相关的诉讼以及参与债务人破产程序等事项。

第 206 条 债券受托管理人的义务与责任

1. 债券受托管理人应当勤勉尽责,公正履行受托管理职责,不得损害债券持有人利益。
2. 受托管理人与债券持有人存在利益冲突可能损害债券持有人利益的,债券持有人会议可以决议变更债券受托管理人。
3. 债券受托管理人违反法律、行政法规或者债券持有人会议决议,损害债券持有人利益的,应当承担赔偿责任。

第十章 公司财务、会计

第207条 依法建立公司财务与会计制度

公司应当依照法律、行政法规和国务院财政部门的规定建立本公司的财务、会计制度。

第208条 公司财务会计报告的编制与审计

1. 公司应当在每一会计年度终了时编制财务会计报告，并依法经会计师事务所审计。
2. 财务会计报告应当依照法律、行政法规和国务院财政部门的规定制作。

第209条 公司财务会计报告公示制度

1. 有限责任公司应当按照公司章程规定的期限将财务会计报告送交各股东。
2. 股份有限公司的财务会计报告应当在召开股东会年会的二十日前置备于本公司，供股东查阅；公开发行股份的股份有限公司应当公告其财务会计报告。

第210条 公司的公积金提取与利润分配

1. 公司分配当年税后利润时，应当提取利润的百分之十列入公司法定公积金。公司法定公积金累计额为公司注册资本的百分之五十以上的，可以不再提取。
2. 公司的法定公积金不足以弥补以前年度亏损的，在依照前款规定提取法定公积金之前，应当先用当年利润弥补亏损。
3. 公司从税后利润中提取法定公积金后，经股东会决议，还可以从税后利润中提取任意公积金。
4. 公司弥补亏损和提取公积金后所余税后利润，有限责任公司按照股东实缴的出资比例分配利润，全体股东约定不按照出资比例分配利润的除外；股份有限公司按照股东所持有的股份比例分配利润，公司章程另有规定的除外。
5. 公司持有的本公司股份不得分配利润。

>>> 本法第214条第2款规定："公积金弥补公司亏损，应当先使用任意公积金和法定公积金；仍不能弥补的，可以按照规定使用资本公积金。"第225条第1款规定："公司依照本法第二百一十四条第二款的规定弥补亏损后，仍有亏损的，可以减少注册资本弥补亏损。减少注册资本弥补亏损的，公司不得向股东分配，也不得免除股东缴纳出资或者股款的义务。"体系化理解以上规定，可总结公司弥补亏损使用资金的具体顺序：
公司有任意公积金的，可以任意公积金弥补亏损；
仍不能弥补的，以公司法定公积金弥补亏损；
仍不能弥补的，暂停提取当年的法定公积金，用当年利润弥补亏损；
仍不能弥补的，可使用资本公积金，如股本溢价或资本溢价；
仍不能弥补的，如有必要，可通过减少注册资本以弥补亏损。
有限公司利润分配的规则为，以实缴比例为原则；全体股东另有约定的，优先适用。实务中全体股东可约定按照认缴比例、实际贡献值比例、分段计算不同比例、按人头均分等进行分配，总之，听凭公司意思自治。

> 股份公司的利润分配的规则为，以股东持股比例分配为原则；公司章程另有规定的优先适用。股份公司采用实缴制，故不存在实缴比例、认缴比例之区分。<<<

第211条 违法分配的法律后果

公司违反本法规定向股东分配利润的，股东应当将违反规定分配的利润退还公司；给公司造成损失的，股东及负有责任的董事、监事、高级管理人员应当承担赔偿责任。

第212条 利润分配决议的实施期限

股东会作出分配利润的决议的，董事会应当在股东会决议作出之日起六个月内进行分配。

第213条 资本公积金的来源

公司以超过股票票面金额的发行价格发行股份所得的溢价款、发行无面额股所得股款未计入注册资本的金额以及国务院财政部门规定列入资本公积金的其他项目，应当列为公司资本公积金。

第214条 公积金的用途

1. 公司的公积金用于弥补公司的亏损、扩大公司生产经营或者转为增加公司注册资本。
2. 公积金弥补公司亏损，应当先使用任意公积金和法定公积金；仍不能弥补的，可以按照规定使用资本公积金。
3. 法定公积金转为增加注册资本时，所留存的该项公积金不得少于转增前公司注册资本的百分之二十五。

> >>> 所谓资本公积金弥补亏损，不过是将"资本公积账户"中的金额转入因亏损而呈负数的"未分配利润账户"，在账面上消除亏损，从而改变企业的财务会计报告数据，并不涉及资产的真实流出。无论是否允许资本公积金弥补亏损，资产负债表上资本公积金数字对应的资产早已在公司经营过程中与其他资产混同，用于企业经营。鉴于此，本条第2款放松了资本管制，允许使用资本公积金弥补亏损，同时限定了公积金弥补亏损次序：先任意公积金和法定公积金，后资本公积金。<<<

第215条 公司聘用以及解聘会计师事务所

1. 公司聘用、解聘承办公司审计业务的会计师事务所，按照公司章程的规定，由股东会、董事会或者监事会决定。
2. 公司股东会、董事会或者监事会就解聘会计师事务所进行表决时，应当允许会计师事务所陈述意见。

第216条 会计资料的如实提供

公司应当向聘用的会计师事务所提供真实、完整的会计凭证、会计账簿、财务会计报告及其他会计资料，不得拒绝、隐匿、谎报。

第217条 禁止另立会计账簿及开立个人账户

1. 公司除法定的会计账簿外，不得另立会计账簿。
2. 对公司资金，不得以任何个人名义开立账户存储。

第十一章　公司合并、分立、增资、减资

第218条　公司合并的方式

1. 公司合并可以采取吸收合并或者新设合并。
2. 一个公司吸收其他公司为吸收合并,被吸收的公司解散。两个以上公司合并设立一个新的公司为新设合并,合并各方解散。

第219条　简易合并与小额合并

1. 公司与其持股百分之九十以上的公司合并,被合并的公司不需经股东会决议,但应当通知其他股东,其他股东有权请求公司按照合理的价格收购其股权或者股份。
2. 公司合并支付的价款不超过本公司净资产百分之十的,可以不经股东会决议;但是,公司章程另有规定的除外。
3. 公司依照前两款规定合并不经股东会决议的,应当经董事会决议。

第220条　公司合并的程序与债权人异议权规则

公司合并,应当由合并各方签订合并协议,并编制资产负债表及财产清单。公司应当自作出合并决议之日起十日内通知债权人,并于三十日内在报纸上或国家企业信用信息公示系统公告。债权人自接到通知之日起三十日内,未接到通知的自公告之日起四十五日内,可以要求公司清偿债务或者提供相应的担保。

第221条　公司合并后债权债务的承继

公司合并时,合并各方的债权、债务,应当由合并后存续的公司或者新设的公司承继。

第222条　公司分立的程序

1. 公司分立,其财产作相应的分割。
2. 公司分立,应当编制资产负债表及财产清单。公司应当自作出分立决议之日起十日内通知债权人,并于三十日内在报纸上或者国家企业信用信息公示系统公告。

第223条　公司分立后的债务承继

公司分立前的债务由分立后的公司承担连带责任。但是,公司在分立前与债权人就债务清偿达成的书面协议另有约定的除外。

第224条　普通减资程序

1. 公司减少注册资本,应当编制资产负债表及财产清单。
2. 公司应当自股东会作出减少注册资本决议之日起十日内通知债权人,并于三十日内在报纸上或国家企业信用信息公示系统公告。债权人自接到通知之日起三十日内,未接到通知的自公告之日起四十五日内,有权要求公司清偿债务或者提供相应的担保。
3. 公司减少注册资本,应当按照股东出资或者持有股份的比例相应减少出资额或者股份,法律另有规定、有限责任公司全体股东另有约定或者股份有限公司章程另有规定的除外。

>>> 本条第3款明确区分了定向减资与非定向减资，或称不同比例减资与同比例减资。同比例减资，是公司减资的基本原则，公司减资原则上应该按照各股东股权比例进行，实现同进同退，此为平等对待股东原则的具体化。但是，定向减资并非必然违反平等对待原则，更重要的是，现实中存在进行不同比例减资的合理需求，因为任何时候不同股东对公司的信心指数可能都是不一样的，利益与风险的选择偏好也是不一样的，所以第3款允许例外情形的不同比减资，满足了实务需求。

本法规定了若干种情形下的定向减资，如异议股东回购请求权，针对瑕疵出资股东的催缴失权，实务中还有投资人与目标公司签署的对赌协议等。关于上述定向减资的3种例外情形，第3款区分了有限公司与股份公司不同的例外规则，有限公司需要股东合意，股份公司仅需章程规定（背后是决议的多数决），其逻辑在于：有限公司的股东出资比例系各股东之间形成的一致合意，除因股东出资带来的资合性以外，还具备高度的人合性，法律允许公司自治，但需以不侵犯他人合法权益为前提；若有限公司进行不同比例的减资适用资本多数决，则控股股东可能会滥用股东地位损害中小股东利益，有限公司中的少数股东需要强度更高的保护。<<<

第225条 简易减资

1. 公司依照本法第二百一十四条第二款的规定弥补亏损后，仍有亏损的，可以减少注册资本弥补亏损。减少注册资本弥补亏损的，公司不得向股东分配，也不得免除股东缴纳出资或者股款的义务。
2. 依照前款规定减少注册资本的，不适用前条第二款的规定，但应当自股东会作出减少注册资本决议之日起三十日内在报纸上或者国家企业信用信息公示系统公告。
3. 公司依照前两款的规定减少注册资本后，在法定公积金和任意公积金累计额达到公司注册资本百分之五十前，不得分配利润。

第226条 违法减资的后果

违反本法规定减少注册资本的，股东应当退还其收到的资金，减免股东出资的应当恢复原状；给公司造成损失的，股东及负有责任的董事、监事、高级管理人员应当承担赔偿责任。

第227条 增资时的股东优先认购权

1. 有限责任公司增加注册资本时，股东在同等条件下有权优先按照实缴的出资比例认缴出资。但是，全体股东约定不按照出资比例优先认缴出资的除外。
2. 股份有限公司为增加注册资本发行新股时，股东不享有优先认购权，公司章程另有规定或者股东会决议决定股东享有优先认购权的除外。

第二百一十四条 公司的公积金用于弥补公司的亏损、扩大公司生产经营或者转为增加公司注册资本。

公积金弥补公司亏损，应当先使用任意公积金和法定公积金；仍不能弥补的，可以按照规定使用资本公积金。

法定公积金转为增加注册资本时，所留存的该项公积金不得少于转增前公司注册资本的百分之二十五。

第228条 | 增资扩股的股东出资责任的法律适用

1. 有限责任公司增加注册资本时,股东认缴新增资本的出资,依照本法设立有限责任公司缴纳出资的有关规定执行。
2. 股份有限公司为增加注册资本发行新股时,股东认购新股,依照本法设立股份有限公司缴纳股款的有关规定执行。

第十二章　公司解散和清算

第229条　公司解散事由

1　公司因下列原因解散：
（一）公司章程规定的营业期限届满或者公司章程规定的其他解散事由出现；
（二）股东会决议解散；
（三）因公司合并或者分立需要解散；
（四）依法被吊销营业执照、责令关闭或者被撤销；
（五）人民法院依照本法第二百三十一条的规定予以解散。

2　公司出现前款规定的解散事由，应当在十日内将解散事由通过国家企业信用信息公示系统予以公示。

第230条　特定解散情形下的公司存续

1　公司有前条第一款第一项、第二项情形，且尚未向股东分配财产的，可以通过修改公司章程或者经股东会决议而存续。

2　依照前款规定修改公司章程或者经股东会决议，有限责任公司须经持有三分之二以上表决权的股东通过，股份有限公司须经出席股东会会议的股东所持表决权的三分之二以上通过。

第231条　司法强制解散

公司经营管理发生严重困难，继续存续会使股东利益受到重大损失，通过其他途径不能解决的，持有公司百分之十以上表决权的股东，可以请求人民法院解散公司。

>>> 一般认为，"经营管理发生严重困难"是指公司的股东、董事等管理人员之间发生矛盾纠纷，导致公司组织机构无法正常运行，影响公司的经营活动，即将司法解散的适用对象定位为公司僵局，《最高人民法院关于适用〈中华人民共和国公司法〉若干问题的规定（二）》第1条类型化出4种僵局情形。其一，公司持续两年以上无法召开股东会。"无法召开"表现为无人召集或者召集后没有符合法定持股数或章程规定人数的股东出席会议，原则上必须持续两年以上。股东会是公司权力机关，是股东意志上升为公司意志的桥梁。股东会无法召开，意味着公司无法形成可供对外表达的意志，也就丧失了维持公司法律人格的基本依据。其二，股东表决时无法达到法定或者公司章程规定的比例，持续两年以上不能作出有效的股东会决议。股东会虽然能够实际召开，但是无法作出有效的决议，其功能依然无法发挥。其三，公司董事长期冲突，并且无法通过股东会解决。董事会是公司治理的中心，如董事长期冲突，并且无法通过股东会解决，那么股东的意志便难以得到执行，公司的日常经营管理也会出现障碍。"无法通过股东会解决"是指股东会无法通过重新选举或罢免更换董事，或者通过修改章程改变董事会运行机制等方式解决这一冲突。其四，经营管理发生其他严重困难，公司继续存续会使股东利益受到重大损失的情形。该项是兜底规定，具体适用仍需进行个案衡量。

"继续存续会使股东利益受到重大损失"，是指只有在公司继续存续会使股东利益受到重大损失的情形下才能采取解散手段。"继续存续"是对未来的预期，而"会使"也属于对未来的预测，

不要求股东的利益实际上已经受到重大损失，公司当前的盈利状态并不构成充分的阻却事由，只要股东可能遭受重大损失即可。至于损失是否达到重大的程度，则属于法院自由裁量的范畴。

"通过其他途径不能解决"，是指解散公司应当是解决公司僵局的最后选择。《最高人民法院关于适用〈中华人民共和国公司法〉若干问题的规定（二）》第5条、《最高人民法院关于适用〈中华人民共和国公司法〉若干问题的规定（五）》第5条均强调"法院调解"和"穷尽救济措施"，当事人协商后同意通过股权回购、减资、受让股权或分立等方式解决纠纷，则不可判决司法解散。实践中，法院处理司法解散公司案件一向注重调解，《最高人民法院关于适用〈中华人民共和国公司法〉若干问题的规定（二）》第5条规定："人民法院审理解散公司诉讼案件，应当注重调解。当事人协商同意由公司或者股东收购股份，或者以减资等方式使公司存续，且不违反法律、行政法规强制性规定的，人民法院应予支持。当事人不能协商一致使公司存续的，人民法院应当及时判决。经人民法院调解公司收购原告股份的，公司应当自调解书生效之日起六个月内将股份转让或者注销。股份转让或者注销之前，原告不得以公司收购其股份为由对抗公司债权人。"《最高人民法院关于适用〈中华人民共和国公司法〉若干问题的规定（五）》第5条进一步强调其他解决纠纷的措施对于司法解散公司的前置替代功能："人民法院审理涉及有限责任公司股东重大分歧案件时，应当注重调解。当事人协商一致以下列方式解决分歧，且不违反法律、行政法规的强制性规定的，人民法院应予支持：（一）公司回购部分股东股份；（二）其他股东受让部分股东股份；（三）他人受让部分股东股份；（四）公司减资；（五）公司分立；（六）其他能够解决分歧，恢复公司正常经营，避免公司解散的方式。"<<<

第232条　清算义务人、清算人及其责任

1　公司因本法第二百二十九条第一款第一项、第二项、第四项、第五项规定而解散的，应当清算。董事为公司清算义务人，应当在解散事由出现之日起十五日内组成清算组进行清算。

2　清算组由董事组成，但是公司章程另有规定或者股东会决议另选他人的除外。

3　清算义务人未及时履行清算义务，给公司或者债权人造成损失的，应当承担赔偿责任。

第233条　强制清算制度

1　公司依照前条第一款的规定应当清算，逾期不成立清算组进行清算或者成立清算组后不清算的，利害关系人可以申请人民法院指定有关人员组成清算组进行清算。人民法院应当受理该申请，并及时组织清算组进行清算。

2　公司因本法第二百二十九条第一款第四项的规定而解散的，作出吊销营业执照、责令关闭或者撤销决定的部门或者公司登记机关，可以申请人民法院指定有关人员组成清算组进行清算。

第二百二十九条 公司因下列原因解散:(一)公司章程规定的营业期限届满或者公司章程规定的其他解散事由出现;(二)股东会决议解散;(三)因公司合并或者分立需要解散;(四)依法被吊销营业执照、责令关闭或者被撤销;(五)人民法院依照本法第二百三十一条的规定予以解散。

公司出现前款规定的解散事由,应当在十日内将解散事由通过国家企业信用信息公示系统予以公示。

第234条	清算组的职权		清算组在清算期间行使下列职权： （一）清理公司财产，分别编制资产负债表和财产清单； （二）通知、公告债权人； （三）处理与清算有关的公司未了结的业务； （四）清缴所欠税款以及清算过程中产生的税款； （五）清理债权、债务； （六）分配公司清偿债务后的剩余财产； （七）代表公司参与民事诉讼活动。
第235条	清算通知、公告与申报债权	1	清算组应当自成立之日起十日内通知债权人，并于六十日内在报纸上或者国家企业信用信息公示系统公告。债权人应当自接到通知之日起三十日内，未接到通知的自公告之日起四十五日内，向清算组申报其债权。
		2	债权人申报债权，应当说明债权的有关事项，并提供证明材料。清算组应当对债权进行登记。
		3	在申报债权期间，清算组不得对债权人进行清偿。
第236条	清算方案、财产分派与清算法人的地位	1	清算组在清理公司财产、编制资产负债表和财产清单后，应当制订清算方案，并报股东会或者人民法院确认。
		2	公司财产在分别支付清算费用、职工的工资、社会保险费用和法定补偿金，缴纳所欠税款，清偿公司债务后的剩余财产，有限责任公司按照股东的出资比例分配，股份有限公司按照股东持有的股份比例分配。
		3	清算期间，公司存续，但不得开展与清算无关的经营活动。公司财产在未依照前款规定清偿前，不得分配给股东。
第237条	清算组的破产申请义务与事务移交义务	1	清算组在清理公司财产、编制资产负债表和财产清单后，发现公司财产不足清偿债务的，应当依法向人民法院申请破产清算。
		2	人民法院受理破产申请后，清算组应当将清算事务移交给人民法院指定的破产管理人。
第238条	清算人的信义义务	1	清算组成员履行清算职责，负有忠实义务和勤勉义务。
		2	清算组成员怠于履行清算职责，给公司造成损失的，应当承担赔偿责任；因故意或者重大过失给债权人造成损失的，应当承担赔偿责任。
第239条	清算报告与公司注销登记		公司清算结束后，清算组应当制作清算报告，报股东会或者人民法院确认，并报送公司登记机关，申请注销公司登记。
第240条	简易注销	1	公司在存续期间未产生债务，或者已清偿全部债务的，经全体股东承诺，可以按照规定通过简易程序注销公司登记。

		2	通过简易程序注销公司登记,应当通过国家企业信用信息公示系统予以公告,公告期限不少于二十日。公告期限届满后,未有异议的,公司可以在二十日内向公司登记机关申请注销公司登记。
		3	公司通过简易程序注销公司登记,股东对本条第一款规定的内容承诺不实的,应当对注销登记前的债务承担连带责任。
第241条	强制注销	1	公司被吊销营业执照、责令关闭或者被撤销,满三年未向公司登记机关申请注销公司登记的,公司登记机关可以通过国家企业信用信息公示系统予以公告,公告期限不少于六十日。公告期限届满后,未有异议的,公司登记机关可以注销公司登记。
		2	依照前款规定注销公司登记的,原公司股东、清算义务人的责任不受影响。
第242条	公司破产清算		公司被依法宣告破产的,依照有关企业破产的法律实施破产清算。

第十三章 外国公司的分支机构

第243条 外国公司的概念

本法所称外国公司,是指依照外国法律在中华人民共和国境外设立的公司。

第244条 外国公司分支机构的设立程序

1. 外国公司在中华人民共和国境内设立分支机构,应当向中国主管机关提出申请,并提交其公司章程、所属国的公司登记证书等有关文件,经批准后,向公司登记机关依法办理登记,领取营业执照。
2. 外国公司分支机构的审批办法由国务院另行规定。

第245条 外国公司分支机构的设立条件

1. 外国公司在中华人民共和国境内设立分支机构,应当在中华人民共和国境内指定负责该分支机构的代表人或者代理人,并向该分支机构拨付与其所从事的经营活动相适应的资金。
2. 对外国公司分支机构的经营资金需要规定最低限额的,由国务院另行规定。

第246条 外国公司分支机构的名称及章程

1. 外国公司的分支机构应当在其名称中标明该外国公司的国籍及责任形式。
2. 外国公司的分支机构应当在本机构中置备该外国公司章程。

第247条 外国公司分支机构的法律地位及责任承担

1. 外国公司在中华人民共和国境内设立的分支机构不具有中国法人资格。
2. 外国公司对其分支机构在中华人民共和国境内进行经营活动承担民事责任。

第248条 外国公司分支机构的活动原则

经批准设立的外国公司分支机构,在中华人民共和国境内从事业务活动,应当遵守中国的法律,不得损害中国的社会公共利益,其合法权益受中国法律保护。

第249条 外国公司分支机构的撤销与清算

外国公司撤销其在中华人民共和国境内的分支机构时,应当依法清偿债务,依照本法有关公司清算程序的规定进行清算。未清偿债务之前,不得将其分支机构的财产转移至中华人民共和国境外。

第十四章 法律责任

第250条　虚报注册资本的法律责任

违反本法规定,虚报注册资本、提交虚假材料或者采取其他欺诈手段隐瞒重要事实取得公司登记的,由公司登记机关责令改正,对虚报注册资本的公司,处以虚报注册资本金额百分之五以上百分之十五以下的罚款;对提交虚假材料或者采取其他欺诈手段隐瞒重要事实的公司,处以五万元以上二百万元以下的罚款;情节严重的,吊销营业执照;对直接负责的主管人员和其他直接责任人员处以三万元以上三十万元以下的罚款。

第251条　未依法公示的法律责任

公司未依照本法第四十条规定公示有关信息或者不如实公示有关信息的,由公司登记机关责令改正,可以处以一万元以上五万元以下的罚款。情节严重的,处以五万元以上二十万元以下的罚款;对直接负责的主管人员和其他直接责任人员处以一万元以上十万元以下的罚款。

第252条　虚假出资的法律责任

公司的发起人、股东虚假出资,未交付或者未按期交付作为出资的货币或者非货币财产的,由公司登记机关责令改正,可以处以五万元以上二十万元以下的罚款;情节严重的,处以虚假出资或者未出资金额百分之五以上百分之十五以下的罚款;对直接负责的主管人员和其他直接责任人员处以一万元以上十万元以下的罚款。

第253条　抽逃出资的法律责任

公司的发起人、股东在公司成立后,抽逃其出资的,由公司登记机关责令改正,处以所抽逃出资金额百分之五以上百分之十五以下的罚款;对直接负责的主管人员和其他直接责任人员处以三万元以上三十万元以下的罚款。

第254条　违法会计行为的法律责任

有下列行为之一的,由县级以上人民政府财政部门依照《中华人民共和国会计法》等法律、行政法规的规定处罚:
(一)在法定的会计账簿以外另立会计账簿;
(二)提供存在虚假记载或者隐瞒重要事实的财务会计报告。

第255条　不按规定通知债权人的法律责任

公司在合并、分立、减少注册资本或者进行清算时,不依照本法规定通知或者公告债权人的,由公司登记机关责令改正,对公司处以一万元以上十万元以下的罚款。

第256条　违法清算行为的法律责任

公司在进行清算时,隐匿财产,对资产负债表或者财产清单作虚假记载,或者在未清偿债务前分配公司财产的,由公司登记机关责令改正,对公司处以隐匿财产或者未清偿债务前分配公司财产金额百分之五以上百分之十以下的罚款;对直接负责的主管人员和其他直接责任人员处以一万元以上十万元以下的罚款。

第四十条　公司应当按照规定通过国家企业信用信息公示系统公示下列事项：（一）有限责任公司股东认缴和实缴的出资额、出资方式和出资日期，股份有限公司发起人认购的股份数；（二）有限责任公司股东、股份有限公司发起人的股权、股份变更信息；（三）行政许可取得、变更、注销等信息；（四）法律、行政法规规定的其他信息。

公司应当确保前款公示信息真实、准确、完整。

第257条 评估、审验机构违法的法律责任

1. 承担资产评估、验资或者验证的机构提供虚假材料或者提供有重大遗漏的报告的,由有关部门依照《中华人民共和国资产评估法》《中华人民共和国注册会计师法》等法律、行政法规的规定处罚。
2. 承担资产评估、验资或者验证的机构因其出具的评估结果、验资或者验证证明不实,给公司债权人造成损失的,除能够证明自己没有过错外,在其评估或者证明不实的金额范围内承担赔偿责任。

第258条 公司登记机关违法的法律责任

公司登记机关违反法律、行政法规规定未履行职责或者履行职责不当的,对负有责任的领导人员和直接责任人员依法给予政务处分。

第259条 假冒公司名义的法律责任

未依法登记为有限责任公司或者股份有限公司,而冒用有限责任公司或者股份有限公司名义的,或者未依法登记为有限责任公司或者股份有限公司的分公司,而冒用有限责任公司或者股份有限公司的分公司名义的,由公司登记机关责令改正或者予以取缔,可以并处十万元以下的罚款。

第260条 逾期开业、停业及不依法办理变更登记的法律责任

1. 公司成立后无正当理由超过六个月未开业的,或者开业后自行停业连续六个月以上的,公司登记机关可以吊销营业执照,但公司依法办理歇业的除外。
2. 公司登记事项发生变更时,未依照本法规定办理有关变更登记的,由公司登记机关责令限期登记;逾期不登记的,处以一万元以上十万元以下的罚款。

第261条 外国公司擅自设立分支机构的法律责任

外国公司违反本法规定,擅自在中华人民共和国境内设立分支机构的,由公司登记机关责令改正或者关闭,可以并处五万元以上二十万元以下的罚款。

第262条 利用公司名义从事严重违法行为的法律责任

利用公司名义从事危害国家安全、社会公共利益的严重违法行为的,吊销营业执照。

第263条 民事责任优先

公司违反本法规定,应当承担民事赔偿责任和缴纳罚款、罚金的,其财产不足以支付时,先承担民事赔偿责任。

第264条 刑事责任

违反本法规定,构成犯罪的,依法追究刑事责任。

第十五章 附则

第265条 相关概念的含义

本法下列用语的含义:
(一)高级管理人员,是指公司的经理、副经理、财务负责人,上市公司董事会秘书和公司章程规定的其他人员。
(二)控股股东,是指其出资额占有限责任公司资本总额超过百分之五十或者其持有的股份占股份有限公司股本总额超过百分之五十的股东;出资额或者持有股份的比例虽然低于百分之五十,但依其出资额或者持有的股份所享有的表决权已足以对股东会的决议产生重大影响的股东。
(三)实际控制人,是指通过投资关系、协议或者其他安排,能够实际支配公司行为的人。
(四)关联关系,是指公司控股股东、实际控制人、董事、监事、高级管理人员与其直接或者间接控制的企业之间的关系,以及可能导致公司利益转移的其他关系。但是,国家控股的企业之间不仅因为同受国家控股而具有关联关系。

第266条 施行日期和过渡期

1. 本法自2024年7月1日起施行。
2. 本法施行前已登记设立的公司,出资期限超过本法规定的期限的,除法律、行政法规或者国务院另有规定外,应当逐步调整至本法规定的期限以内;对于出资期限、出资额明显异常的,公司登记机关可以依法要求其及时调整。具体实施办法由国务院规定。

附

最高人民法院关于适用《中华人民共和国公司法》时间效力的若干规定

（2024年6月27日最高人民法院审判委员会第1922次会议通过，自2024年7月1日起施行）

为正确适用2023年12月29日第十四届全国人民代表大会常务委员会第七次会议第二次修订的《中华人民共和国公司法》，根据《中华人民共和国立法法》《中华人民共和国民法典》等法律规定，就人民法院在审理与公司有关的民事纠纷案件中，涉及公司法时间效力的有关问题作出如下规定。

第一条 公司法施行后的法律事实引起的民事纠纷案件，适用公司法的规定。

公司法施行前的法律事实引起的民事纠纷案件，当时的法律、司法解释有规定的，适用当时的法律、司法解释的规定，但是适用公司法更有利于实现其立法目的，适用公司法的规定：

（一）公司法施行前，公司的股东会召集程序不当，未被通知参加会议的股东自决议作出之日起一年内请求人民法院撤销的，适用公司法第二十六条第二款的规定；

（二）公司法施行前的股东会决议、董事会决议被人民法院依法确认不成立，对公司根据该决议与善意相对人形成的法律关系效力发生争议的，适用公司法第二十八条第二款的规定；

（三）公司法施行前，股东以债权出资，因出资方式发生争议的，适用公司法第四十八条第一款的规定；

（四）公司法施行前，有限责任公司股东向股东以外的人转让股权，因股权转让发生争议的，适用公司法第八十四条第二款的规定；

（五）公司法施行前，公司违反法律规定向股东分配利润、减少注册资本造成公司损失，因损害赔偿责任发生争议的，分别适用公司法第二百一十一条、第二百二十六条的规定；

（六）公司法施行前作出利润分配决议，因利润分配时限发生争议的，适用公司法第二百一十二条的规定；

（七）公司法施行前，公司减少注册资本，股东对相应减少出资额或者股份数量发生争议的，适用公司法第二百二十四条第三款的规定。

第二条 公司法施行前与公司有关的民事法律行为，依据当时的法律、司法解释认定无效而依据公司法认定有效，因民事法律行为效力发生争议的下列情形，适用公司法的规定：

（一）约定公司对所投资企业债务承担连带责任，对该约定效力发生争议的，适用公司法第十四条第二款的规定；

（二）公司作出使用资本公积金弥补亏损的公司决议，对该决议效力发生争议的，适用公司法第二百一十四条的规定；

（三）公司与其持股百分之九十以上的公司合并，对合并决议效力发生争议的，适用公司法第二百一十九条的规定。

第三条 公司法施行前订立的与公司有关的合同，合同的履行持续至公司法施行后，因公司法施行前的履行行为发生争议的，适用当时的法律、司法解释的规定；因公司法施行后的履行行为发生争议的下列情形，适用公司法的规定：

（一）代持上市公司股票合同，适用公司法第一百四十条第二款的规定；

（二）上市公司控股子公司取得该上市公司股份合同，适用公司法第一百四十一条的规定；

（三）股份有限公司为他人取得本公司或者母公司的股份提供赠与、借款、担保以及其他财务资助合同，适用公司法第一百六十三条的规定。

第四条 公司法施行前的法律事实引起的民事纠纷案件，当时的法律、司法解释没有规定而公司法作出规定的下列情形，适用公司法的规定：

（一）股东转让未届出资期限的股权，受让人未按期足额缴纳出资的，关于转让人、受让人出资责任的认定，适用公司法第八十八条第一款的规定；

（二）有限责任公司的控股股东滥用股东权利，严重损害公司或者其他股东利益，其他股东请求公司按照合理价格收购其股权的，适用公司法第八十九条第三款、第四款的规定；

（三）对股份有限公司股东会决议投反对票的股东请求公司按照合理价格收购其股份的，适用公司法第一百六十一条的规定；

（四）不担任公司董事的控股股东、实际控制人执行公司事务的民事责任认定，适用公司法第一百八十条的规定；

（五）公司的控股股东、实际控制人指示董事、高级管理人员从事活动损害公司或者股东利益的民事责任认定，适用公司法第一百九十二条的规定；

（六）不明显背离相关当事人合理预期的其他情形。

第五条 公司法施行前的法律事实引起的民事纠纷案件，当时的法律、司法解释已有原则性规定，公司法作出具体规定的下列情形，适用公司法的规定：

（一）股份有限公司章程对股份转让作了限制规定，因该规定发生争议的，适用公司法第一百五十七条的规定；

（二）对公司监事实施挪用公司资金等禁止性行为、违法关联交易、不当谋取公司商业机会、经营限制的同类业务的赔偿责任认定，分别适用公司法第一百八十一条、第一百八十二条第一款、第一百八十三条、第一百八十四条的规定；

（三）对公司董事、高级管理人员不当谋取公司商业机会、经营限制的同类业务的赔偿责任认定，分别适用公司法第一百八十三条、第一百八十四条的规定；

（四）对关联关系主体范围以及关联交易性质的认定，适用公司法第一百八十二条、第二百六十五条第四项的规定。

第六条 应当进行清算的法律事实发生在公司法施行前，因清算责任发生争议的，适用当时的法律、司法解释的规定。

应当清算的法律事实发生在公司法施行前，但至公司法施行日未满十五日的，适用公司法第二百三十二条的规定，清算义务人履行清算义务的期限自公司法施行日重新起算。

第七条 公司法施行前已经终审的民事纠纷案件，当事人申请再审或者人民法院按照审判监督程序决定再审的，适用当时的法律、司法解释的规定。

第八条 本规定自 2024 年 7 月 1 日起施行。

国务院关于实施《中华人民共和国公司法》注册资本登记管理制度的规定

第一条　为了加强公司注册资本登记管理，规范股东依法履行出资义务，维护市场交易安全，优化营商环境，根据《中华人民共和国公司法》（以下简称公司法），制定本规定。

第二条　2024年6月30日前登记设立的公司，有限责任公司剩余认缴出资期限自2027年7月1日起超过5年的，应当在2027年6月30日前将其剩余认缴出资期限调整至5年内并记载于公司章程，股东应当在调整后的认缴出资期限内足额缴纳认缴的出资额；股份有限公司的发起人应当在2027年6月30日前按照其认购的股份全额缴纳股款。

公司生产经营涉及国家利益或者重大公共利益，国务院有关主管部门或者省级人民政府提出意见的，国务院市场监督管理部门可以同意其按原出资期限出资。

第三条　公司出资期限、注册资本明显异常的，公司登记机关可以结合公司的经营范围、经营状况以及股东的出资能力、主营项目、资产规模等进行研判，认定违背真实性、合理性原则的，可以依法要求其及时调整。

第四条　公司调整股东认缴和实缴的出资额、出资方式、出资期限，或者调整发起人认购的股份数等，应当自相关信息产生之日起20个工作日内通过国家企业信用信息公示系统向社会公示。

公司应当确保前款公示信息真实、准确、完整。

第五条　公司登记机关采取随机抽取检查对象、随机选派执法检查人员的方式，对公司公示认缴和实缴情况进行监督检查。

公司登记机关应当加强与有关部门的信息互联共享，根据公司的信用风险状况实施分类监管，强化信用风险分类结果的综合应用。

第六条　公司未按照本规定调整出资期限、注册资本的，由公司登记机关责令改正；逾期未改正的，由公司登记机关在国家企业信用信息公示系统作出特别标注并向社会公示。

第七条　公司因被吊销营业执照、责令关闭或者被撤销，或者通过其住所、经营场所无法联系被列入经营异常名录，出资期限、注册资本不符合本规定且无法调整的，公司登记机关对其另册管理，在国家企业信用信息公示系统作出特别标注并向社会公示。

第八条　公司自被吊销营业执照、责令关闭或者被撤销之日起，满3年未向公司登记机关申请注销公司登记的，公司登记机关可以通过国家企业信用信息公示系统予以公告，公告期限不少于60日。

公告期内，相关部门、债权人以及其他利害关系人向公司登记机关提出异议的，注销程序终止。公告期限届满后无异议的，公司登记机关可以注销公司登记，并在国家企业信用信息公示系统作出特别标注。

  第九条 公司的股东或者发起人未按照本规定缴纳认缴的出资额或者股款，或者公司未依法公示有关信息的，依照公司法、《企业信息公示暂行条例》的有关规定予以处罚。

  第十条 公司登记机关应当对公司调整出资期限、注册资本加强指导，制定具体操作指南，优化办理流程，提高登记效率，提升登记便利化水平。

  第十一条 国务院市场监督管理部门根据本规定，制定公司注册资本登记管理的具体实施办法。

  第十二条 上市公司依照公司法和国务院规定，在公司章程中规定在董事会中设置审计委员会，并载明审计委员会的组成、职权等事项。

  第十三条 本规定自公布之日起施行。

中华人民共和国合伙企业法

(1997年2月23日第八届全国人民代表大会常务委员会第二十四次会议通过　2006年8月27日第十届全国人民代表大会常务委员会第二十三次会议修订)

第一章　总则

第1条　立法目的

为了规范合伙企业的行为,保护合伙企业及其合伙人、债权人的合法权益,维护社会经济秩序,促进社会主义市场经济的发展,制定本法。

第2条　调整范围

1. 本法所称合伙企业,是指自然人、法人和其他组织依照本法在中国境内设立的普通合伙企业和有限合伙企业。
2. 普通合伙企业由普通合伙人组成,合伙人对合伙企业债务承担无限连带责任。本法对普通合伙人承担责任的形式有特别规定的,从其规定。
3. 有限合伙企业由普通合伙人和有限合伙人组成,普通合伙人对合伙企业债务承担无限连带责任,有限合伙人以其认缴的出资额为限对合伙企业债务承担责任。

第3条　不得成为普通合伙人的主体

国有独资公司、国有企业、上市公司以及公益性的事业单位、社会团体不得成为普通合伙人。

第4条　合伙协议

合伙协议依法由全体合伙人协商一致、以书面形式订立。

第5条　自愿、平等、公平、诚实信用原则

订立合伙协议、设立合伙企业,应当遵循自愿、平等、公平、诚实信用原则。

第6条　所得税的缴纳

合伙企业的生产经营所得和其他所得,按照国家有关税收规定,由合伙人分别缴纳所得税。

第7条　合伙企业及其合伙人的义务

合伙企业及其合伙人必须遵守法律、行政法规,遵守社会公德、商业道德,承担社会责任。

第8条　合伙企业及其合伙人的合法财产及其权益受法律保护

合伙企业及其合伙人的合法财产及其权益受法律保护。

第9条　申请设立应提交的文件

1. 申请设立合伙企业,应当向企业登记机关提交登记申请书、合伙协议书、合伙人身份证明等文件。
2. 合伙企业的经营范围中有属于法律、行政法规规定在登记前须经批准的项目的,该项经营业务应当依法经过批准,并在登记时提交批准文件。

第10条　登记程序

1. 申请人提交的登记申请材料齐全、符合法定形式,企业登记机关能够当场登记的,应当场登记,发给营业执照。
2. 除前款规定情形外,企业登记机关应当自受理申请之日起二十日内,作出是否登记的决定。予以登记的,发给营业执照;不予登记的,应当给予书面答复,并说明理由。

| 第11条 | 成立日期 | 1
2 | 合伙企业的营业执照签发日期，为合伙企业成立日期。
合伙企业领取营业执照前，合伙人不得以合伙企业名义从事合伙业务。 |

| 第12条 | 设立分支机构 | | 合伙企业设立分支机构，应当向分支机构所在地的企业登记机关申请登记，领取营业执照。 |

| 第13条 | 变更登记 | | 合伙企业登记事项发生变更的，执行合伙事务的合伙人应当自作出变更决定或者发生变更事由之日起十五日内，向企业登记机关申请办理变更登记。 |

第二章 普通合伙企业

第一节 合伙企业设立

第14条　设立合伙企业应具备的条件

设立合伙企业，应当具备下列条件：
（一）有二个以上合伙人。合伙人为自然人的，应当具有完全民事行为能力；
（二）有书面合伙协议；
（三）有合伙人认缴或者实际缴付的出资；
（四）有合伙企业的名称和生产经营场所；
（五）法律、行政法规规定的其他条件。

第15条　名称

合伙企业名称中应当标明"普通合伙"字样。

第16条　出资方式

1. 合伙人可以用货币、实物、知识产权、土地使用权或者其他财产权利出资，也可以用劳务出资。
2. 合伙人以实物、知识产权、土地使用权或者其他财产权利出资，需要评估作价的，可以由全体合伙人协商确定，也可以由全体合伙人委托法定评估机构评估。
3. 合伙人以劳务出资的，其评估办法由全体合伙人协商确定，并在合伙协议中载明。

第17条　出资义务的履行

1. 合伙人应当按照合伙协议约定的出资方式、数额和缴付期限，履行出资义务。
2. 以非货币财产出资的，依照法律、行政法规的规定，需要办理财产权转移手续的，应当依法办理。

第18条　合伙协议的内容

合伙协议应当载明下列事项：
（一）合伙企业的名称和主要经营场所的地点；
（二）合伙目的和合伙经营范围；
（三）合伙人的姓名或者名称、住所；
（四）合伙人的出资方式、数额和缴付期限；
（五）利润分配、亏损分担方式；
（六）合伙事务的执行；
（七）入伙与退伙；
（八）争议解决办法；
（九）合伙企业的解散与清算；
（十）违约责任。

第19条　合伙协议生效、效力和修改、补充

1. 合伙协议经全体合伙人签名、盖章后生效。合伙人按照合伙协议享有权利，履行义务。
2. 修改或者补充合伙协议，应当经全体合伙人一致同意；但是，合伙协议另有约定的除外。
3. 合伙协议未约定或者约定不明确的事项，由合伙人协商决定；协商不成的，依照本法和其他有关法律、行政法规的规定处理。

第二节 合伙企业财产

第20条 合伙企业财产的范围

合伙人的出资、以合伙企业名义取得的收益和依法取得的其他财产,均为合伙企业的财产。

第21条 在合伙企业清算前不得分割合伙企业财产

1. 合伙人在合伙企业清算前,不得请求分割合伙企业的财产;但是,本法另有规定的除外。
2. 合伙人在合伙企业清算前私自转移或者处分合伙企业财产的,合伙企业不得以此对抗善意第三人。

第22条 转让合伙企业中的财产份额

1. 除合伙协议另有约定外,合伙人向合伙人以外的人转让其在合伙企业中的全部或者部分财产份额时,须经其他合伙人一致同意。
2. 合伙人之间转让在合伙企业中的全部或者部分财产份额时,应当通知其他合伙人。

第23条 优先购买权

合伙人向合伙人以外的人转让其在合伙企业中的财产份额的,在同等条件下,其他合伙人有优先购买权;但是,合伙协议另有约定的除外。

第24条 受让人成为合伙人

合伙人以外的人依法受让合伙人在合伙企业中的财产份额的,经修改合伙协议即成为合伙企业的合伙人,依照本法和修改后的合伙协议享有权利,履行义务。

第25条 以合伙企业财产份额出质

合伙人以其在合伙企业中的财产份额出质的,须经其他合伙人一致同意;未经其他合伙人一致同意,其行为无效,由此给善意第三人造成损失的,由行为人依法承担赔偿责任。

第三节 合伙事务执行

第26条 合伙事务的执行

1. 合伙人对执行合伙事务享有同等的权利。
2. 按照合伙协议的约定或者经全体合伙人决定,可以委托一个或者数个合伙人对外代表合伙企业,执行合伙事务。
3. 作为合伙人的法人、其他组织执行合伙事务的,由其委派的代表执行。

第27条 不执行合伙事务的合伙人的监督权

1. 依照本法第二十六条第二款规定委托一个或者数个合伙人执行合伙事务的,其他合伙人不再执行合伙事务。
2. 不执行合伙事务的合伙人有权监督执行事务合伙人执行合伙事务的情况。

第28条	执行事务合伙人的报告义务、权利义务承担及合伙人查阅财务资料权	1	由一个或者数个合伙人执行合伙事务的,执行事务合伙人应当定期向其他合伙人报告事务执行情况以及合伙企业的经营和财务状况,其执行合伙事务所产生的收益归合伙企业,所产生的费用和亏损由合伙企业承担。
		2	合伙人为了解合伙企业的经营状况和财务状况,有权查阅合伙企业会计账簿等财务资料。
第29条	提出异议权和撤销委托权	1	合伙人分别执行合伙事务的,执行事务合伙人可以对其他合伙人执行的事务提出异议。提出异议时,应当暂停该项事务的执行。如果发生争议,依照本法第三十条规定作出决定。
		2	受委托执行合伙事务的合伙人不按照合伙协议或者全体合伙人的决定执行事务的,其他合伙人可以决定撤销该委托。
第30条	合伙企业有关事项的表决方法	1	合伙人对合伙企业有关事项作出决议,按照合伙协议约定的表决办法办理。合伙协议未约定或者约定不明确的,实行合伙人一人一票并经全体合伙人过半数通过的表决办法。
		2	本法对合伙企业的表决办法另有规定的,从其规定。
第31条	须经全体合伙人一致同意的事项		除合伙协议另有约定外,合伙企业的下列事项应当经全体合伙人一致同意: (一)改变合伙企业的名称; (二)改变合伙企业的经营范围、主要经营场所的地点; (三)处分合伙企业的不动产; (四)转让或者处分合伙企业的知识产权和其他财产权利; (五)以合伙企业名义为他人提供担保; (六)聘任合伙人以外的人担任合伙企业的经营管理人员。
第32条	竞业禁止和限制合伙人同本合伙企业交易	1	合伙人不得自营或者同他人合作经营与本合伙企业相竞争的业务。
		2	除合伙协议另有约定或者经全体合伙人一致同意外,合伙人不得同本合伙企业进行交易。
		3	合伙人不得从事损害本合伙企业利益的活动。
第33条	利润分配和亏损分担	1	合伙企业的利润分配、亏损分担,按照合伙协议的约定办理;合伙协议未约定或者约定不明确的,由合伙人协商决定;协商不成的,由合伙人按照实缴出资比例分配、分担;无法确定出资比例的,由合伙人平均分配、分担。
		2	合伙协议不得约定将全部利润分配给部分合伙人或者由部分合伙人承担全部亏损。
第34条	增加或减少对合伙企业的出资		合伙人按照合伙协议的约定或者经全体合伙人决定,可以增加或者减少对合伙企业的出资。

第35条 经营管理人员

1. 被聘任的合伙企业的经营管理人员应当在合伙企业授权范围内履行职务。
2. 被聘任的合伙企业的经营管理人员，超越合伙企业授权范围履行职务，或者在履行职务过程中因故意或者重大过失给合伙企业造成损失的，依法承担赔偿责任。

第36条 财务、会计制度

合伙企业应当依照法律、行政法规的规定建立企业财务、会计制度。

第四节 合伙企业与第三人关系

第37条 保护善意第三人

合伙企业对合伙人执行合伙事务以及对外代表合伙企业权利的限制，不得对抗善意第三人。

第38条 合伙企业清偿债务的原则

合伙企业对其债务，应先以其全部财产进行清偿。

第39条 无限连带责任

合伙企业不能清偿到期债务的，合伙人承担无限连带责任。

第40条 追偿权

合伙人由于承担无限连带责任，清偿数额超过本法第三十三条第一款规定的其亏损分担比例的，有权向其他合伙人追偿。

第41条 相关债权人抵销权和代位权的限制

合伙人发生与合伙企业无关的债务，相关债权人不得以其债权抵销其对合伙企业的债务；也不得代位行使合伙人在合伙企业中的权利。

第42条 以合伙企业中的财产份额偿还债务

1. 合伙人的自有财产不足清偿其与合伙企业无关的债务的，该合伙人可以其从合伙企业中分取的收益用于清偿；债权人也可以依法请求人民法院强制执行该合伙人在合伙企业中的财产份额用于清偿。
2. 人民法院强制执行合伙人的财产份额时，应当通知全体合伙人，其他合伙人有优先购买权；其他合伙人未购买，又不同意将该财产份额转让给他人的，依照本法第五十一条的规定为该合伙人办理退伙结算，或者办理削减该合伙人相应财产份额的结算。

第五节 入伙、退伙

第43条 入伙

1. 新合伙人入伙，除合伙协议另有约定外，应当经全体合伙人一致同意，并依法订立书面入伙协议。
2. 订立入伙协议时，原合伙人应当向新合伙人如实告知原合伙企业的经营状况和财务状况。

第44条 新合伙人的权利、责任

1. 入伙的新合伙人与原合伙人享有同等权利，承担同等责任。入伙协议另有约定的，从其约定。
2. 新合伙人对入伙前合伙企业的债务承担无限连带责任。

第三十三条　合伙企业的利润分配、亏损分担，按照合伙协议的约定办理；合伙协议未约定或者约定不明确的，由合伙人协商决定；协商不成的，由合伙人按照实缴出资比例分配、分担；无法确定出资比例的，由合伙人平均分配、分担。

合伙协议不得约定将全部利润分配给部分合伙人或者由部分合伙人承担全部亏损。

第五十一条　合伙人退伙，其他合伙人应当与该退伙人按照退伙时的合伙企业财产状况进行结算，退还退伙人的财产份额。退伙人对给合伙企业造成的损失负有赔偿责任的，相应扣减其应当赔偿的数额。

退伙时有未了结的合伙企业事务的，待该事务了结后进行结算。

第45条	约定合伙期限的退伙		合伙协议约定合伙期限的,在合伙企业存续期间,有下列情形之一的,合伙人可以退伙: (一)合伙协议约定的退伙事由出现; (二)经全体合伙人一致同意; (三)发生合伙人难以继续参加合伙的事由; (四)其他合伙人严重违反合伙协议约定的义务。
第46条	未约定合伙期限的退伙		合伙协议未约定合伙期限的,合伙人在不给合伙企业事务执行造成不利影响的情况下,可以退伙,但应当提前三十日通知其他合伙人。
第47条	违规退伙的法律责任		合伙人违反本法第四十五条、第四十六条的规定退伙的,应当赔偿由此给合伙企业造成的损失。
第48条	当然退伙	1	合伙人有下列情形之一的,当然退伙: (一)作为合伙人的自然人死亡或者被依法宣告死亡; (二)个人丧失偿债能力; (三)作为合伙人的法人或者其他组织依法被吊销营业执照、责令关闭、撤销,或者被宣告破产; (四)法律规定或者合伙协议约定合伙人必须具有相关资格而丧失该资格; (五)合伙人在合伙企业中的全部财产份额被人民法院强制执行。
		2	合伙人被依法认定为无民事行为能力人或者限制民事行为能力人的,经其他合伙人一致同意,可以依法转为有限合伙人,普通合伙企业依法转为有限合伙企业。其他合伙人未能一致同意的,该无民事行为能力或者限制民事行为能力的合伙人退伙。
		3	退伙事由实际发生之日为退伙生效日。
第49条	除名退伙	1	合伙人有下列情形之一的,经其他合伙人一致同意,可以决议将其除名: (一)未履行出资义务; (二)因故意或者重大过失给合伙企业造成损失; (三)执行合伙事务时有不正当行为; (四)发生合伙协议约定的事由。
		2	对合伙人的除名决议应当书面通知被除名人。被除名人接到除名通知之日起,除名生效,被除名人退伙。
		3	被除名人对除名决议有异议的,可以自接到除名通知之日起三十日内,向人民法院起诉。
第50条	合伙人死亡或者被宣告死亡后其财产份额的处理	1	合伙人死亡或者被依法宣告死亡的,对该合伙人在合伙企业中的财产份额享有合法继承权的继承人,按照合伙协议的约定或者经全体合伙人一致同意,从继承开始之日起,取得该合伙企业的合伙人资格。

		2	有下列情形之一的，合伙企业应当向合伙人的继承人退还被继承合伙人的财产份额： （一）继承人不愿意成为合伙人； （二）法律规定或者合伙协议约定合伙人必须具有相关资格，而该继承人未取得该资格； （三）合伙协议约定不能成为合伙人的其他情形。
		3	合伙人的继承人为无民事行为能力人或者限制民事行为能力人的，经全体合伙人一致同意，可以依法成为有限合伙人，普通合伙企业依法转为有限合伙企业。全体合伙人未能一致同意的，合伙企业应当将被继承合伙人的财产份额退还该继承人。
第51条	退伙结算	1	合伙人退伙，其他合伙人应当与该退伙人按照退伙时的合伙企业财产状况进行结算，退还退伙人的财产份额。退伙人对给合伙企业造成的损失负有赔偿责任的，相应扣减其应当赔偿的数额。
		2	退伙时有未了结的合伙企业事务的，待该事务了结后进行结算。
第52条	退伙人财产份额退还办法		退伙人在合伙企业中财产份额的退还办法，由合伙协议约定或者由全体合伙人决定，可以退还货币，也可以退还实物。
第53条	退伙人分担合伙企业债务		退伙人对基于其退伙前的原因发生的合伙企业债务，承担无限连带责任。
第54条	退伙人分担合伙企业亏损		合伙人退伙时，合伙企业财产少于合伙企业债务的，退伙人应当依照本法第三十三条第一款的规定分担亏损。

第六节　特殊的普通合伙企业

第55条	特殊的普通合伙企业的定义、适用范围及适用法律	1	以专业知识和专门技能为客户提供有偿服务的专业服务机构，可以设立为特殊的普通合伙企业。
		2	特殊的普通合伙企业是指合伙人依照本法第五十七条的规定承担责任的普通合伙企业。
		3	特殊的普通合伙企业适用本节规定；本节未作规定的，适用本章第一节至第五节的规定。
第56条	特殊的普通合伙企业名称		特殊的普通合伙企业名称中应当标明"特殊普通合伙"字样。
第57条	特殊的普通合伙企业合伙人责任	1	一个合伙人或者数个合伙人在执业活动中因故意或者重大过失造成合伙企业债务的，应当承担无限责任或者无限连带责任，其他合伙人以其在合伙企业中的财产份额为限承担责任。
		2	合伙人在执业活动中非因故意或者重大过失造成的合伙企业债务以及合伙企业的其他债务，由全体合伙人承担无限连带责任。

第三十三条 合伙企业的利润分配、亏损分担，按照合伙协议的约定办理；合伙协议未约定或者约定不明确的，由合伙人协商决定；协商不成的，由合伙人按照实缴出资比例分配、分担；无法确定出资比例的，由合伙人平均分配、分担。

合伙协议不得约定将全部利润分配给部分合伙人或者由部分合伙人承担全部亏损。

第58条	合伙人过错的		合伙人执业活动中因故意或者重大过失造成的合伙企业债务,以合伙企业财产对外承担责任后,该合伙人应当按照合伙协议的约定对给合伙企业造成的损失承担赔偿责任。
第59条	执业风险基金和职业风险	1 2	特殊的普通合伙企业应当建立执业风险基金、办理职业保险。 执业风险基金用于偿付合伙人执业活动造成的债务。执业风险基金应当单独立户管理。具体管理办法由国务院规定。

第三章 有限合伙企业

第60条 有限合伙企业及其合伙人的法律适用

有限合伙企业及其合伙人适用本章规定；本章未作规定的，适用本法第二章第一节至第五节关于普通合伙企业及其合伙人的规定。

第61条 有限合伙企业合伙人人数

1. 有限合伙企业由二个以上五十个以下合伙人设立；但是，法律另有规定的除外。
2. 有限合伙企业至少应当有一个普通合伙人。

第62条 有限合伙企业名称

有限合伙企业名称中应当标明"有限合伙"字样。

第63条 合伙协议内容

合伙协议除符合本法第十八条的规定外，还应当载明下列事项：
（一）普通合伙人和有限合伙人的姓名或者名称、住所；
（二）执行事务合伙人应具备的条件和选择程序；
（三）执行事务合伙人权限与违约处理办法；
（四）执行事务合伙人的除名条件和更换程序；
（五）有限合伙人入伙、退伙的条件、程序以及相关责任；
（六）有限合伙人和普通合伙人相互转变程序。

第64条 有限合伙人的出资形式

1. 有限合伙人可以用货币、实物、知识产权、土地使用权或者其他财产权利作价出资。
2. 有限合伙人不得以劳务出资。

第65条 有限合伙人出资义务

有限合伙人应当按照合伙协议的约定按期足额缴纳出资；未按期足额缴纳的，应当承担补缴义务，并对其他合伙人承担违约责任。

第66条 有限合伙企业登记事项

有限合伙企业登记事项中应当载明有限合伙人的姓名或者名称及认缴的出资数额。

第67条 有限合伙企业事务的执行

有限合伙企业由普通合伙人执行合伙事务。执行事务合伙人可以要求在合伙协议中确定执行事务的报酬及报酬提取方式。

第68条 合伙事务执行禁止

1. 有限合伙人不执行合伙事务，不得对外代表有限合伙企业。
2. 有限合伙人的下列行为，不视为执行合伙事务：
（一）参与决定普通合伙人入伙、退伙；
（二）对企业的经营管理提出建议；
（三）参与选择承办有限合伙企业审计业务的会计师事务所；
（四）获取经审计的有限合伙企业财务会计报告；
（五）对涉及自身利益的情况，查阅有限合伙企业财务会计账簿等财务资料；
（六）在有限合伙企业中的利益受到侵害时，向有责任的合伙人主张权利或者提起诉讼；
（七）执行事务合伙人怠于行使权利时，督促其行使权利或者为了本企业的利益以自己的名义提起诉讼；
（八）依法为本企业提供担保。

第十八条 合伙协议应当载明下列事项:(一)合伙企业的名称和主要经营场所的地点;(二)合伙目的和合伙经营范围;(三)合伙人的姓名或者名称、住所;(四)合伙人的出资方式、数额和缴付期限;(五)利润分配、亏损分担方式;(六)合伙事务的执行;(七)入伙与退伙;(八)争议解决办法;(九)合伙企业的解散与清算;(十)违约责任。

第69条	有限合伙企业利润分配	有限合伙企业不得将全部利润分配给部分合伙人；但是，合伙协议另有约定的除外。
第70条	有限合伙人与本有限合伙企业交易	有限合伙人可以同本有限合伙企业进行交易；但是，合伙协议另有约定的除外。
第71条	允许有限合伙人同业竞争	有限合伙人可以自营或者同他人合作经营与本有限合伙企业相竞争的业务；但是，合伙协议另有约定的除外。
第72条	有限合伙人财产份额的出质	有限合伙人可以将其在有限合伙企业中的财产份额出质；但是，合伙协议另有约定的除外。
第73条	有限合伙人财产份额对外转让	有限合伙人可以按照合伙协议的约定向合伙人以外的人转让其在有限合伙企业中的财产份额，但应当提前三十日通知其他合伙人。
第74条	有限合伙人以合伙企业中的财产份额偿还债务	1 有限合伙人的自有财产不足清偿其与合伙企业无关的债务的，该合伙人可以以其从有限合伙企业中分取的收益用于清偿；债权人也可以依法请求人民法院强制执行该合伙人在有限合伙企业中的财产份额用于清偿。 2 人民法院强制执行有限合伙人的财产份额时，应当通知全体合伙人。在同等条件下，其他合伙人有优先购买权。
第75条	有限合伙企业解散及类型变通	有限合伙企业仅剩有限合伙人的，应当解散；有限合伙企业仅剩普通合伙人的，转为普通合伙企业。
第76条	有限合伙人在特定情况下对合伙企业债务承担无限连带责任	1 第三人有理由相信有限合伙人为普通合伙人并与其交易的，该有限合伙人对该笔交易承担与普通合伙人同样的责任。 2 有限合伙人未经授权以有限合伙企业名义与他人进行交易，给有限合伙企业或者其他合伙人造成损失的，该有限合伙人应当承担赔偿责任。
第77条	新入伙的有限合伙人的责任承担	新入伙的有限合伙人对入伙前有限合伙企业的债务，以其认缴的出资额为限承担责任。
第78条	有限合伙人法定退伙	有限合伙人有本法第四十八条第一款第一项、第三项至第五项所列情形之一的，当然退伙。
第79条	有限合伙人丧失民事行为能力时不得被退伙	作为有限合伙人的自然人在有限合伙企业存续期间丧失民事行为能力的，其他合伙人不得因此要求其退伙。

第四十八条　合伙人有下列情形之一的，当然退伙：（一）作为合伙人的自然人死亡或者被依法宣告死亡；（二）个人丧失偿债能力；（三）作为合伙人的法人或者其他组织依法被吊销营业执照、责令关闭、撤销，或者被宣告破产；（四）法律规定或者合伙协议约定合伙人必须具有相关资格而丧失该资格；（五）合伙人在合伙企业中的全部财产份额被人民法院强制执行。

合伙人被依法认定为无民事行为能力人或者限制民事行为能力人的，经其他合伙人一致同意，可以依法转为有限合伙人，普通合伙企业依法转为有限合伙企业。其他合伙人未能一致同意的，该无民事行为能力或者限制民事行为能力的合伙人退伙。

退伙事由实际发生之日为退伙生效日。

第80条	有限合伙人死亡或者终止时的资格继承	作为有限合伙人的自然人死亡、被依法宣告死亡或者作为有限合伙人的法人及其他组织终止时,其继承人或者权利承受人可以依法取得该有限合伙人在有限合伙企业中的资格。
第81条	有限合伙人退伙后的责任承担	有限合伙人退伙后,对基于其退伙前的原因发生的有限合伙企业债务,以其退伙时从有限合伙企业中取回的财产承担责任。
第82条	合伙人类型转变	除合伙协议另有约定外,普通合伙人转变为有限合伙人,或者有限合伙人转变为普通合伙人,应当经全体合伙人一致同意。
第83条	有限合伙人转变为普通合伙人的债务承担	有限合伙人转变为普通合伙人的,对其作为有限合伙人期间有限合伙企业发生的债务承担无限连带责任。
第84条	普通合伙人转变为有限合伙人的债务承担	普通合伙人转变为有限合伙人的,对其作为普通合伙人期间合伙企业发生的债务承担无限连带责任。

第四章 合伙企业解散、清算

第85条 解散的情形

合伙企业有下列情形之一的,应当解散:
(一)合伙期限届满,合伙人决定不再经营;
(二)合伙协议约定的解散事由出现;
(三)全体合伙人决定解散;
(四)合伙人已不具备法定人数满三十天;
(五)合伙协议约定的合伙目的已经实现或者无法实现;
(六)依法被吊销营业执照、责令关闭或者被撤销;
(七)法律、行政法规规定的其他原因。

第86条 清算时如何确定清算人

1 合伙企业解散,应当由清算人进行清算。
2 清算人由全体合伙人担任;经全体合伙人过半数同意,可以自合伙企业解散事由出现后十五日内指定一个或者数个合伙人,或者委托第三人,担任清算人。
3 自合伙企业解散事由出现之日起十五日内未确定清算人的,合伙人或者其他利害关系人可以申请人民法院指定清算人。

第87条 清算人的职责

清算人在清算期间执行下列事务:
(一)清理合伙企业财产,分别编制资产负债表和财产清单;
(二)处理与清算有关的合伙企业未了结事务;
(三)清缴所欠税款;
(四)清理债权、债务;
(五)处理合伙企业清偿债务后的剩余财产;
(六)代表合伙企业参加诉讼或者仲裁活动。

第88条 债权申报程序

1 清算人自被确定之日起十日内将合伙企业解散事项通知债权人,并于六十日内在报纸上公告。债权人应当自接到通知书之日起三十日内,未接到通知书的自公告之日起四十五日内,向清算人申报债权。
2 债权人申报债权,应当说明债权的有关事项,并提供证明材料。清算人应当对债权进行登记。
3 清算期间,合伙企业存续,但不得开展与清算无关的经营活动。

第89条 清偿顺序

合伙企业财产在支付清算费用和职工工资、社会保险费用、法定补偿金以及缴纳所欠税款、清偿债务后的剩余财产,依照本法第三十三条第一款的规定进行分配。

第90条 注销登记

清算结束,清算人应当编制清算报告,经全体合伙人签名、盖章后,在十五日内向企业登记机关报送清算报告,申请办理合伙企业注销登记。

第91条 注销后原普通合伙人的责任

合伙企业注销后,原普通合伙人对合伙企业存续期间的债务仍应承担无限连带责任。

第三十三条 合伙企业的利润分配、亏损分担，按照合伙协议的约定办理；合伙协议未约定或者约定不明确的，由合伙人协商决定；协商不成的，由合伙人按照实缴出资比例分配、分担；无法确定出资比例的，由合伙人平均分配、分担。

合伙协议不得约定将全部利润分配给部分合伙人或者由部分合伙人承担全部亏损。

第92条 破产

1. 合伙企业不能清偿到期债务的,债权人可以依法向人民法院提出破产清算申请,也可以要求普通合伙人清偿。
2. 合伙企业依法被宣告破产的,普通合伙人对合伙企业债务仍应承担无限连带责任。

第五章 法律责任

第93条 骗取企业登记的法律责任

违反本法规定,提交虚假文件或者采取其他欺骗手段,取得合伙企业登记的,由企业登记机关责令改正,处以五千元以上五万元以下的罚款;情节严重的,撤销企业登记,并处以五万元以上二十万元以下的罚款。

第94条 名称中未标明法定字样的法律责任

违反本法规定,合伙企业未在其名称中标明"普通合伙"、"特殊普通合伙"或者"有限合伙"字样的,由企业登记机关责令限期改正,处以二千元以上一万元以下的罚款。

第95条 未领取营业执照,擅自从事合伙业务及未依法办理变更登记的法律责任

1. 违反本法规定,未领取营业执照,而以合伙企业或者合伙企业分支机构名义从事合伙业务的,由企业登记机关责令停止,处以五千元以上五万元以下的罚款。
2. 合伙企业登记事项发生变更时,未依照本法规定办理变更登记的,由企业登记机关责令限期登记;逾期不登记的,处以二千元以上二万元以下的罚款。
3. 合伙企业登记事项发生变更,执行合伙事务的合伙人未按期申请办理变更登记的,应当赔偿由此给合伙企业、其他合伙人或者善意第三人造成的损失。

第96条 侵占合伙企业财产的法律责任

合伙人执行合伙事务,或者合伙企业从业人员利用职务上的便利,将应当归合伙企业的利益据为己有的,或者采取其他手段侵占合伙企业财产的,应当将该利益和财产退还合伙企业;给合伙企业或者其他合伙人造成损失的,依法承担赔偿责任。

第97条 擅自处理合伙事务的法律责任

合伙人对本法规定或者合伙协议约定必须经全体合伙人一致同意始得执行的事务擅自处理,给合伙企业或者其他合伙人造成损失的,依法承担赔偿责任。

第98条 擅自执行合伙事务的法律责任

不具有事务执行权的合伙人擅自执行合伙事务,给合伙企业或者其他合伙人造成损失的,依法承担赔偿责任。

第99条 违反竞业禁止或与本合伙企业进行交易的规定的法律责任

合伙人违反本法规定或者合伙协议的约定,从事与本合伙企业相竞争的业务或者与本合伙企业进行交易的,该收益归合伙企业所有;给合伙企业或者其他合伙人造成损失的,依法承担赔偿责任。

第100条 未依法报送清算报告的法律责任

清算人未依照本法规定向企业登记机关报送清算报告,或者报送清算报告隐瞒重要事实,或者有重大遗漏的,由企业登记机关责令改正。由此产生的费用和损失,由清算人承担和赔偿。

第101条 清算人执行清算事务时牟取非法收入或侵占合伙企业财产的法律责任

清算人执行清算事务,牟取非法收入或者侵占合伙企业财产的,应当将该收入和侵占的财产退还合伙企业;给合伙企业或者其他合伙人造成损失的,依法承担赔偿责任。

| 第102条 | 清算人损害债权人利益的赔偿责任 | 清算人违反本法规定,隐匿、转移合伙企业财产,对资产负债表或者财产清单作虚假记载,或者在未清偿债务前分配财产,损害债权人利益的,依法承担赔偿责任。 |

| 第103条 | 合伙人违反合伙协议的法律责任及争议解决方式 | 合伙人违反合伙协议的,应当依法承担违约责任。
合伙人履行合伙协议发生争议的,合伙人可以通过协商或者调解解决。不愿通过协商、调解解决或者协商、调解不成的,可以按照合伙协议约定的仲裁条款或者事后达成的书面仲裁协议,向仲裁机构申请仲裁。合伙协议中未订立仲裁条款,事后又没有达成书面仲裁协议的,可以向人民法院起诉。 |

| 第104条 | 行政管理人员行政责任 | 有关行政管理机关的工作人员违反本法规定,滥用职权、徇私舞弊、收受贿赂、侵害合伙企业合法权益的,依法给予行政处分。 |

| 第105条 | 刑事责任 | 违反本法规定,构成犯罪的,依法追究刑事责任。 |

| 第106条 | 民事赔偿责任优先原则 | 违反本法规定,应当承担民事赔偿责任和缴纳罚款、罚金,其财产不足以同时支付的,先承担民事赔偿责任。 |

第六章 附则

第 107 条 非企业专业服务机构采取合伙制的法律适用

非企业专业服务机构依据有关法律采取合伙制的,其合伙人承担责任的形式可以适用本法关于特殊的普通合伙企业合伙人承担责任的规定。

第 108 条 外国企业或个人在中国境内设立合伙企业的管理办法的制定

外国企业或者个人在中国境内设立合伙企业的管理办法由国务院规定。

第 109 条 施行日期

本法自 2007 年 6 月 1 日起施行。

中华人民共和国证券法

（1998年12月29日第九届全国人民代表大会常务委员会第六次会议通过 根据2004年8月28日第十届全国人民代表大会常务委员会第十一次会议《关于修改〈中华人民共和国证券法〉的决定》第一次修正 2005年10月27日第十届全国人民代表大会常务委员会第十八次会议第一次修订 根据2013年6月29日第十二届全国人民代表大会常务委员会第三次会议《关于修改〈中华人民共和国文物保护法〉等十二部法律的决定》第二次修正 根据2014年8月31日第十二届全国人民代表大会常务委员会第十次会议《关于修改〈中华人民共和国保险法〉等五部法律的决定》第三次修正 2019年12月28日第十三届全国人民代表大会常务委员会第十五次会议第二次修订）

第一章 总则

第1条 立法目的

为了规范证券发行和交易行为,保护投资者的合法权益,维护社会经济秩序和社会公共利益,促进社会主义市场经济的发展,制定本法。

第2条 适用范围

1. 在中华人民共和国境内,股票、公司债券、存托凭证和国务院依法认定的其他证券的发行和交易,适用本法;本法未规定的,适用《中华人民共和国公司法》和其他法律、行政法规的规定。
2. 政府债券、证券投资基金份额的上市交易,适用本法;其他法律、行政法规另有规定的,适用其规定。
3. 资产支持证券、资产管理产品发行、交易的管理办法,由国务院依照本法的原则规定。
4. 在中华人民共和国境外的证券发行和交易活动,扰乱中华人民共和国境内市场秩序,损害境内投资者合法权益的,依照本法有关规定处理并追究法律责任。

第3条 公开、公平、公正原则

证券的发行、交易活动,必须遵循公开、公平、公正的原则。

第4条 平等、自愿、有偿、诚实信用原则

证券发行、交易活动的当事人具有平等的法律地位,应当遵守自愿、有偿、诚实信用的原则。

第5条 证券发行、交易活动准则

证券的发行、交易活动,必须遵守法律、行政法规;禁止欺诈、内幕交易和操纵证券市场的行为。

第6条 分业经营

证券业和银行业、信托业、保险业实行分业经营、分业管理,证券公司与银行、信托、保险业务机构分别设立。国家另有规定的除外。

第7条 监督管理体制

1. 国务院证券监督管理机构依法对全国证券市场实行集中统一监督管理。
2. 国务院证券监督管理机构根据需要可以设立派出机构,按照授权履行监督管理职责。

第8条 审计监督

国家审计机关依法对证券交易场所、证券公司、证券登记结算机构、证券监督管理机构进行审计监督。

第二章 证券发行

第 9 条　发行注册

1. 公开发行证券,必须符合法律、行政法规规定的条件,并依法报经国务院证券监督管理机构或者国务院授权的部门注册。未经依法注册,任何单位和个人不得公开发行证券。证券发行注册制的具体范围、实施步骤,由国务院规定。
2. 有下列情形之一的,为公开发行:
（一）向不特定对象发行证券;
（二）向特定对象发行证券累计超过二百人,但依法实施员工持股计划的员工人数不计算在内;
（三）法律、行政法规规定的其他发行行为。
3. 非公开发行证券,不得采用广告、公开劝诱和变相公开方式。

第 10 条　发行保荐

1. 发行人申请公开发行股票、可转换为股票的公司债券,依法采取承销方式的,或者公开发行法律、行政法规规定实行保荐制度的其他证券的,应当聘请证券公司担任保荐人。
2. 保荐人应当遵守业务规则和行业规范,诚实守信,勤勉尽责,对发行人的申请文件和信息披露资料进行审慎核查,督导发行人规范运作。
3. 保荐人的管理办法由国务院证券监督管理机构规定。

第 11 条　公司设立发行

1. 设立股份有限公司公开发行股票,应当符合《中华人民共和国公司法》规定的条件和经国务院批准的国务院证券监督管理机构规定的其他条件,向国务院证券监督管理机构报送募股申请和下列文件:
（一）公司章程;
（二）发起人协议;
（三）发起人姓名或者名称,发起人认购的股份数、出资种类及验资证明;
（四）招股说明书;
（五）代收股款银行的名称及地址;
（六）承销机构名称及有关的协议。
2. 依照本法规定聘请保荐人的,还应当报送保荐人出具的发行保荐书。
3. 法律、行政法规规定设立公司必须报经批准的,还应当提交相应的批准文件。

第 12 条　公司发行新股

1. 公司首次公开发行新股,应当符合下列条件:
（一）具备健全且运行良好的组织机构;
（二）具有持续经营能力;
（三）最近三年财务会计报告被出具无保留意见审计报告;
（四）发行人及其控股股东、实际控制人最近三年不存在贪污、贿赂、侵占财产、挪用财产或者破坏社会主义市场经济秩序的刑事犯罪;
（五）经国务院批准的国务院证券监督管理机构规定的其他条件。

中华人民共和国证券法 12—16条

2. 上市公司发行新股，应当符合经国务院批准的国务院证券监督管理机构规定的条件，具体管理办法由国务院证券监督管理机构规定。
3. 公开发行存托凭证的，应当符合首次公开发行新股的条件以及国务院证券监督管理机构规定的其他条件。

第13条 新股发行文件

1. 公司公开发行新股，应当报送募股申请和下列文件：
   （一）公司营业执照；
   （二）公司章程；
   （三）股东大会决议；
   （四）招股说明书或者其他公开发行募集文件；
   （五）财务会计报告；
   （六）代收股款银行的名称及地址。
2. 依照本法规定聘请保荐人的，还应当报送保荐人出具的发行保荐书。依照本法规定实行承销的，还应当报送承销机构名称及有关的协议。

第14条 募股资金用途

公司对公开发行股票所募集资金，必须按照招股说明书或者其他公开发行募集文件所列资金用途使用；改变资金用途，必须经股东大会作出决议。擅自改变用途，未作纠正的，或者未经股东大会认可的，不得公开发行新股。

第15条 发行债券

1. 公开发行公司债券，应当符合下列条件：
   （一）具备健全且运行良好的组织机构；
   （二）最近三年平均可分配利润足以支付公司债券一年的利息；
   （三）国务院规定的其他条件。
2. 公开发行公司债券筹集的资金，必须按照公司债券募集办法所列资金用途使用；改变资金用途，必须经债券持有人会议作出决议。公开发行公司债券筹集的资金，不得用于弥补亏损和非生产性支出。
3. 上市公司发行可转换为股票的公司债券，除应当符合第一款规定的条件外，还应当遵守本法第十二条第二款的规定。但是，按照公司债券募集办法，上市公司通过收购本公司股份的方式进行公司债券转换的除外。

第16条 债券发行文件

1. 申请公开发行公司债券，应当向国务院授权的部门或者国务院证券监督管理机构报送下列文件：
   （一）公司营业执照；
   （二）公司章程；
   （三）公司债券募集办法；
   （四）国务院授权的部门或者国务院证券监督管理机构规定的其他文件。
2. 依照本法规定聘请保荐人的，还应当报送保荐人出具的发行保荐书。

第十二条　公司首次公开发行新股，应当符合下列条件：(一) 具备健全且运行良好的组织机构；(二) 具有持续经营能力；(三) 最近三年财务会计报告被出具无保留意见审计报告；(四) 发行人及其控股股东、实际控制人最近三年不存在贪污、贿赂、侵占财产、挪用财产或者破坏社会主义市场经济秩序的刑事犯罪；(五) 经国务院批准的国务院证券监督管理机构规定的其他条件。

上市公司发行新股，应当符合经国务院批准的国务院证券监督管理机构规定的条件，具体管理办法由国务院证券监督管理机构规定。

公开发行存托凭证的，应当符合首次公开发行新股的条件以及国务院证券监督管理机构规定的其他条件。

第17条	债券发行限制	有下列情形之一的,不得再次公开发行公司债券: (一)对已公开发行的公司债券或者其他债务有违约或者延迟支付本息的事实,仍处于继续状态; (二)违反本法规定,改变公开发行公司债券所募资金的用途。
第18条	发行文件报送	发行人依法申请公开发行证券所报送的申请文件的格式、报送方式,由依法负责注册的机构或者部门规定。
第19条	发行文件要求	1 发行人报送的证券发行申请文件,应当充分披露投资者作出价值判断和投资决策所必需的信息,内容应当真实、准确、完整。 2 为证券发行出具有关文件的证券服务机构和人员,必须严格履行法定职责,保证所出具文件的真实性、准确性和完整性。
第20条	预先披露	发行人申请首次公开发行股票的,在提交申请文件后,应当按照国务院证券监督管理机构的规定预先披露有关申请文件。
第21条	注册程序	1 国务院证券监督管理机构或者国务院授权的部门依照法定条件负责证券发行申请的注册。证券公开发行注册的具体办法由国务院规定。 2 按照国务院的规定,证券交易所等可以审核公开发行证券申请,判断发行人是否符合发行条件、信息披露要求,督促发行人完善信息披露内容。 3 依照前两款规定参与证券发行申请注册的人员,不得与发行申请人有利害关系,不得直接或者间接接受发行申请人的馈赠,不得持有所注册的发行申请的证券,不得私下与发行申请人进行接触。
第22条	注册期限	国务院证券监督管理机构或者国务院授权的部门应当自受理证券发行申请文件之日起三个月内,依照法定条件和法定程序作出予以注册或者不予注册的决定,发行人根据要求补充、修改发行申请文件的时间不计算在内。不予注册的,应当说明理由。
第23条	发行公告	1 证券发行申请经注册后,发行人应当依照法律、行政法规的规定,在证券公开发行前公告公开发行募集文件,并将该文件置备于指定场所供公众查阅。 2 发行证券的信息依法公开前,任何知情人不得公开或者泄露该信息。 3 发行人不得在公告公开发行募集文件前发行证券。

第24条	欺诈发行	1	国务院证券监督管理机构或者国务院授权的部门对已作出的证券发行注册的决定,发现不符合法定条件或者法定程序,尚未发行证券的,应当予以撤销,停止发行。已经发行尚未上市的,撤销发行注册决定,发行人应当按照发行价并加算银行同期存款利息返还证券持有人;发行人的控股股东、实际控制人以及保荐人,应当与发行人承担连带责任,但是能够证明自己没有过错的除外。
		2	股票的发行人在招股说明书等证券发行文件中隐瞒重要事实或者编造重大虚假内容,已经发行并上市的,国务院证券监督管理机构可以责令发行人回购证券,或者责令负有责任的控股股东、实际控制人买回证券。
第25条	风险负担		股票依法发行后,发行人经营与收益的变化,由发行人自行负责;由此变化引致的投资风险,由投资者自行负责。
第26条	证券承销	1	发行人向不特定对象发行的证券,法律、行政法规规定应当由证券公司承销的,发行人应当同证券公司签订承销协议。证券承销业务采取代销或者包销方式。
		2	证券代销是指证券公司代发行人发售证券,在承销期结束时,将未售出的证券全部退还给发行人的承销方式。
		3	证券包销是指证券公司将发行人的证券按照协议全部购入或者在承销期结束时将售后剩余证券全部自行购入的承销方式。
第27条	承销公司选择		公开发行证券的发行人有权依法自主选择承销的证券公司。
第28条	承销协议		证券公司承销证券,应当同发行人签订代销或者包销协议,载明下列事项: (一)当事人的名称、住所及法定代表人姓名; (二)代销、包销证券的种类、数量、金额及发行价格; (三)代销、包销的期限及起止日期; (四)代销、包销的付款方式及日期; (五)代销、包销的费用和结算办法; (六)违约责任; (七)国务院证券监督管理机构规定的其他事项。
第29条	承销活动准则	1	证券公司承销证券,应当对公开发行募集文件的真实性、准确性、完整性进行核查。发现有虚假记载、误导性陈述或者重大遗漏的,不得进行销售活动;已经销售的,必须立即停止销售活动,并采取纠正措施。
		2	证券公司承销证券,不得有下列行为: (一)进行虚假的或者误导投资者的广告宣传或者其他宣传推介活动; (二)以不正当竞争手段招揽承销业务; (三)其他违反证券承销业务规定的行为。

		3	证券公司有前款所列行为,给其他证券承销机构或者投资者造成损失的,应当依法承担赔偿责任。
第30条	承销团		向不特定对象发行证券聘请承销团承销的,承销团应当由主承销和参与承销的证券公司组成。
第31条	承销期限	1 2	证券的代销、包销期限最长不得超过九十日。 证券公司在代销、包销期内,对所代销、包销的证券应当保证先行出售给认购人,证券公司不得为本公司预留所代销的证券和预先购入并留存所包销的证券。
第32条	溢价发行		股票发行采取溢价发行的,其发行价格由发行人与承销的证券公司协商确定。
第33条	发行失败		股票发行采用代销方式,代销期限届满,向投资者出售的股票数量未达到拟公开发行股票数量百分之七十的,为发行失败。发行人应当按照发行价并加算银行同期存款利息返还股票认购人。
第34条	发行备案		公开发行股票,代销、包销期限届满,发行人应当在规定的期限内将股票发行情况报国务院证券监督管理机构备案。

第三章 证券交易

第一节 一般规定

第35条 证券交易标的物的合法性

1. 证券交易当事人依法买卖的证券，必须是依法发行并交付的证券。
2. 非依法发行的证券，不得买卖。

第36条 证券限售

1. 依法发行的证券，《中华人民共和国公司法》和其他法律对其转让期限有限制性规定的，在限定的期限内不得转让。
2. 上市公司持有百分之五以上股份的股东、实际控制人、董事、监事、高级管理人员，以及其他持有发行人首次公开发行前发行的股份或者上市公司向特定对象发行的股份的股东，转让其持有的本公司股份的，不得违反法律、行政法规和国务院证券监督管理机构关于持有期限、卖出时间、卖出数量、卖出方式、信息披露等规定，并应当遵守证券交易所的业务规则。

第37条 证券交易场所

1. 公开发行的证券，应当在依法设立的证券交易所上市交易或者在国务院批准的其他全国性证券交易场所交易。
2. 非公开发行的证券，可以在证券交易所、国务院批准的其他全国性证券交易场所、按照国务院规定设立的区域性股权市场转让。

第38条 交易方式

证券在证券交易所上市交易，应当采用公开的集中交易方式或者国务院证券监督管理机构批准的其他方式。

第39条 证券形式

证券交易当事人买卖的证券可以采用纸面形式或者国务院证券监督管理机构规定的其他形式。

第40条 证券从业人员、监管工作人员买卖股票限制

1. 证券交易场所、证券公司和证券登记结算机构的从业人员，证券监督管理机构的工作人员以及法律、行政法规规定禁止参与股票交易的其他人员，在任期或者法定限期内，不得直接或者以化名、借他人名义持有、买卖股票或者其他具有股权性质的证券，也不得收受他人赠送的股票或者其他具有股权性质的证券。
2. 任何人在成为前款所列人员时，其原已持有的股票或者其他具有股权性质的证券，必须依法转让。
3. 实施股权激励计划或者员工持股计划的证券公司的从业人员，可以按照国务院证券监督管理机构的规定持有、卖出本公司股票或者其他具有股权性质的证券。

第41条 保密义务

1. 证券交易场所、证券公司、证券登记结算机构、证券服务机构及其工作人员应当依法为投资者的信息保密，不得非法买卖、提供或者公开投资者的信息。
2. 证券交易场所、证券公司、证券登记结算机构、证券服务机构及其工作人员不得泄露所知悉的商业秘密。

第42条 证券服务机构及人员买卖证券限制

1. 为证券发行出具审计报告或者法律意见书等文件的证券服务机构和人员,在该证券承销期内和期满后六个月内,不得买卖该证券。
2. 除前款规定外,为发行人及其控股股东、实际控制人,或者收购人、重大资产交易方出具审计报告或者法律意见书等文件的证券服务机构和人员,自接受委托之日起至上述文件公开后五日内,不得买卖该证券。实际开展上述有关工作之日早于接受委托之日的,自实际开展上述有关工作之日起至上述文件公开后五日内,不得买卖该证券。

第43条 证券交易收费

证券交易的收费必须合理,并公开收费项目、收费标准和管理办法。

第44条 短线交易

1. 上市公司、股票在国务院批准的其他全国性证券交易场所交易的公司持有百分之五以上股份的股东、董事、监事、高级管理人员,将其持有的该公司的股票或者其他具有股权性质的证券在买入后六个月内卖出,或者在卖出后六个月内又买入,由此所得收益归该公司所有,公司董事会应当收回其所得收益。但是,证券公司因包销购入售后剩余股票而持有百分之五以上股份,以及有国务院证券监督管理机构规定的其他情形的除外。
2. 前款所称董事、监事、高级管理人员、自然人股东持有的股票或者其他具有股权性质的证券,包括其配偶、父母、子女持有的及利用他人账户持有的股票或者其他具有股权性质的证券。
3. 公司董事会不按照第一款规定执行的,股东有权要求董事会在三十日内执行。公司董事会未在上述期限内执行的,股东有权为了公司的利益以自己的名义直接向人民法院提起诉讼。
4. 公司董事会不按照第一款的规定执行的,负有责任的董事依法承担连带责任。

第45条 程序化交易

通过计算机程序自动生成或者下达交易指令进行程序化交易的,应当符合国务院证券监督管理机构的规定,并向证券交易所报告,不得影响证券交易所系统安全或者正常交易秩序。

第二节 证券上市

第46条 上市程序

1. 申请证券上市交易,应当向证券交易所提出申请,由证券交易所依法审核同意,并由双方签订上市协议。
2. 证券交易所根据国务院授权的部门的决定安排政府债券上市交易。

第47条	上市条件	1	申请证券上市交易,应当符合证券交易所上市规则规定的上市条件。
		2	证券交易所上市规则规定的上市条件,应当对发行人的经营年限、财务状况、最低公开发行比例和公司治理、诚信记录等提出要求。
第48条	终止上市	1	上市交易的证券,有证券交易所规定的终止上市情形的,由证券交易所按照业务规则终止其上市交易。
		2	证券交易所决定终止证券上市交易的,应当及时公告,并报国务院证券监督管理机构备案。
第49条	上市复核		对证券交易所作出的不予上市交易、终止上市交易决定不服的,可以向证券交易所设立的复核机构申请复核。

第三节 禁止的交易行为

第50条	禁止内幕交易		禁止证券交易内幕信息的知情人和非法获取内幕信息的人利用内幕信息从事证券交易活动。
第51条	内幕信息知情人		证券交易内幕信息的知情人包括: (一)发行人及其董事、监事、高级管理人员; (二)持有公司百分之五以上股份的股东及其董事、监事、高级管理人员,公司的实际控制人及其董事、监事、高级管理人员; (三)发行人控股或者实际控制的公司及其董事、监事、高级管理人员; (四)由于所任公司职务或者因与公司业务往来可以获取公司有关内幕信息的人员; (五)上市公司收购人或者重大资产交易方及其控股股东、实际控制人、董事、监事和高级管理人员; (六)因职务、工作可以获取内幕信息的证券交易场所、证券公司、证券登记结算机构、证券服务机构的有关人员; (七)因职责、工作可以获取内幕信息的证券监督管理机构工作人员; (八)因法定职责对证券的发行、交易或者对上市公司及其收购、重大资产交易进行管理可以获取内幕信息的有关主管部门、监管机构的工作人员; (九)国务院证券监督管理机构规定的可以获取内幕信息的其他人员。
第52条	内幕信息	1	证券交易活动中,涉及发行人的经营、财务或者对该发行人证券的市场价格有重大影响的尚未公开的信息,为内幕信息。
		2	本法第八十条第二款、第八十一条第二款所列重大事件属于内幕信息。

第八十条　发生可能对上市公司、股票在国务院批准的其他全国性证券交易场所交易的公司的股票交易价格产生较大影响的重大事件，投资者尚未得知时，公司应当立即将有关该重大事件的情况向国务院证券监督管理机构和证券交易场所报送临时报告，并予公告，说明事件的起因、目前的状态和可能产生的法律后果。

前款所称重大事件包括：（一）公司的经营方针和经营范围的重大变化；（二）公司的重大投资行为，公司在一年内购买、出售重大资产超过公司资产总额百分之三十，或者公司营业用主要资产的抵押、质押、出售或者报废一次超过该资产的百分之三十；（三）公司订立重要合同、提供重大担保或者从事关联交易，可能对公司的资产、负债、权益和经营成果产生重要影响；（四）公司发生重大债务和未能清偿到期重大债务的违约情况；（五）公司发生重大亏损或者重大损失；（六）公司生产经营的外部条件发生的重大变化；（七）公司的董事、三分之一以上监事或者经理发生变动，董事长或者经理无法履行职责；（八）持有公司百分之五以上股份的股东或者实际控制人持有股份或者控制公司的情况发生较大变化，公司的实际控制人及其控制的其他企业从事与公司相同或者相似业务的情况发生较大变化；（九）公司分配股利、增资的计划，公司股权结构的重要变化，公司减资、合并、分立、解散及申请破产的决定，或者依法进入破产程序、被责令关闭；（十）涉及公司的重大诉讼、仲裁，股东大会、董事会决议被依法撤销或者宣告无效；（十一）公司涉嫌犯罪被依法立案调查，公司的控股股东、实际控制人、董事、监事、高级管理人员涉嫌犯罪被依法采取强制措施；（十二）国务院证券监督管理机构规定的其他事项。

公司的控股股东或者实际控制人对重大事件的发生、进展产生较大影响的，应当及时将其知悉的有关情况书面告知公司，并配合公司履行信息披露义务。

第八十一条　发生可能对上市交易公司债券的交易价格产生较大影响的重大事件，投资者尚未得知时，公司应当立即将有关该重大事件的情况向国务院证券监督管理机构和证券交易场所报送临时报告，并予公告，说明事件的起因、目前的状态和可能产生的法律后果。

前款所称重大事件包括：（一）公司股权结构或者生产经营状况发生重大变化；（二）公司债券信用评级发生变化；（三）公司重大资产抵押、质押、出售、转让、报废；（四）公司发生未能清偿到期债务的情况；（五）公司新增借款或者对外提供担保超过上年末净资产的百分之二十；（六）公司放弃债权或者财产超过上年末净资产的百分之十；（七）公司发生超过上年末净资产百分之十的重大损失；（八）公司分配股利，作出减资、合并、分立、解散及申请破产的决定，或者依法进入破产程序、被责令关闭；（九）涉及公司的重大诉讼、仲裁；（十）公司涉嫌犯罪被依法立案调查，公司的控股股东、实际控制人、董事、监事、高级管理人员涉嫌犯罪被依法采取强制措施；（十一）国务院证券监督管理机构规定的其他事项。

第 53 条　内幕交易行为及其赔偿责任

1. 证券交易内幕信息的知情人和非法获取内幕信息的人，在内幕信息公开前，不得买卖该公司的证券，或者泄露该信息，或者建议他人买卖该证券。
2. 持有或者通过协议、其他安排与他人共同持有公司百分之五以上股份的自然人、法人、非法人组织收购上市公司的股份，本法另有规定的，适用其规定。
3. 内幕交易行为给投资者造成损失的，应当依法承担赔偿责任。

第 54 条　禁止利用未公开信息进行证券交易

1. 禁止证券交易场所、证券公司、证券登记结算机构、证券服务机构和其他金融机构的从业人员、有关监管部门或者行业协会的工作人员，利用因职务便利获取的内幕信息以外的其他未公开的信息，违反规定，从事与该信息相关的证券交易活动，或者明示、暗示他人从事相关交易活动。
2. 利用未公开信息进行交易给投资者造成损失的，应当依法承担赔偿责任。

第 55 条　禁止操纵证券市场

1. 禁止任何人以下列手段操纵证券市场，影响或者意图影响证券交易价格或者证券交易量：
   （一）单独或者通过合谋，集中资金优势、持股优势或者利用信息优势联合或者连续买卖；
   （二）与他人串通，以事先约定的时间、价格和方式相互进行证券交易；
   （三）在自己实际控制的账户之间进行证券交易；
   （四）不以成交为目的，频繁或者大量申报并撤销申报；
   （五）利用虚假或者不确定的重大信息，诱导投资者进行证券交易；
   （六）对证券、发行人公开作出评价、预测或者投资建议，并进行反向证券交易；
   （七）利用在其他相关市场的活动操纵证券市场；
   （八）操纵证券市场的其他手段。
2. 操纵证券市场行为给投资者造成损失的，应当依法承担赔偿责任。

第 56 条　禁止编造、传播虚假信息或者误导性信息

1. 禁止任何单位和个人编造、传播虚假信息或者误导性信息，扰乱证券市场。
2. 禁止证券交易场所、证券公司、证券登记结算机构、证券服务机构及其从业人员，证券业协会、证券监督管理机构及其工作人员，在证券交易活动中作出虚假陈述或者信息误导。
3. 各种传播媒介传播证券市场信息必须真实、客观，禁止误导。传播媒介及其从事证券市场信息报道的工作人员不得从事与其工作职责发生利益冲突的证券买卖。
4. 编造、传播虚假信息或者误导性信息，扰乱证券市场，给投资者造成损失的，应当依法承担赔偿责任。

第57条 禁止损害客户利益

禁止证券公司及其从业人员从事下列损害客户利益的行为:
（一）违背客户的委托为其买卖证券；
（二）不在规定时间内向客户提供交易的确认文件；
（三）未经客户的委托，擅自为客户买卖证券，或者假借客户的名义买卖证券；
（四）为牟取佣金收入，诱使客户进行不必要的证券买卖；
（五）其他违背客户真实意思表示，损害客户利益的行为。
违反前款规定给客户造成损失的，应当依法承担赔偿责任。

第58条 禁止出借、借用证券账户

任何单位和个人不得违反规定，出借自己的证券账户或者借用他人的证券账户从事证券交易。

第59条 禁止资金违规入市

依法拓宽资金入市渠道，禁止资金违规流入股市。
禁止投资者违规利用财政资金、银行信贷资金买卖证券。

第60条 国有企业买卖股票

国有独资企业、国有独资公司、国有资本控股公司买卖上市交易的股票，必须遵守国家有关规定。

第61条 发现禁止的交易行为的报告义务

证券交易场所、证券公司、证券登记结算机构、证券服务机构及其从业人员对证券交易中发现的禁止的交易行为，应当及时向证券监督管理机构报告。

第四章 上市公司的收购

第62条 上市公司收购方式

投资者可以采取要约收购、协议收购及其他合法方式收购上市公司。

第63条 大额持股信息披露

1. 通过证券交易所的证券交易，投资者持有或者通过协议、其他安排与他人共同持有一个上市公司已发行的有表决权股份达到百分之五时，应当在该事实发生之日起三日内，向国务院证券监督管理机构、证券交易所作出书面报告，通知该上市公司，并予公告，在上述期限内不得再行买卖该上市公司的股票，但国务院证券监督管理机构规定的情形除外。

2. 投资者持有或者通过协议、其他安排与他人共同持有一个上市公司已发行的有表决权股份达到百分之五后，其所持该上市公司已发行的有表决权股份比例每增加或者减少百分之五，应当依照前款规定进行报告和公告，在该事实发生之日起至公告后三日内，不得再行买卖该上市公司的股票，但国务院证券监督管理机构规定的情形除外。

3. 投资者持有或者通过协议、其他安排与他人共同持有一个上市公司已发行的有表决权股份达到百分之五后，其所持该上市公司已发行的有表决权股份比例每增加或者减少百分之一，应当在该事实发生的次日通知该上市公司，并予公告。

4. 违反第一款、第二款规定买入上市公司有表决权的股份的，在买入后的三十六个月内，对该超过规定比例部分的股份不得行使表决权。

第64条 大额持股信息披露的内容

依照前条规定所作的公告，应当包括下列内容：
（一）持股人的名称、住所；
（二）持有的股票的名称、数额；
（三）持股达到法定比例或者持股增减变化达到法定比例的日期、增持股份的资金来源；
（四）在上市公司中拥有有表决权的股份变动的时间及方式。

第65条 强制要约收购

1. 通过证券交易所的证券交易，投资者持有或者通过协议、其他安排与他人共同持有一个上市公司已发行的有表决权股份达到百分之三十时，继续进行收购的，应当依法向该上市公司所有股东发出收购上市公司全部或者部分股份的要约。

2. 收购上市公司部分股份的要约应当约定，被收购公司股东承诺出售的股份数额超过预定收购的股份数额的，收购人按比例进行收购。

第66条 上市公司收购报告书的内容

依照前条规定发出收购要约，收购人必须公告上市公司收购报告书，并载明下列事项：
（一）收购人的名称、住所；
（二）收购人关于收购的决定；
（三）被收购的上市公司名称；
（四）收购目的；

（五）收购股份的详细名称和预定收购的股份数额；
（六）收购期限、收购价格；
（七）收购所需资金额及资金保证；
（八）公告上市公司收购报告书时持有被收购公司股份数占该公司已发行的股份总数的比例。

第67条 要约收购期限

收购要约约定的收购期限不得少于三十日，并不得超过六十日。

第68条 收购要约的撤销和变更

在收购要约确定的承诺期限内，收购人不得撤销其收购要约。收购人需要变更收购要约的，应当及时公告，载明具体变更事项，且不得存在下列情形：
（一）降低收购价格；
（二）减少预定收购股份数额；
（三）缩短收购期限；
（四）国务院证券监督管理机构规定的其他情形。

第69条 收购条件

1. 收购要约提出的各项收购条件，适用于被收购公司的所有股东。
2. 上市公司发行不同种类股份的，收购人可以针对不同种类股份提出不同的收购条件。

第70条 收购人买卖股票限制

采取要约收购方式的，收购人在收购期限内，不得卖出被收购公司的股票，也不得采取要约规定以外的形式和超出要约的条件买入被收购公司的股票。

第71条 协议收购

1. 采取协议收购方式的，收购人可以依照法律、行政法规的规定同被收购公司的股东以协议方式进行股份转让。
2. 以协议方式收购上市公司时，达成协议后，收购人必须在三日内将该收购协议向国务院证券监督管理机构及证券交易所作出书面报告，并予公告。
3. 在公告前不得履行收购协议。

第72条 收购协议履行的保全性措施

采取协议收购方式的，协议双方可以临时委托证券登记结算机构保管协议转让的股票，并将资金存放于指定的银行。

第73条 协议收购转强制要约收购

1. 采取协议收购方式的，收购人收购或者通过协议、其他安排与他人共同收购一个上市公司已发行的有表决权股份达到百分之三十时，继续进行收购的，应当依法向该上市公司所有股东发出收购上市公司全部或者部分股份的要约。但是，按照国务院证券监督管理机构的规定免除发出要约的除外。
2. 收购人依照前款规定以要约方式收购上市公司股份，应当遵守本法第六十五条第二款、第六十六条至第七十条的规定。

第六十五条　通过证券交易所的证券交易，投资者持有或者通过协议、其他安排与他人共同持有一个上市公司已发行的有表决权股份达到百分之三十时，继续进行收购的，应当依法向该上市公司所有股东发出收购上市公司全部或者部分股份的要约。

收购上市公司部分股份的要约应当约定，被收购公司股东承诺出售的股份数额超过预定收购的股份数额的，收购人按比例进行收购。

第六十六条　依照前条规定发出收购要约，收购人必须公告上市公司收购报告书，并载明下列事项：（一）收购人的名称、住所；（二）收购人关于收购的决定；（三）被收购的上市公司名称；（四）收购目的；（五）收购股份的详细名称和预定收购的股份数额；（六）收购期限、收购价格；（七）收购所需资金额及资金保证；（八）公告上市公司收购报告书时持有被收购公司股份数占该公司已发行的股份总数的比例。

第74条	上市公司被收购导致终止上市	1 收购期限届满,被收购公司股权分布不符合证券交易所规定的上市交易要求的,该上市公司的股票应当由证券交易所依法终止上市交易;其余仍持有被收购公司股票的股东,有权向收购人以收购要约的同等条件出售其股票,收购人应当收购。
		2 收购行为完成后,被收购公司不再具备股份有限公司条件的,应当依法变更企业形式。
第75条	收购人限制转让期	在上市公司收购中,收购人持有的被收购的上市公司的股票,在收购行为完成后的十八个月内不得转让。
第76条	收购行为完成后收购人更换股票、报告和公告义务	1 收购行为完成后,收购人与被收购公司合并,并将该公司解散的,被解散公司的原有股票由收购人依法更换。
		2 收购行为完成后,收购人应当在十五日内将收购情况报告国务院证券监督管理机构和证券交易所,并予公告。
第77条	上市公司收购具体办法及其分立合并	1 国务院证券监督管理机构依照本法制定上市公司收购的具体办法。
		2 上市公司分立或者被其他公司合并,应当向国务院证券监督管理机构报告,并予公告。

第五章 信息披露

第78条 信息披露制度

1. 发行人及法律、行政法规和国务院证券监督管理机构规定的其他信息披露义务人，应当及时依法履行信息披露义务。信息披露义务人披露的信息，应当真实、准确、完整，简明清晰，通俗易懂，不得有虚假记载、误导性陈述或者重大遗漏。
2. 证券同时在境内境外公开发行、交易的，其信息披露义务人在境外披露的信息，应当在境内同时披露。

第79条 定期报告

上市公司、公司债券上市交易的公司、股票在国务院批准的其他全国性证券交易场所交易的公司，应当按照国务院证券监督管理机构和证券交易场所规定的内容和格式编制定期报告，并按照以下规定报送和公告：

（一）在每一会计年度结束之日起四个月内，报送并公告年度报告，其中的年度财务会计报告应当经符合本法规定的会计师事务所审计；

（二）在每一会计年度的上半年结束之日起二个月内，报送并公告中期报告。

第80条 上市公司、新三板挂牌公司临时报告义务

1. 发生可能对上市公司、股票在国务院批准的其他全国性证券交易场所交易的公司的股票交易价格产生较大影响的重大事件，投资者尚未得知时，公司应当立即将有关该重大事件的情况向国务院证券监督管理机构和证券交易场所报送临时报告，并予公告，说明事件的起因、目前的状态和可能产生的法律后果。

2. 前款所称重大事件包括：

（一）公司的经营方针和经营范围的重大变化；

（二）公司的重大投资行为，公司在一年内购买、出售重大资产超过公司资产总额百分之三十，或者公司营业用主要资产的抵押、质押、出售或者报废一次超过该资产的百分之三十；

（三）公司订立重要合同、提供重大担保或者从事关联交易，可能对公司的资产、负债、权益和经营成果产生重要影响；

（四）公司发生重大债务和未能清偿到期重大债务的违约情况；

（五）公司发生重大亏损或者重大损失；

（六）公司生产经营的外部条件发生的重大变化；

（七）公司的董事、三分之一以上监事或者经理发生变动，董事长或者经理无法履行职责；

（八）持有公司百分之五以上股份的股东或者实际控制人持有股份或者控制公司的情况发生较大变化，公司的实际控制人及其控制的其他企业从事与公司相同或者相似业务的情况发生较大变化；

（九）公司分配股利、增资的计划，公司股权结构的重要变化，公司减资、合并、分立、解散及申请破产的决定，或者依法进入破产程序、被责令关闭；

（十）涉及公司的重大诉讼、仲裁，股东大会、董事会决议被依法撤销或者宣告无效；

		3	（十一）公司涉嫌犯罪被依法立案调查，公司的控股股东、实际控制人、董事、监事、高级管理人员涉嫌犯罪被依法采取强制措施； （十二）国务院证券监督管理机构规定的其他事项。 公司的控股股东或者实际控制人对重大事件的发生、进展产生较大影响的，应当及时将其知悉的有关情况书面告知公司，并配合公司履行信息披露义务。
第81条	公司债券上市交易的公司的临时报告义务	1 2	发生可能对上市交易公司债券的交易价格产生较大影响的重大事件，投资者尚未得知时，公司应当立即将有关该重大事件的情况向国务院证券监督管理机构和证券交易场所报送临时报告，并予公告，说明事件的起因、目前的状态和可能产生的法律后果。 前款所称重大事件包括： （一）公司股权结构或者生产经营状况发生重大变化； （二）公司债券信用评级发生变化； （三）公司重大资产抵押、质押、出售、转让、报废； （四）公司发生未能清偿到期债务的情况； （五）公司新增借款或者对外提供担保超过上年末净资产的百分之二十； （六）公司放弃债权或者财产超过上年末净资产的百分之十； （七）公司发生超过上年末净资产百分之十的重大损失； （八）公司分配股利，作出减资、合并、分立、解散及申请破产的决定，或者依法进入破产程序、被责令关闭； （九）涉及公司的重大诉讼、仲裁； （十）公司涉嫌犯罪被依法立案调查，公司的控股股东、实际控制人、董事、监事、高级管理人员涉嫌犯罪被依法采取强制措施； （十一）国务院证券监督管理机构规定的其他事项。
第82条	董事、监事、高级管理人员对信息披露所负义务	1 2 3 4	发行人的董事、高级管理人员应当对证券发行文件和定期报告签署书面确认意见。 发行人的监事会应当对董事会编制的证券发行文件和定期报告进行审核并提出书面审核意见。监事应当签署书面确认意见。 发行人的董事、监事和高级管理人员应当保证发行人及时、公平地披露信息，所披露的信息真实、准确、完整。 董事、监事和高级管理人员无法保证证券发行文件和定期报告内容的真实性、准确性、完整性或者有异议的，应当在书面确认意见中发表意见并陈述理由，发行人应当披露。发行人不予披露的，董事、监事和高级管理人员可以直接申请披露。
第83条	公平披露原则	1	信息披露义务人披露的信息应当同时向所有投资者披露，不得提前向任何单位和个人泄露。但是，法律、行政法规另有规定的除外。

2	任何单位和个人不得非法要求信息披露义务人提供依法需要披露但尚未披露的信息。任何单位和个人提前获知的前述信息，在依法披露前应当保密。
第84条 自愿披露和公开承诺 1	除依法需要披露的信息之外，信息披露义务人可以自愿披露与投资者作出价值判断和投资决策有关的信息，但不得与依法披露的信息相冲突，不得误导投资者。
2	发行人及其控股股东、实际控制人、董事、监事、高级管理人员等作出公开承诺的，应当披露。不履行承诺给投资者造成损失的，应当依法承担赔偿责任。
第85条 违反信息披露义务的民事赔偿责任	信息披露义务人未按照规定披露信息，或者公告的证券发行文件、定期报告、临时报告及其他信息披露资料存在虚假记载、误导性陈述或者重大遗漏，致使投资者在证券交易中遭受损失的，信息披露义务人应当承担赔偿责任；发行人的控股股东、实际控制人、董事、监事、高级管理人员和其他直接责任人员以及保荐人、承销的证券公司及其直接责任人员，应当与发行人承担连带赔偿责任，但是能够证明自己没有过错的除外。
第86条 信息披露方式	依法披露的信息，应当在证券交易场所的网站和符合国务院证券监督管理机构规定条件的媒体发布，同时将其置备于公司住所、证券交易场所，供社会公众查阅。
第87条 对信息披露行为的监督 1	国务院证券监督管理机构对信息披露义务人的信息披露行为进行监督管理。
2	证券交易场所应当对其组织交易的证券的信息披露义务人的信息披露行为进行监督，督促其依法及时、准确地披露信息。

第六章 投资者保护

第 88 条 投资者适当性管理

1. 证券公司向投资者销售证券、提供服务时,应当按照规定充分了解投资者的基本情况、财产状况、金融资产状况、投资知识和经验、专业能力等相关信息;如实说明证券、服务的重要内容,充分揭示投资风险;销售、提供与投资者上述状况相匹配的证券、服务。

2. 投资者在购买证券或者接受服务时,应当按照证券公司明示的要求提供前款所列真实信息。拒绝提供或者未按照要求提供信息的,证券公司应当告知其后果,并按照规定拒绝向其销售证券、提供服务。

3. 证券公司违反第一款规定导致投资者损失的,应当承担相应的赔偿责任。

第 89 条 投资者分类和对普通投资者的特别保护

1. 根据财产状况、金融资产状况、投资知识和经验、专业能力等因素,投资者可以分为普通投资者和专业投资者。专业投资者的标准由国务院证券监督管理机构规定。

2. 普通投资者与证券公司发生纠纷的,证券公司应当证明其行为符合法律、行政法规以及国务院证券监督管理机构的规定,不存在误导、欺诈等情形。证券公司不能证明的,应当承担相应的赔偿责任。

第 90 条 征集股东权利

1. 上市公司董事会、独立董事、持有百分之一以上有表决权股份的股东或者依照法律、行政法规或者国务院证券监督管理机构的规定设立的投资者保护机构(以下简称投资者保护机构),可以作为征集人,自行或者委托证券公司、证券服务机构,公开请求上市公司股东委托其代为出席股东大会,并代为行使提案权、表决权等股东权利。

2. 依照前款规定征集股东权利的,征集人应当披露征集文件,上市公司应当予以配合。

3. 禁止以有偿或者变相有偿的方式公开征集股东权利。

4. 公开征集股东权利违反法律、行政法规或者国务院证券监督管理机构有关规定,导致上市公司或者其股东遭受损失的,应当依法承担赔偿责任。

第 91 条 现金分红

1. 上市公司应当在章程中明确分配现金股利的具体安排和决策程序,依法保障股东的资产收益权。

2. 上市公司当年税后利润,在弥补亏损及提取法定公积金后有盈余的,应当按照公司章程的规定分配现金股利。

第 92 条 债券持有人会议和债券受托管理人

1. 公开发行公司债券的,应当设立债券持有人会议,并应当在募集说明书中说明债券持有人会议的召集程序、会议规则和其他重要事项。

		②	公开发行公司债券的，发行人应当为债券持有人聘请债券受托管理人，并订立债券受托管理协议。受托管理人应当由本次发行的承销机构或者其他经国务院证券监督管理机构认可的机构担任，债券持有人会议可以决议变更债券受托管理人。债券受托管理人应当勤勉尽责，公正履行受托管理职责，不得损害债券持有人利益。
		③	债券发行人未能按期兑付债券本息的，债券受托管理人可以接受全部或者部分债券持有人的委托，以自己名义代表债券持有人提起、参加民事诉讼或者清算程序。
第93条	先行赔付		发行人因欺诈发行、虚假陈述或者其他重大违法行为给投资者造成损失的，发行人的控股股东、实际控制人、相关的证券公司可以委托投资者保护机构，就赔偿事宜与受到损失的投资者达成协议，予以先行赔付。先行赔付后，可以依法向发行人以及其他连带责任人追偿。
第94条	投资者保护机构调解、支持诉讼和股东代表诉讼	①	投资者与发行人、证券公司等发生纠纷的，双方可以向投资者保护机构申请调解。普通投资者与证券公司发生证券业务纠纷，普通投资者提出调解请求的，证券公司不得拒绝。
		②	投资者保护机构对损害投资者利益的行为，可以依法支持投资者向人民法院提起诉讼。
		③	发行人的董事、监事、高级管理人员执行公司职务时违反法律、行政法规或者公司章程的规定给公司造成损失，发行人的控股股东、实际控制人等侵犯公司合法权益给公司造成损失，投资者保护机构持有该公司股份的，可以为公司的利益以自己的名义向人民法院提起诉讼，持股比例和持股期限不受《中华人民共和国公司法》规定的限制。
第95条	证券代表人诉讼	①	投资者提起虚假陈述等证券民事赔偿诉讼时，诉讼标的是同一种类，且当事人一方人数众多的，可以依法推选代表人进行诉讼。
		②	对按前款规定提起的诉讼，可能存在有相同诉讼请求的其他众多投资者的，人民法院可以发出公告，说明该诉讼请求的案件情况，通知投资者在一定期间向人民法院登记。人民法院作出的判决、裁定，对参加登记的投资者发生效力。
		③	投资者保护机构受五十名以上投资者委托，可以作为代表人参加诉讼，并为经证券登记结算机构确认的权利人依照前款规定向人民法院登记，但投资者明确表示不愿意参加该诉讼的除外。

第七章 证券交易场所

第96条 证券交易场所的法律地位和适用规则

1. 证券交易所、国务院批准的其他全国性证券交易场所为证券集中交易提供场所和设施,组织和监督证券交易,实行自律管理,依法登记,取得法人资格。
2. 证券交易所、国务院批准的其他全国性证券交易场所的设立、变更和解散由国务院决定。
3. 国务院批准的其他全国性证券交易场所的组织机构、管理办法等,由国务院规定。

第97条 证券交易场所设立不同市场层次

证券交易所、国务院批准的其他全国性证券交易场所可以根据证券品种、行业特点、公司规模等因素设立不同的市场层次。

第98条 区域性股权市场

按照国务院规定设立的区域性股权市场为非公开发行证券的发行、转让提供场所和设施,具体管理办法由国务院规定。

第99条 证券交易所自律管理

1. 证券交易所履行自律管理职能,应当遵守社会公共利益优先原则,维护市场的公平、有序、透明。
2. 设立证券交易所必须制定章程。证券交易所章程的制定和修改,必须经国务院证券监督管理机构批准。

第100条 证券交易所的名称

证券交易所必须在其名称中标明证券交易所字样。其他任何单位或者个人不得使用证券交易所或者近似的名称。

第101条 证券交易所收入支配规则及财产积累

1. 证券交易所可以自行支配的各项费用收入,应当首先用于保证其证券交易场所和设施的正常运行并逐步改善。
2. 实行会员制的证券交易所的财产积累归会员所有,其权益由会员共同享有,在其存续期间,不得将其财产积累分配给会员。

第102条 证券交易所设理事会、监事会、总经理

1. 实行会员制的证券交易所设理事会、监事会。
2. 证券交易所设总经理一人,由国务院证券监督管理机构任免。

第103条 证券交易所负责人任职资格限制

有《中华人民共和国公司法》第一百四十六条规定的情形或者下列情形之一的,不得担任证券交易所的负责人:
(一)因违法行为或者违纪行为被解除职务的证券交易场所、证券登记结算机构的负责人或者证券公司的董事、监事、高级管理人员,自被解除职务之日起未逾五年;
(二)因违法行为或者违纪行为被吊销执业证书或者被取消资格的律师、注册会计师或者其他证券服务机构的专业人员,自被吊销执业证书或者被取消资格之日起未逾五年。

第104条 招聘证券交易所从业人员的限制条件

因违法行为或者违纪行为被开除的证券交易场所、证券公司、证券登记结算机构、证券服务机构的从业人员和被开除的国家机关工作人员,不得招聘为证券交易所的从业人员。

中华人民共和国证券法 105—111条

第 105 条　参与会员制证券交易所集中交易的主体

进入实行会员制的证券交易所参与集中交易的，必须是证券交易所的会员。证券交易所不得允许非会员直接参与股票的集中交易。

第 106 条　投资者买卖证券程序

投资者应当与证券公司签订证券交易委托协议，并在证券公司实名开立账户，以书面、电话、自助终端、网络等方式，委托该证券公司代其买卖证券。

第 107 条　证券账户实名制管理

1. 证券公司为投资者开立账户，应当按照规定对投资者提供的身份信息进行核对。
2. 证券公司不得将投资者的账户提供给他人使用。
3. 投资者应当使用实名开立的账户进行交易。

第 108 条　证券公司接受委托买卖证券程序

证券公司根据投资者的委托，按照证券交易规则提出交易申报，参与证券交易所场内的集中交易，并根据成交结果承担相应的清算交收责任。证券登记结算机构根据成交结果，按照清算交收规则，与证券公司进行证券和资金的清算交收，并为证券公司客户办理证券的登记过户手续。

第 109 条　证券交易保障和证券交易行情

1. 证券交易所应当为组织公平的集中交易提供保障，实时公布证券交易即时行情，并按交易日制作证券市场行情表，予以公布。
2. 证券交易即时行情的权益由证券交易所依法享有。未经证券交易所许可，任何单位和个人不得发布证券交易即时行情。

第 110 条　上市交易股票的停、复牌

1. 上市公司可以向证券交易所申请其上市交易股票的停牌或者复牌，但不得滥用停牌或者复牌损害投资者的合法权益。
2. 证券交易所可以按照业务规则的规定，决定上市交易股票的停牌或者复牌。

第 111 条　突发性事件的处置措施

1. 因不可抗力、意外事件、重大技术故障、重大人为差错等突发性事件而影响证券交易正常进行时，为维护证券交易正常秩序和市场公平，证券交易所可以按照业务规则采取技术性停牌、临时停市等处置措施，并应当及时向国务院证券监督管理机构报告。
2. 因前款规定的突发性事件导致证券交易结果出现重大异常，按交易结果进行交收将对证券交易正常秩序和市场公平造成重大影响的，证券交易所按照业务规则可以采取取消交易、通知证券登记结算机构暂缓交收等措施，并应当及时向国务院证券监督管理机构报告并公告。
3. 证券交易所对其依照本条规定采取措施造成的损失，不承担民事赔偿责任，但存在重大过错的除外。

第112条	证券交易所对证券交易的监控	1	证券交易所对证券交易实行实时监控,并按照国务院证券监督管理机构的要求,对异常的交易情况提出报告。
		2	证券交易所根据需要,可以按照业务规则对出现重大异常交易情况的证券账户的投资者限制交易,并及时报告国务院证券监督管理机构。
第113条	证券交易所的处置措施	1	证券交易所应当加强对证券交易的风险监测,出现重大异常波动的,证券交易所可以按照业务规则采取限制交易、强制停牌等处置措施,并向国务院证券监督管理机构报告;严重影响证券市场稳定的,证券交易所可以按照业务规则采取临时停市等处置措施并公告。
		2	证券交易所对其依照本条规定采取措施造成的损失,不承担民事赔偿责任,但存在重大过错的除外。
第114条	证券交易所风险基金	1	证券交易所应当从其收取的交易费用和会员费、席位费中提取一定比例的金额设立风险基金。风险基金由证券交易所理事会管理。
		2	风险基金提取的具体比例和使用办法,由国务院证券监督管理机构会同国务院财政部门规定。
		3	证券交易所应当将收存的风险基金存入开户银行专门账户,不得擅自使用。
第115条	证券交易所业务规则	1	证券交易所依照法律、行政法规和国务院证券监督管理机构的规定,制定上市规则、交易规则、会员管理规则和其他有关业务规则,并报国务院证券监督管理机构批准。
		2	在证券交易所从事证券交易,应当遵守证券交易所依法制定的业务规则。违反业务规则的,由证券交易所给予纪律处分或者采取其他自律管理措施。
第116条	证券交易所从业人员的职务回避		证券交易所的负责人和其他从业人员执行与证券交易有关的职务时,与其本人或者其亲属有利害关系的,应当回避。
第117条	交易结果不得改变及其例外		按照依法制定的交易规则进行的交易,不得改变其交易结果,但本法第一百一十一条第二款规定的除外。对交易中违规交易者应负的民事责任不得免除;在违规交易中所获利益,依照有关规定处理。

第一百一十一条　因不可抗力、意外事件、重大技术故障、重大人为差错等突发性事件而影响证券交易正常进行时，为维护证券交易正常秩序和市场公平，证券交易所可以按照业务规则采取技术性停牌、临时停市等处置措施，并应当及时向国务院证券监督管理机构报告。

因前款规定的突发性事件导致证券交易结果出现重大异常，按交易结果进行交收将对证券交易正常秩序和市场公平造成重大影响的，证券交易所按照业务规则可以采取取消交易、通知证券登记结算机构暂缓交收等措施，并应当及时向国务院证券监督管理机构报告并公告。

证券交易所对其依照本条规定采取措施造成的损失，不承担民事赔偿责任，但存在重大过错的除外。

第八章 证券公司

第118条 证券公司的设立条件

1. 设立证券公司,应当具备下列条件,并经国务院证券监督管理机构批准:
   (一)有符合法律、行政法规规定的公司章程;
   (二)主要股东及公司的实际控制人具有良好的财务状况和诚信记录,最近三年无重大违法违规记录;
   (三)有符合本法规定的公司注册资本;
   (四)董事、监事、高级管理人员、从业人员符合本法规定的条件;
   (五)有完善的风险管理与内部控制制度;
   (六)有合格的经营场所、业务设施和信息技术系统;
   (七)法律、行政法规和经国务院批准的国务院证券监督管理机构规定的其他条件。
2. 未经国务院证券监督管理机构批准,任何单位和个人不得以证券公司名义开展证券业务活动。

第119条 证券公司的设立审批、登记和申领经营证券业务许可证

1. 国务院证券监督管理机构应当自受理证券公司设立申请之日起六个月内,依照法定条件和法定程序并根据审慎监管原则进行审查,作出批准或者不予批准的决定,并通知申请人;不予批准的,应当说明理由。
2. 证券公司设立申请获得批准的,申请人应当在规定的期限内向公司登记机关申请设立登记,领取营业执照。
3. 证券公司应当自领取营业执照之日起十五日内,向国务院证券监督管理机构申请经营证券业务许可证。未取得经营证券业务许可证,证券公司不得经营证券业务。

第120条 证券业务

1. 经国务院证券监督管理机构核准,取得经营证券业务许可证,证券公司可以经营下列部分或者全部证券业务:
   (一)证券经纪;
   (二)证券投资咨询;
   (三)与证券交易、证券投资活动有关的财务顾问;
   (四)证券承销与保荐;
   (五)证券融资融券;
   (六)证券做市交易;
   (七)证券自营;
   (八)其他证券业务。
2. 国务院证券监督管理机构应当自受理前款规定事项申请之日起三个月内,依照法定条件和程序进行审查,作出核准或者不予核准的决定,并通知申请人;不予核准的,应当说明理由。
3. 证券公司经营证券资产管理业务的,应当符合《中华人民共和国证券投资基金法》等法律、行政法规的规定。
4. 除证券公司外,任何单位和个人不得从事证券承销、证券保荐、证券经纪和证券融资融券业务。
5. 证券公司从事证券融资融券业务,应当采取措施,严格防范和控制风险,不得违反规定向客户出借资金或者证券。

第121条 证券公司注册资本的最低限额

1. 证券公司经营本法第一百二十条第一款第（一）项至第（三）项业务的，注册资本最低限额为人民币五千万元；经营第（四）项至第（八）项业务之一的，注册资本最低限额为人民币一亿元；经营第（四）项至第（八）项业务中两项以上的，注册资本最低限额为人民币五亿元。证券公司的注册资本应当是实缴资本。
2. 国务院证券监督管理机构根据审慎监管原则和各项业务的风险程度，可以调整注册资本最低限额，但不得少于前款规定的限额。

第122条 证券公司重要事项变更

证券公司变更证券业务范围，变更主要股东或者公司的实际控制人，合并、分立、停业、解散、破产，应当经国务院证券监督管理机构核准。

第123条 证券公司的风险控制

1. 国务院证券监督管理机构应当对证券公司净资本和其他风险控制指标作出规定。
2. 证券公司除依照规定为其客户提供融资融券外，不得为其股东或者股东的关联人提供融资或者担保。

第124条 证券公司董事、监事、高级管理人员的任职条件

1. 证券公司的董事、监事、高级管理人员，应当正直诚实、品行良好，熟悉证券法律、行政法规，具有履行职责所需的经营管理能力。证券公司任免董事、监事、高级管理人员，应当报国务院证券监督管理机构备案。
2. 有《中华人民共和国公司法》第一百四十六条规定的情形或者下列情形之一的，不得担任证券公司的董事、监事、高级管理人员：
（一）因违法行为或者违纪行为被解除职务的证券交易场所、证券登记结算机构的负责人或者证券公司的董事、监事、高级管理人员，自被解除职务之日起未逾五年；
（二）因违法行为或者违纪行为被吊销执业证书或者被取消资格的律师、注册会计师或者其他证券服务机构的专业人员，自被吊销执业证书或者被取消资格之日起未逾五年。

第125条 证券公司从业人员的任职条件

1. 证券公司从事证券业务的人员应当品行良好，具备从事证券业务所需的专业能力。
2. 因违法行为或者违纪行为被开除的证券交易场所、证券公司、证券登记结算机构、证券服务机构的从业人员和被开除的国家机关工作人员，不得招聘为证券公司的从业人员。
3. 国家机关工作人员和法律、行政法规规定的禁止在公司中兼职的其他人员，不得在证券公司中兼任职务。

第126条 证券投资者保护基金

国家设立证券投资者保护基金。证券投资者保护基金由证券公司缴纳的资金及其他依法筹集的资金组成，其规模以及筹集、管理和使用的具体办法由国务院规定。

第一百二十条 经国务院证券监督管理机构核准,取得经营证券业务许可证,证券公司可以经营下列部分或者全部证券业务:(一)证券经纪;(二)证券投资咨询;(三)与证券交易、证券投资活动有关的财务顾问;(四)证券承销与保荐;(五)证券融资融券;(六)证券做市交易;(七)证券自营;(八)其他证券业务。

国务院证券监督管理机构应当自受理前款规定事项申请之日起三个月内,依照法定条件和程序进行审查,作出核准或者不予核准的决定,并通知申请人;不予核准的,应当说明理由。

证券公司经营证券资产管理业务的,应当符合《中华人民共和国证券投资基金法》等法律、行政法规的规定。

除证券公司外,任何单位和个人不得从事证券承销、证券保荐、证券经纪和证券融资融券业务。

证券公司从事证券融资融券业务,应当采取措施,严格防范和控制风险,不得违反规定向客户出借资金或者证券。

中华人民共和国证券法 127—133条

第127条 交易风险准备金
证券公司从每年的业务收入中提取交易风险准备金,用于弥补证券经营的损失,其提取的具体比例由国务院证券监督管理机构会同国务院财政部门规定。

第128条 内部控制制度
1. 证券公司应当建立健全内部控制制度,采取有效隔离措施,防范公司与客户之间、不同客户之间的利益冲突。
2. 证券公司必须将其证券经纪业务、证券承销业务、证券自营业务、证券做市业务和证券资产管理业务分开办理,不得混合操作。

第129条 自营业务
1. 证券公司的自营业务必须以自己的名义进行,不得假借他人名义或者个人名义进行。
2. 证券公司的自营业务必须使用自有资金和依法筹集的资金。
3. 证券公司不得将其自营账户借给他人使用。

第130条 证券公司经营的基本原则
1. 证券公司应当依法审慎经营,勤勉尽责,诚实守信。
2. 证券公司的业务活动,应当与其治理结构、内部控制、合规管理、风险管理以及风险控制指标、从业人员构成等情况相适应,符合审慎监管和保护投资者合法权益的要求。
3. 证券公司依法享有自主经营的权利,其合法经营不受干涉。

第131条 客户资产管理
1. 证券公司客户的交易结算资金应当存放在商业银行,以每个客户的名义单独立户管理。
2. 证券公司不得将客户的交易结算资金和证券归入其自有财产。禁止任何单位或者个人以任何形式挪用客户的交易结算资金和证券。证券公司破产或者清算时,客户的交易结算资金和证券不属于其破产财产或者清算财产。非因客户本身的债务或者法律规定的其他情形,不得查封、冻结、扣划或者强制执行客户的交易结算资金和证券。

第132条 经纪业务
1. 证券公司办理经纪业务,应当置备统一制定的证券买卖委托书,供委托人使用。采取其他委托方式的,必须作出委托记录。
2. 客户的证券买卖委托,不论是否成交,其委托记录应当按照规定的期限,保存于证券公司。

第133条 证券买卖委托执行
1. 证券公司接受证券买卖的委托,应当根据委托书载明的证券名称、买卖数量、出价方式、价格幅度等,按照交易规则代理买卖证券,如实进行交易记录;买卖成交后,应当按照规定制作买卖成交报告单交付客户。
2. 证券交易中确认交易行为及其交易结果的对账单必须真实,保证账面证券余额与实际持有的证券相一致。

第134条 禁止全权委托和出租席位

1. 证券公司办理经纪业务,不得接受客户的全权委托而决定证券买卖、选择证券种类、决定买卖数量或者买卖价格。
2. 证券公司不得允许他人以证券公司的名义直接参与证券的集中交易。

第135条 禁止承诺交易结果

证券公司不得对客户证券买卖的收益或者赔偿证券买卖的损失作出承诺。

第136条 从业人员职务行为的责任归属、禁止私下接受委托

1. 证券公司的从业人员在证券交易活动中,执行所属的证券公司的指令或者利用职务违反交易规则的,由所属的证券公司承担全部责任。
2. 证券公司的从业人员不得私下接受客户委托买卖证券。

第137条 客户信息查询和保存

1. 证券公司应当建立客户信息查询制度,确保客户能够查询其账户信息、委托记录、交易记录以及其他与接受服务或者购买产品有关的重要信息。
2. 证券公司应当妥善保存客户开户资料、委托记录、交易记录和与内部管理、业务经营有关的各项信息,任何人不得隐匿、伪造、篡改或者毁损。上述信息的保存期限不得少于二十年。

第138条 信息报送

1. 证券公司应当按照规定向国务院证券监督管理机构报送业务、财务等经营管理信息和资料。国务院证券监督管理机构有权要求证券公司及其主要股东、实际控制人在指定的期限内提供有关信息、资料。
2. 证券公司及其主要股东、实际控制人向国务院证券监督管理机构报送或者提供的信息、资料,必须真实、准确、完整。

第139条 审计或者评估

国务院证券监督管理机构认为有必要时,可以委托会计师事务所、资产评估机构对证券公司的财务状况、内部控制状况、资产价值进行审计或者评估。具体办法由国务院证券监督管理机构会同有关主管部门制定。

第140条 监管措施

1. 证券公司的治理结构、合规管理、风险控制指标不符合规定的,国务院证券监督管理机构应当责令其限期改正;逾期未改正,或者其行为严重危及该证券公司的稳健运行、损害客户合法权益的,国务院证券监督管理机构可以区别情形,对其采取下列措施:
(一)限制业务活动,责令暂停部分业务,停止核准新业务;
(二)限制分配红利,限制向董事、监事、高级管理人员支付报酬、提供福利;
(三)限制转让财产或者在财产上设定其他权利;
(四)责令更换董事、监事、高级管理人员或者限制其权利;
(五)撤销有关业务许可;

(六)认定负有责任的董事、监事、高级管理人员为不适当人选;
(七)责令负有责任的股东转让股权,限制负有责任的股东行使股东权利。

2 证券公司整改后,应当向国务院证券监督管理机构提交报告。国务院证券监督管理机构经验收,治理结构、合规管理、风险控制指标符合规定的,应当自验收完毕之日起三日内解除对其采取的前款规定的有关限制措施。

第141条 虚假出资、抽逃出资

1 证券公司的股东有虚假出资、抽逃出资行为的,国务院证券监督管理机构应当责令其限期改正,并可责令其转让所持证券公司的股权。

2 在前款规定的股东按照要求改正违法行为、转让所持证券公司的股权前,国务院证券监督管理机构可以限制其股东权利。

第142条 证券公司董事、监事、高级管理人员未勤勉尽责

证券公司的董事、监事、高级管理人员未能勤勉尽责,致使证券公司存在重大违法违规行为或者重大风险的,国务院证券监督管理机构可以责令证券公司予以更换。

第143条 停业整顿、托管、接管、撤销

证券公司违法经营或者出现重大风险,严重危害证券市场秩序、损害投资者利益的,国务院证券监督管理机构可以对该证券公司采取责令停业整顿、指定其他机构托管、接管或者撤销等监管措施。

第144条 限制出境和处分财产

在证券公司被责令停业整顿、被依法指定托管、接管或者清算期间,或者出现重大风险时,经国务院证券监督管理机构批准,可以对该证券公司直接负责的董事、监事、高级管理人员和其他直接责任人员采取以下措施:
(一)通知出境入境管理机关依法阻止其出境;
(二)申请司法机关禁止其转移、转让或者以其他方式处分财产,或者在财产上设定其他权利。

第九章　证券登记结算机构

第145条 证券登记结算机构的主要职能、性质、法律地位和设立审批
1. 证券登记结算机构为证券交易提供集中登记、存管与结算服务，不以营利为目的，依法登记，取得法人资格。
2. 设立证券登记结算机构必须经国务院证券监督管理机构批准。

第146条 证券登记结算机构的设立条件和名称标识
1. 设立证券登记结算机构，应当具备下列条件：
（一）自有资金不少于人民币二亿元；
（二）具有证券登记、存管和结算服务所必须的场所和设施；
（三）国务院证券监督管理机构规定的其他条件。
2. 证券登记结算机构的名称中应当标明证券登记结算字样。

第147条 证券登记结算机构的职能

证券登记结算机构履行下列职能：
（一）证券账户、结算账户的设立；
（二）证券的存管和过户；
（三）证券持有人名册登记；
（四）证券交易的清算和交收；
（五）受发行人的委托派发证券权益；
（六）办理与上述业务有关的查询、信息服务；
（七）国务院证券监督管理机构批准的其他业务。

第148条 证券登记结算的运营方式
1. 在证券交易所和国务院批准的其他全国性证券交易场所交易的证券的登记结算，应当采取全国集中统一的运营方式。
2. 前款规定以外的证券，其登记、结算可以委托证券登记结算机构或者其他依法从事证券登记、结算业务的机构办理。

第149条 证券登记结算机构的章程和业务规则

证券登记结算机构应当依法制定章程和业务规则，并经国务院证券监督管理机构批准。证券登记结算业务参与人应当遵守证券登记结算机构制定的业务规则。

第150条 证券存管
1. 在证券交易所或者国务院批准的其他全国性证券交易场所交易的证券，应当全部存管在证券登记结算机构。
2. 证券登记结算机构不得挪用客户的证券。

第151条 证券持有人名册
1. 证券登记结算机构应当向证券发行人提供证券持有人名册及有关资料。
2. 证券登记结算机构应当根据证券登记结算的结果，确认证券持有人持有证券的事实，提供证券持有人登记资料。
3. 证券登记结算机构应当保证证券持有人名册和登记过户记录真实、准确、完整，不得隐匿、伪造、篡改或者毁损。

第152条 业务安全保障

证券登记结算机构应当采取下列措施保证业务的正常进行：
（一）具有必备的服务设备和完善的数据安全保护措施；
（二）建立完善的业务、财务和安全防范等管理制度；
（三）建立完善的风险管理系统。

第153条 资料保存

证券登记结算机构应当妥善保存登记、存管和结算的原始凭证及有关文件和资料。其保存期限不得少于二十年。

第154条 证券结算风险基金

1. 证券登记结算机构应当设立证券结算风险基金,用于垫付或者弥补因违约交收、技术故障、操作失误、不可抗力造成的证券登记结算机构的损失。
2. 证券结算风险基金从证券登记结算机构的业务收入和收益中提取,并可以由结算参与人按照证券交易业务量的一定比例缴纳。
3. 证券结算风险基金的筹集、管理办法,由国务院证券监督管理机构会同国务院财政部门规定。

第155条 证券结算风险基金专户专项管理和追偿

1. 证券结算风险基金应当存入指定银行的专门账户,实行专项管理。
2. 证券登记结算机构以证券结算风险基金赔偿后,应当向有关责任人追偿。

第156条 证券登记结算机构的解散

证券登记结算机构申请解散,应当经国务院证券监督管理机构批准。

第157条 投资者开立证券账户

1. 投资者委托证券公司进行证券交易,应当通过证券公司申请在证券登记结算机构开立证券账户。证券登记结算机构应当按照规定为投资者开立证券账户。
2. 投资者申请开立账户,应当持有证明中华人民共和国公民、法人、合伙企业身份的合法证件。国家另有规定的除外。

第158条 中央对手方、货银对付、结算履约优先和违约交收

1. 证券登记结算机构作为中央对手方提供证券结算服务的,是结算参与人共同的清算交收对手,进行净额结算,为证券交易提供集中履约保障。
2. 证券登记结算机构为证券交易提供净额结算服务时,应当要求结算参与人按照货银对付的原则,足额交付证券和资金,并提供交收担保。
3. 在交收完成之前,任何人不得动用用于交收的证券、资金和担保物。
4. 结算参与人未按时履行交收义务的,证券登记结算机构有权按照业务规则处理前款所述财产。

第159条 清算交收履约财产

证券登记结算机构按照业务规则收取的各类结算资金和证券,必须存放于专门的清算交收账户,只能按业务规则用于已成交的证券交易的清算交收,不得被强制执行。

第十章 证券服务机构

第160条 证券服务机构的业务原则及业务核准

1. 会计师事务所、律师事务所以及从事证券投资咨询、资产评估、资信评级、财务顾问、信息技术系统服务的证券服务机构，应当勤勉尽责、恪尽职守，按照相关业务规则为证券的交易及相关活动提供服务。

2. 从事证券投资咨询服务业务，应当经国务院证券监督管理机构核准；未经核准，不得为证券的交易及相关活动提供服务。从事其他证券服务业务，应当报国务院证券监督管理机构和国务院有关主管部门备案。

第161条 证券投资咨询机构及其从业人员从业禁止行为

1. 证券投资咨询机构及其从业人员从事证券服务业务不得有下列行为：
（一）代理委托人从事证券投资；
（二）与委托人约定分享证券投资收益或者分担证券投资损失；
（三）买卖本证券投资咨询机构提供服务的证券；
（四）法律、行政法规禁止的其他行为。

2. 有前款所列行为之一，给投资者造成损失的，应当依法承担赔偿责任。

第162条 证券服务机构及其从业人员的保存义务

证券服务机构应当妥善保存客户委托文件、核查和验证资料、工作底稿以及与质量控制、内部管理、业务经营有关的信息和资料，任何人不得泄露、隐匿、伪造、篡改或者毁损。上述信息和资料的保存期限不得少于十年，自业务委托结束之日起算。

第163条 证券服务机构的义务和责任

证券服务机构为证券的发行、上市、交易等证券业务活动制作、出具审计报告及其他鉴证报告、资产评估报告、财务顾问报告、资信评级报告或者法律意见书等文件，应当勤勉尽责，对所依据的文件资料内容的真实性、准确性、完整性进行核查和验证。其制作、出具的文件有虚假记载、误导性陈述或者重大遗漏，给他人造成损失的，应当与委托人承担连带赔偿责任，但是能够证明自己没有过错的除外。

第十一章 证券业协会

第164条 证券业协会的特点和权力机构

证券业协会是证券业的自律性组织,是社会团体法人。
证券公司应当加入证券业协会。
证券业协会的权力机构为全体会员组成的会员大会。

第165条 证券业协会章程

证券业协会章程由会员大会制定,并报国务院证券监督管理机构备案。

第166条 证券业协会职责

证券业协会履行下列职责:
(一)教育和组织会员及其从业人员遵守证券法律、行政法规,组织开展证券行业诚信建设,督促证券行业履行社会责任;
(二)依法维护会员的合法权益,向证券监督管理机构反映会员的建议和要求;
(三)督促会员开展投资者教育和保护活动,维护投资者合法权益;
(四)制定和实施证券行业自律规则,监督、检查会员及其从业人员行为,对违反法律、行政法规、自律规则或者协会章程的,按照规定给予纪律处分或者实施其他自律管理措施;
(五)制定证券行业业务规范,组织从业人员的业务培训;
(六)组织会员就证券行业的发展、运作及有关内容进行研究,收集整理、发布证券相关信息,提供会员服务,组织行业交流,引导行业创新发展;
(七)对会员之间、会员与客户之间发生的证券业务纠纷进行调解;
(八)证券业协会章程规定的其他职责。

第167条 证券业协会理事会

证券业协会设理事会。理事会成员依章程的规定由选举产生。

第十二章 证券监督管理机构

第168条 证监会的基本职能和主要任务

国务院证券监督管理机构依法对证券市场实行监督管理,维护证券市场公开、公平、公正,防范系统性风险,维护投资者合法权益,促进证券市场健康发展。

第169条 证监会的职责

国务院证券监督管理机构在对证券市场实施监督管理中履行下列职责:
(一)依法制定有关证券市场监督管理的规章、规则,并依法进行审批、核准、注册,办理备案;
(二)依法对证券的发行、上市、交易、登记、存管、结算等行为,进行监督管理;
(三)依法对证券发行人、证券公司、证券服务机构、证券交易场所、证券登记结算机构的证券业务活动,进行监督管理;
(四)依法制定从事证券业务人员的行为准则,并监督实施;
(五)依法监督检查证券发行、上市、交易的信息披露;
(六)依法对证券业协会的自律管理活动进行指导和监督;
(七)依法监测并防范、处置证券市场风险;
(八)依法开展投资者教育;
(九)依法对证券违法行为进行查处;
(十)法律、行政法规规定的其他职责。

第170条 证监会有权采取的措施

国务院证券监督管理机构依法履行职责,有权采取下列措施:
(一)对证券发行人、证券公司、证券服务机构、证券交易场所、证券登记结算机构进行现场检查;
(二)进入涉嫌违法行为发生场所调查取证;
(三)询问当事人和与被调查事件有关的单位和个人,要求其对与被调查事件有关的事项作出说明;或者要求其按照指定的方式报送与被调查事件有关的文件和资料;
(四)查阅、复制与被调查事件有关的财产权登记、通讯记录等文件和资料;
(五)查阅、复制当事人和与被调查事件有关的单位和个人的证券交易记录、登记过户记录、财务会计资料及其他相关文件和资料;对可能被转移、隐匿或者毁损的文件和资料,可以予以封存、扣押;
(六)查询当事人和与被调查事件有关的单位和个人的资金账户、证券账户、银行账户以及其他具有支付、托管、结算等功能的账户信息,可以对有关文件和资料进行复制;对有证据证明已经或者可能转移或者隐匿违法资金、证券等涉案财产或隐匿、伪造、毁损重要证据的,经国务院证券监督管理机构主要负责人或者其授权的其他负责人批准,可以冻结或者查封,期限为六个月;因特殊原因需要延长的,每次延长期限不得超过三个月,冻结、查封期限最长不得超过二年;

（七）在调查操纵证券市场、内幕交易等重大证券违法行为时，经国务院证券监督管理机构主要负责人或者其授权的其他负责人批准，可以限制被调查的当事人的证券买卖，但限制的期限不得超过三个月；案情复杂的，可以延长三个月；

（八）通知出境入境管理机关依法阻止涉嫌违法人员、涉嫌违法单位的主管人员和其他直接责任人员出境。

为防范证券市场风险，维护市场秩序，国务院证券监督管理机构可以采取责令改正、监管谈话、出具警示函等措施。

第171条 涉嫌证券违法行为人承诺制度

国务院证券监督管理机构对涉嫌证券违法的单位或者个人进行调查期间，被调查的当事人书面申请，承诺在国务院证券监督管理机构认可的期限内纠正涉嫌违法行为，赔偿有关投资者损失，消除损害或者不良影响的，国务院证券监督管理机构可以决定中止调查。被调查的当事人履行承诺的，国务院证券监督管理机构可以决定终止调查；被调查的当事人未履行承诺或者有国务院规定的其他情形的，应当恢复调查。具体办法由国务院规定。

国务院证券监督管理机构决定中止或者终止调查的，应当按照规定公开相关信息。

第172条 监督检查、调查的程序

国务院证券监督管理机构依法履行职责，进行监督检查或者调查，其监督检查、调查的人员不得少于二人，并应当出示合法证件和监督检查、调查通知书或者其他执法文书。监督检查、调查的人员少于二人或者未出示合法证件和监督检查、调查通知书或者其他执法文书的，被检查、调查的单位和个人有权拒绝。

第173条 被检查、调查的单位和个人的配合义务

国务院证券监督管理机构依法履行职责，被检查、调查的单位和个人应当配合，如实提供有关文件和资料，不得拒绝、阻碍和隐瞒。

第174条 行政信息公开

国务院证券监督管理机构制定的规章、规则和监督管理工作制度应当依法公开。

国务院证券监督管理机构依据调查结果，对证券违法行为作出的处罚决定，应当公开。

第175条 部门协作和配合

国务院证券监督管理机构应当与国务院其他金融监督管理机构建立监督管理信息共享机制。

国务院证券监督管理机构依法履行职责，进行监督检查或者调查时，有关部门应当予以配合。

第176条 涉嫌证券违法、违规行为的举报

对涉嫌证券违法、违规行为，任何单位和个人有权向国务院证券监督管理机构举报。

			2	对涉嫌重大违法、违规行为的实名举报线索经查证属实的，国务院证券监督管理机构按照规定给予举报人奖励。
			3	国务院证券监督管理机构应当对举报人的身份信息保密。
	第177条	证券监督管理跨境合作	1	国务院证券监督管理机构可以和其他国家或者地区的证券监督管理机构建立监督管理合作机制，实施跨境监督管理。
			2	境外证券监督管理机构不得在中华人民共和国境内直接进行调查取证等活动。未经国务院证券监督管理机构和国务院有关主管部门同意，任何单位和个人不得擅自向境外提供与证券业务活动有关的文件和资料。
	第178条	涉嫌犯罪的案件移送及公职人员的移送		国务院证券监督管理机构依法履行职责，发现证券违法行为涉嫌犯罪的，应当依法将案件移送司法机关处理；发现公职人员涉嫌职务违法或者职务犯罪的，应当依法移送监察机关处理。
	第179条	证监会工作人员的义务和任职限制	1	国务院证券监督管理机构工作人员必须忠于职守、依法办事、公正廉洁，不得利用职务便利牟取不正当利益，不得泄露所知悉的有关单位和个人的商业秘密。
			2	国务院证券监督管理机构工作人员在任职期间，或者离职后在《中华人民共和国公务员法》规定的期限内，不得到与原工作业务直接相关的企业或者其他营利性组织任职，不得从事与原工作业务直接相关的营利性活动。

第十三章 法律责任

第180条 违法公开发行证券的法律责任

违反本法第九条的规定,擅自公开或者变相公开发行证券的,责令停止发行,退还所募资金并加算银行同期存款利息,处以非法所募资金金额百分之五以上百分之五十以下的罚款;对擅自公开或者变相公开发行证券设立的公司,由依法履行监督管理职责的机构或者部门会同县级以上地方人民政府予以取缔。对直接负责的主管人员和其他直接责任人员给予警告,并处以五十万元以上五百万元以下的罚款。

第181条 欺诈发行的法律责任

1 发行人在其公告的证券发行文件中隐瞒重要事实或者编造重大虚假内容,尚未发行证券的,处以二百万元以上二千万元以下的罚款;已经发行证券的,处以非法所募资金金额百分之十以上一倍以下的罚款。对直接负责的主管人员和其他直接责任人员,处以一百万元以上一千万元以下的罚款。

2 发行人的控股股东、实际控制人组织、指使从事前款违法行为的,没收违法所得,并处以违法所得百分之十以上一倍以下的罚款;没有违法所得或者违法所得不足二千万元的,处以二百万元以上二千万元以下的罚款。对直接负责的主管人员和其他直接责任人员,处以一百万元以上一千万元以下的罚款。

第182条 保荐人不履行保荐义务的法律责任

保荐人出具有虚假记载、误导性陈述或者重大遗漏的保荐书,或者不履行其他法定职责的,责令改正,给予警告,没收业务收入,并处以业务收入一倍以上十倍以下的罚款;没有业务收入或者业务收入不足一百万元的,处以一百万元以上一千万元以下的罚款;情节严重的,并处暂停或者撤销保荐业务许可。对直接负责的主管人员和其他直接责任人员给予警告,并处以五十万元以上五百万元以下的罚款。

第183条 承销或销售擅自公开发行或者变相公开发行证券的法律责任

证券公司承销或者销售擅自公开发行或者变相公开发行的证券的,责令停止承销或者销售,没收违法所得,并处以违法所得一倍以上十倍以下的罚款;没有违法所得或者违法所得不足一百万元的,处以一百万元以上一千万元以下的罚款;情节严重的,并处暂停或者撤销相关业务许可。给投资者造成损失的,应当与发行人承担连带赔偿责任。对直接负责的主管人员和其他直接责任人员给予警告,并处以五十万元以上五百万元以下的罚款。

第184条 违法承销的法律责任

证券公司承销证券违反本法第二十九条规定的,责令改正,给予警告,没收违法所得,可以并处五十万元以上五百万元以下的罚款;情节严重的,暂停或者撤销相关业务许可。对直接负责的主管人员和其他直接责任人员给予警告,可以并处二十万元以上二百万元以下的罚款;情节严重的,并处以五十万元以上五百万元以下的罚款。

第九条 公开发行证券，必须符合法律、行政法规规定的条件，并依法报经国务院证券监督管理机构或者国务院授权的部门注册。未经依法注册，任何单位和个人不得公开发行证券。证券发行注册制的具体范围、实施步骤，由国务院规定。

有下列情形之一的，为公开发行：（一）向不特定对象发行证券；（二）向特定对象发行证券累计超过二百人，但依法实施员工持股计划的员工人数不计算在内；（三）法律、行政法规规定的其他发行行为。

非公开发行证券，不得采用广告、公开劝诱和变相公开方式。

第二十九条 证券公司承销证券，应当对公开发行募集文件的真实性、准确性、完整性进行核查。发现有虚假记载、误导性陈述或者重大遗漏的，不得进行销售活动；已经销售的，必须立即停止销售活动，并采取纠正措施。

证券公司承销证券，不得有下列行为：（一）进行虚假的或者误导投资者的广告宣传或者其他宣传推介活动；（二）以不正当竞争手段招揽承销业务；（三）其他违反证券承销业务规定的行为。

证券公司有前款所列行为，给其他证券承销机构或者投资者造成损失的，应当依法承担赔偿责任。

第185条 擅自改变募集资金用途的法律责任

1. 发行人违反本法第十四条、第十五条的规定擅自改变公开发行证券所募集资金的用途的，责令改正，处以五十万元以上五百万元以下的罚款；对直接负责的主管人员和其他直接责任人员给予警告，并处以十万元以上一百万元以下的罚款。

2. 发行人的控股股东、实际控制人从事或者组织、指使从事前款违法行为的，给予警告，并处以五十万元以上五百万元以下的罚款；对直接负责的主管人员和其他直接责任人员，处以十万元以上一百万元以下的罚款。

第186条 在转让限制期限内买卖证券的法律责任

违反本法第三十六条的规定，在限制转让期内转让证券，或者转让股票不符合法律、行政法规和国务院证券监督管理机构规定的，责令改正，给予警告，没收违法所得，并处以买卖证券等值以下的罚款。

第187条 禁止参与股票交易的人员买卖股票的法律责任

法律、行政法规规定禁止参与股票交易的人员，违反本法第四十条的规定，直接或者以化名、借他人名义持有、买卖股票或者其他具有股权性质的证券的，责令依法处理非法持有的股票、其他具有股权性质的证券，没收违法所得，并处以买卖证券等值以下的罚款；属于国家工作人员的，还应当依法给予处分。

第188条 证券服务机构和人员违法买卖股票的法律责任

证券服务机构及其从业人员，违反本法第四十二条的规定买卖证券的，责令依法处理非法持有的证券，没收违法所得，并处以买卖证券等值以下的罚款。

第189条 短线交易的法律责任

上市公司、股票在国务院批准的其他全国性证券交易场所交易的公司的董事、监事、高级管理人员、持有该公司百分之五以上股份的股东，违反本法第四十四条的规定，买卖该公司股票或者其他具有股权性质的证券的，给予警告，并处以十万元以上一百万元以下的罚款。

第190条 违法程序化交易的法律责任

违反本法第四十五条的规定，采取程序化交易影响证券交易所系统安全或者正常交易秩序的，责令改正，并处以五十万元以上五百万元以下的罚款。对直接负责的主管人员和其他直接责任人员给予警告，并处以十万元以上一百万元以下的罚款。

第191条 内幕交易的法律责任

1. 证券交易内幕信息的知情人或者非法获取内幕信息的人违反本法第五十三条的规定从事内幕交易的，责令依法处理非法持有的证券，没收违法所得，并处以违法所得一倍以上十倍以下的罚款；没有违法所得或者违法所得不足五十万元的，处以五十万元以上五百万元以下的罚款。单位从事内幕交易的，还应当对直接负责的主管人员和其他直接责任人员给予警告，并处以二十万元以上二百万元以下的罚款。国务院证券监督管理机构工作人员从事内幕交易的，从重处罚。

第十四条　公司对公开发行股票所募集资金，必须按照招股说明书或者其他公开发行募集文件所列资金用途使用；改变资金用途，必须经股东大会作出决议。擅自改变用途，未作纠正的，或者未经股东大会认可的，不得公开发行新股。

第十五条　公开发行公司债券，应当符合下列条件：（一）具备健全且运行良好的组织机构；（二）最近三年平均可分配利润足以支付公司债券一年的利息；（三）国务院规定的其他条件。
　　公开发行公司债券筹集的资金，必须按照公司债券募集办法所列资金用途使用；改变资金用途，必须经债券持有人会议作出决议。公开发行公司债券筹集的资金，不得用于弥补亏损和非生产性支出。
　　上市公司发行可转换为股票的公司债券，除应当符合第一款规定的条件外，还应当遵守本法第十二条第二款的规定。但是，按照公司债券募集办法，上市公司通过收购本公司股份的方式进行公司债券转换的除外。

第三十六条　依法发行的证券，《中华人民共和国公司法》和其他法律对其转让期限有限制性规定的，在限定的期限内不得转让。
　　上市公司持有百分之五以上股份的股东、实际控制人、董事、监事、高级管理人员，以及其他持有发行人首次公开发行前发行的股份或者上市公司向特定对象发行的股份的股东，转让其持有的本公司股份的，不得违反法律、行政法规和国务院证券监督管理机构关于持有期限、卖出时间、卖出数量、卖出方式、信息披露等规定，并应当遵守证券交易所的业务规则。

第四十条　证券交易场所、证券公司和证券登记结算机构的从业人员，证券监督管理机构的工作人员以及法律、行政法规规定禁止参与股票交易的其他人员，在任期或者法定限期内，不得直接或者以化名、借他人名义持有、买卖股票或者其他具有股权性质的证券，也不得收受他人赠送的股票或者其他具有股权性质的证券。
　　任何人在成为前款所列人员时，其原已持有的股票或者其他具有股权性质的证券，必须依法转让。
　　实施股权激励计划或者员工持股计划的证券公司的从业人员，可以按照国务院证券监督管理机构的规定持有、卖出本公司股票或者其他具有股权性质的证券。

第四十二条　为证券发行出具审计报告或者法律意见书等文件的证券服务机构和人员，在该证券承销期内和期满后六个月内，不得买卖该证券。
　　前款规定外，为发行人及其控股股东、实际控制人，或者收购人、重大资产交易方出具审计报告或者法律意见书等文件的证券服务机构和人员，自接受委托之日起至上述文件公开后五日内，不得买卖该证券。实际开展上述有关工作之日早于接受委托之日的，自实际开展上述有关工作之日起至上述文件公开后五日内，不得买卖该证券。

第四十四条　上市公司、股票在国务院批准的其他全国性证券交易场所交易的公司持有百分之五以上股份的股东、董事、监事、高级管理人员，将其持有的该公司的股票或者其他具有股权性质的证券在买入后六个月内卖出，或者在卖出后六个月内又买入，由此所得收益归该公司所有，公司董事会应当收回其所得收益。但是，证券公司因购入包销售后剩余股票而持有百分之五以上股份，以及国务院证券监督管理机构规定的其他情形的除外。
　　前款所称董事、监事、高级管理人员、自然人股东持有的股票或者其他具有股权性质的证券，包括其配偶、父母、子女持有的及利用他人账户持有的股票或者其他具有股权性质的证券。
　　公司董事会不按照第一款规定执行的，股东有权要求董事会在三十日内执行。公司董事会未在上述期限内执行的，股东有权为了公司的利益以自己的名义直接向人民法院提起诉讼。
　　公司董事会不按照第一款的规定执行的，负有责任的董事依法承担连带责任。

第四十五条　通过计算机程序自动生成或者下达交易指令进行程序化交易的，应当符合国务院证券监督管理机构的规定，并向证券交易所报告，不得影响证券交易所系统安全或者正常交易秩序。

第五十三条　证券交易内幕信息的知情人和非法获取内幕信息的人，在内幕信息公开前，不得买卖该公司的证券，或者泄露该信息，或者建议他人买卖该证券。
　　持有或者通过协议、其他安排与他人共同持有公司百分之五以上股份的自然人、法人、非法人组织收购上市公司的股份，本法另有规定的，适用其规定。
　　内幕交易行为给投资者造成损失的，应当依法承担赔偿责任。

中华人民共和国证券法 191—196条

	2	违反本法第五十四条的规定,利用未公开信息进行交易的,依照前款的规定处罚。
第192条 操纵证券市场的法律责任		违反本法第五十五条的规定,操纵证券市场的,责令依法处理其非法持有的证券,没收违法所得,并处以违法所得一倍以上十倍以下的罚款;没有违法所得或者违法所得不足一百万元的,处以一百万元以上一千万元以下的罚款。单位操纵证券市场的,还应当对直接负责的主管人员和其他直接责任人员给予警告,并处以五十万元以上五百万元以下的罚款。
第193条 编造、传播虚假信息或者误导性信息的法律责任	1	违反本法第五十六条第一款、第三款的规定,编造、传播虚假信息或者误导性信息,扰乱证券市场的,没收违法所得,并处以违法所得一倍以上十倍以下的罚款;没有违法所得或者违法所得不足二十万元的,处以二十万元以上二百万元以下的罚款。
	2	违反本法第五十六条第二款的规定,在证券交易活动中作出虚假陈述或者信息误导的,责令改正,处以二十万元以上二百万元以下的罚款;属于国家工作人员的,还应当依法给予处分。
	3	传播媒介及其从事证券市场信息报道的工作人员违反本法第五十六条第三款的规定,从事与其工作职责发生利益冲突的证券买卖的,没收违法所得,并处以买卖证券等值以下的罚款。
第194条 证券公司及其从业人员背信行为的法律责任		证券公司及其从业人员违反本法第五十七条的规定,有损害客户利益的行为的,给予警告,没收违法所得,并处以违法所得一倍以上十倍以下的罚款;没有违法所得或者违法所得不足十万元的,处以十万元以上一百万元以下的罚款;情节严重的,暂停或者撤销相关业务许可。
第195条 违法使用证券账户买卖证券的法律责任		违反本法第五十八条的规定,出借自己的证券账户或者借用他人的证券账户从事证券交易的,责令改正,给予警告,可以处五十万元以下的罚款。
第196条 违法收购的法律责任	1	收购人未按照本法规定履行上市公司收购的公告、发出收购要约义务的,责令改正,给予警告,并处以五十万元以上五百万元以下的罚款。对直接负责的主管人员和其他直接责任人员给予警告,并处以二十万元以上二百万元以下的罚款。
	2	收购人及其控股股东、实际控制人利用上市公司收购,给被收购公司及其股东造成损失的,应当依法承担赔偿责任。

第五十四条　禁止证券交易场所、证券公司、证券登记结算机构、证券服务机构和其他金融机构的从业人员、有关监管部门或者行业协会的工作人员，利用因职务便利获取的内幕信息以外的其他未公开的信息，违反规定，从事与该信息相关的证券交易活动，或者明示、暗示他人从事相关交易活动。

利用未公开信息进行交易给投资者造成损失的，应当依法承担赔偿责任。

第五十五条　禁止任何人以下列手段操纵证券市场，影响或者意图影响证券交易价格或者证券交易量：（一）单独或者通过合谋，集中资金优势、持股优势或者利用信息优势联合或者连续买卖；（二）与他人串通，以事先约定的时间、价格和方式相互进行证券交易；（三）在自己实际控制的账户之间进行证券交易；（四）不以成交为目的，频繁或者大量申报并撤销申报；（五）利用虚假或者不确定的重大信息，诱导投资者进行证券交易；（六）对证券、发行人公开作出评价、预测或者投资建议，并进行反向证券交易；（七）利用在其他相关市场的活动操纵证券市场；（八）操纵证券市场的其他手段。

操纵证券市场行为给投资者造成损失的，应当依法承担赔偿责任。

第五十六条　禁止任何单位和个人编造、传播虚假信息或者误导性信息，扰乱证券市场。

禁止证券交易场所、证券公司、证券登记结算机构、证券服务机构及其从业人员，证券业协会、证券监督管理机构及其工作人员，在证券交易活动中作出虚假陈述或者信息误导。

各种传媒媒介传播证券市场信息必须真实、客观，禁止误导。传播媒介及其从事证券市场信息报道的工作人员不得从事与其工作职责发生利益冲突的证券买卖。

编造、传播虚假信息或者误导性信息，扰乱证券市场，给投资者造成损失的，应当依法承担赔偿责任。

第五十七条　禁止证券公司及其从业人员从事下列损害客户利益的行为：（一）违背客户的委托为其买卖证券；（二）不在规定时间内向客户提供交易的确认文件；（三）未经客户的委托，擅自为客户买卖证券，或者假借客户的名义买卖证券；（四）为牟取佣金收入，诱使客户进行不必要的证券买卖；（五）其他违背客户真实意思表示，损害客户利益的行为。

违反前款规定给客户造成损失的，应当依法承担赔偿责任。

第五十八条　任何单位和个人不得违反规定，出借自己的证券账户或者借用他人的证券账户从事证券交易。

第197条 信息披露义务人的法律责任

1. 信息披露义务人未按照本法规定报送有关报告或者履行信息披露义务的,责令改正,给予警告,并处以五十万元以上五百万元以下的罚款;对直接负责的主管人员和其他直接责任人员给予警告,并处以二十万元以上二百万元以下的罚款。发行人的控股股东、实际控制人组织、指使从事上述违法行为,或者隐瞒相关事项导致发生上述情形的,处以五十万元以上五百万元以下的罚款;对直接负责的主管人员和其他直接责任人员,处以二十万元以上二百万元以下的罚款。

2. 信息披露义务人报送的报告或者披露的信息有虚假记载、误导性陈述或者重大遗漏的,责令改正,给予警告,并处以一百万元以上一千万元以下的罚款;对直接负责的主管人员和其他直接责任人员给予警告,并处以五十万元以上五百万元以下的罚款。发行人的控股股东、实际控制人组织、指使从事上述违法行为,或者隐瞒相关事项导致发生上述情形的,处以一百万元以上一千万元以下的罚款;对直接负责的主管人员和其他直接责任人员,处以五十万元以上五百万元以下的罚款。

第198条 证券公司违反适当性管理义务的法律责任

证券公司违反本法第八十八条的规定未履行或者未按照规定履行投资者适当性管理义务的,责令改正,给予警告,并处以十万元以上一百万元以下的罚款。对直接负责的主管人员和其他直接责任人员给予警告,并处以二十万元以下的罚款。

第199条 违法征集股东权利的法律责任

违反本法第九十条的规定征集股东权利的,责令改正,给予警告,可以处五十万元以下的罚款。

第200条 非法开设证券交易场所及允许非会员直接参与股票集中交易的法律责任

1. 非法开设证券交易场所的,由县级以上人民政府予以取缔,没收违法所得,并处以违法所得一倍以上十倍以下的罚款;没有违法所得或者违法所得不足一百万元的,处以一百万元以上一千万元以下的罚款。对直接负责的主管人员和其他直接责任人员给予警告,并处以二十万元以上二百万元以下的罚款。

2. 证券交易所违反本法第一百零五条的规定,允许非会员直接参与股票的集中交易的,责令改正,可以并处五十万元以下的罚款。

第201条 证券公司未核对投资者信息及违规提供投资者账户的法律责任

1. 证券公司违反本法第一百零七条第一款的规定,未对投资者开立账户提供的身份信息进行核对的,责令改正,给予警告,并处以五万元以上五十万元以下的罚款。对直接负责的主管人员和其他直接责任人员给予警告,并处以十万元以下的罚款。

2. 证券公司违反本法第一百零七条第二款的规定,将投资者的账户提供给他人使用的,责令改正,给予警告,并处以十万元以上一百万元以下的罚款。对直接负责的主管人员和其他直接责任人员给予警告,并处以二十万元以下的罚款。

第八十八条 证券公司向投资者销售证券、提供服务时，应当按照规定充分了解投资者的基本情况、财产状况、金融资产状况、投资知识和经验、专业能力等相关信息；如实说明证券、服务的重要内容，充分揭示投资风险；销售、提供与投资者上述状况相匹配的证券、服务。

投资者在购买证券或者接受服务时，应当按照证券公司明示的要求提供前款所列真实信息。拒绝提供或者未按照要求提供信息的，证券公司应当告知其后果，并按照规定拒绝向其销售证券、提供服务。

证券公司违反第一款规定导致投资者损失的，应当承担相应的赔偿责任。

第九十条 上市公司董事会、独立董事、持有百分之一以上有表决权股份的股东或者依照法律、行政法规或者国务院证券监督管理机构的规定设立的投资者保护机构（以下简称投资者保护机构），可以作为征集人，自行或者委托证券公司、证券服务机构，公开请求上市公司股东委托其代为出席股东大会，并代为行使提案权、表决权等股东权利。

依照前款规定征集股东权利的，征集人应当披露征集文件，上市公司应当予以配合。

禁止以有偿或者变相有偿的方式公开征集股东权利。

公开征集股东权利违反法律、行政法规或者国务院证券监督管理机构有关规定，导致上市公司或者其股东遭受损失的，应当依法承担赔偿责任。

第一百零五条 进入实行会员制的证券交易所参与集中交易的，必须是证券交易所的会员。证券交易所不得允许非会员直接参与股票的集中交易。

第一百零七条 证券公司为投资者开立账户，应当按照规定对投资者提供的身份信息进行核对。

证券公司不得将投资者的账户提供给他人使用。

投资者应当使用实名开立的账户进行交易。

第202条	非法经营证券业务以及违法融资融券的法律责任	违反本法第一百一十八条、第一百二十条第一款、第四款的规定,擅自设立证券公司、非法经营证券业务或者未经批准以证券公司名义开展证券业务活动的,责令改正,没收违法所得,并处以违法所得一倍以上十倍以下的罚款;没有违法所得或者违法所得不足一百万元的,处以一百万元以上一千万元以下的罚款。对直接负责的主管人员和其他直接责任人员给予警告,并处以二十万元以上二百万元以下的罚款。对擅自设立的证券公司,由国务院证券监督管理机构予以取缔。 证券公司违反本法第一百二十条第五款规定提供证券融资融券服务的,没收违法所得,并处以融资融券等值以下的罚款;情节严重的,禁止其在一定期限内从事证券融资融券业务。对直接负责的主管人员和其他直接责任人员给予警告,并处以二十万元以上二百万元以下的罚款。
第203条	骗取证券业务许可的法律责任	提交虚假证明文件或者采取其他欺诈手段骗取证券公司设立许可、业务许可或者重大事项变更核准的,撤销相关许可,并处以一百万元以上一千万元以下的罚款。对直接负责的主管人员和其他直接责任人员给予警告,并处以二十万元以上二百万元以下的罚款。
第204条	证券公司重大事项违法的法律责任	证券公司违反本法第一百二十二条的规定,未经核准变更证券业务范围,变更主要股东或者公司的实际控制人,合并、分立、停业、解散、破产的,责令改正,给予警告,没收违法所得,并处以违法所得一倍以上十倍以下的罚款;没有违法所得或者违法所得不足五十万元的,处以五十万元以上五百万元以下的罚款;情节严重的,并处撤销相关业务许可。对直接负责的主管人员和其他直接责任人员给予警告,并处以二十万元以上二百万元以下的罚款。
第205条	证券公司违法进行融资或者担保的法律责任	证券公司违反本法第一百二十三条第二款的规定,为其股东或者股东的关联人提供融资或者担保的,责令改正,给予警告,并处以五十万元以上五百万元以下的罚款。对直接负责的主管人员和其他直接责任人员给予警告,并处以十万元以上一百万元以下的罚款。股东有过错的,在按照要求改正前,国务院证券监督管理机构可以限制其股东权利;拒不改正的,可以责令其转让所持证券公司股权。
第206条	混合操作证券业务的法律责任	证券公司违反本法第一百二十八条的规定,未采取有效隔离措施防范利益冲突,或者未分开办理相关业务、混合操作的,责令改正,给予警告,没收违法所得,并处以违法所得一倍以上十倍以下的罚款;没有违法所得或者违法所得不足五十万元的,处以五十万元以上五百万元以下的罚款;情节严重的,并处撤销相关业务许可。对直接负责的主管人员和其他直接责任人员给予警告,并处以二十万元以上二百万元以下的罚款。

第一百一十八条　设立证券公司,应当具备下列条件,并经国务院证券监督管理机构批准:(一)有符合法律、行政法规规定的公司章程;(二)主要股东及公司的实际控制人具有良好的财务状况和诚信记录,最近三年无重大违法违规记录;(三)有符合本法规定的公司注册资本;(四)董事、监事、高级管理人员、从业人员符合本法规定的条件;(五)有完善的风险管理与内部控制制度;(六)有合格的经营场所、业务设施和信息技术系统;(七)法律、行政法规和经国务院批准的国务院证券监督管理机构规定的其他条件。
　　未经国务院证券监督管理机构批准,任何单位和个人不得以证券公司名义开展证券业务活动。

第一百二十条　经国务院证券监督管理机构核准,取得经营证券业务许可证,证券公司可以经营下列部分或者全部证券业务:(一)证券经纪;(二)证券投资咨询;(三)与证券交易、证券投资活动有关的财务顾问;(四)证券承销与保荐;(五)证券融资融券;(六)证券做市交易;(七)证券自营;(八)其他证券业务。
　　国务院证券监督管理机构应当自受理前款规定事项申请之日起三个月内,依照法定条件和程序进行审查,作出核准或者不予核准的决定,并通知申请人;不予核准的,应当说明理由。
　　证券公司经营证券资产管理业务的,应当符合《中华人民共和国证券投资基金法》等法律、行政法规的规定。
　　除证券公司外,任何单位和个人不得从事证券承销、证券保荐、证券经纪和证券融资融券业务。
　　证券公司从事证券融资融券业务,应当采取措施,严格防范和控制风险,不得违反规定向客户出借资金或者证券。

第一百二十二条　证券公司变更证券业务范围,变更主要股东或者公司的实际控制人,合并、分立、停业、解散、破产,应当经国务院证券监督管理机构核准。

第一百二十三条　国务院证券监督管理机构应当对证券公司净资本和其他风险控制指标作出规定。
　　证券公司除依照规定为其客户提供融资融券外,不得为其股东或者股东的关联人提供融资或者担保。

第一百二十八条　证券公司应当建立健全内部控制制度,采取有效隔离措施,防范公司与客户之间、不同客户之间的利益冲突。
　　证券公司必须将其证券经纪业务、证券承销业务、证券自营业务、证券做市业务和证券资产管理业务分开办理,不得混合操作。

第207条 违法从事证券自营业务的法律责任

证券公司违反本法第一百二十九条的规定从事证券自营业务的,责令改正,给予警告,没收违法所得,并处以违法所得一倍以上十倍以下的罚款;没有违法所得或者违法所得不足五十万元的,处以五十万元以上五百万元以下的罚款;情节严重的,并处撤销相关业务许可或者责令关闭。对直接负责的主管人员和其他直接责任人员给予警告,并处以二十万元以上二百万元以下的罚款。

第208条 违法将客户的资金和证券归入自有财产或者挪用客户的资金和证券的法律责任

违反本法第一百三十一条的规定,将客户的资金和证券归入自有财产,或者挪用客户的资金和证券的,责令改正,给予警告,没收违法所得,并处以违法所得一倍以上十倍以下的罚款;没有违法所得或者违法所得不足一百万元的,处以一百万元以上一千万元以下的罚款;情节严重的,并处撤销相关业务许可或者责令关闭。对直接负责的主管人员和其他直接责任人员给予警告,并处以五十万元以上五百万元以下的罚款。

第209条 证券公司违法接受委托、进行承诺及允许他人使用证券公司名义直接参与集中交易的法律责任

证券公司违反本法第一百三十四条第一款的规定接受客户的全权委托买卖证券的,或者违反本法第一百三十五条的规定对客户的收益或者赔偿客户的损失作出承诺的,责令改正,给予警告,没收违法所得,并处以违法所得一倍以上十倍以下的罚款;没有违法所得或者违法所得不足五十万元的,处以五十万元以上五百万元以下的罚款;情节严重的,并处撤销相关业务许可。对直接负责的主管人员和其他直接责任人员给予警告,并处以二十万元以上二百万元以下的罚款。

证券公司违反本法第一百三十四条第二款的规定,允许他人以证券公司的名义直接参与证券的集中交易的,责令改正,可以并处五十万元以下的罚款。

第210条 私下接受客户委托买卖证券的法律责任

证券公司的从业人员违反本法第一百三十六条的规定,私下接受客户委托买卖证券的,责令改正,给予警告,没收违法所得,并处以违法所得一倍以上十倍以下的罚款;没有违法所得的,处以五十万元以下的罚款。

第211条 报送信息违法的法律责任

证券公司及其主要股东、实际控制人违反本法第一百三十八条的规定,未报送、提供信息和资料,或者报送、提供的信息和资料有虚假记载、误导性陈述或者重大遗漏的,责令改正,给予警告,并处以一百万元以下的罚款;情节严重的,并处撤销相关业务许可。对直接负责的主管人员和其他直接责任人员,给予警告,并处以五十万元以下的罚款。

第一百二十九条 证券公司的自营业务必须以自己的名义进行,不得假借他人名义或者以个人名义进行。

证券公司的自营业务必须使用自有资金和依法筹集的资金。

证券公司不得将其自营账户借给他人使用。

第一百三十一条 证券公司客户的交易结算资金应当存放在商业银行,以每个客户的名义单独立户管理。

证券公司不得将客户的交易结算资金和证券归入其自有财产。禁止任何单位或者个人以任何形式挪用客户的交易结算资金和证券。证券公司破产或者清算时,客户的交易结算资金和证券不属于其破产财产或者清算财产。非因客户本身的债务或者法律规定的其他情形,不得查封、冻结、扣划或者强制执行客户的交易结算资金和证券。

第一百三十四条 证券公司办理经纪业务,不得接受客户的全权委托而决定证券买卖、选择证券种类、决定买卖数量或者买卖价格。

证券公司不得允许他人以证券公司的名义直接参与证券的集中交易。

第一百三十五条 证券公司不得对客户证券买卖的收益或者赔偿证券买卖的损失作出承诺。

第一百三十六条 证券公司的从业人员在证券交易活动中,执行所属的证券公司的指令或者利用职务违反交易规则的,由所属的证券公司承担全部责任。

证券公司的从业人员不得私下接受客户委托买卖证券。

第一百三十八条 证券公司应当按照规定向国务院证券监督管理机构报送业务、财务等经营管理信息和资料。国务院证券监督管理机构有权要求证券公司及其主要股东、实际控制人在指定的期限内提供有关信息、资料。

证券公司及其主要股东、实际控制人向国务院证券监督管理机构报送或者提供的信息、资料,必须真实、准确、完整。

中华人民共和国证券法 212—216条

第212条	擅自设立证券登记结算机构的法律责任	违反本法第一百四十五条的规定,擅自设立证券登记结算机构的,由国务院证券监督管理机构予以取缔,没收违法所得,并处以违法所得一倍以上十倍以下的罚款;没有违法所得或者违法所得不足五十万元的,处以五十万元以上五百万元以下的罚款。对直接负责的主管人员和其他直接责任人员给予警告,并处以二十万元以上二百万元以下的罚款。
第213条	证券服务机构违法行为的法律责任	1 证券投资咨询机构违反本法第一百六十条第二款的规定擅自从事证券服务业务,或者从事证券服务业务有本法第一百六十一条规定行为的,责令改正,没收违法所得,并处以违法所得一倍以上十倍以下的罚款;没有违法所得或者违法所得不足五十万元的,处以五十万元以上五百万元以下的罚款。对直接负责的主管人员和其他直接责任人员,给予警告,并处以二十万元以上二百万元以下的罚款。 2 会计师事务所、律师事务所以及从事资产评估、资信评级、财务顾问、信息技术系统服务的机构违反本法第一百六十条第二款的规定,从事证券服务业务未报备案的,责令改正,可以处二十万元以下的罚款。 3 证券服务机构违反本法第一百六十三条的规定,未勤勉尽责,所制作、出具的文件有虚假记载、误导性陈述或者重大遗漏的,责令改正,没收业务收入,并处以业务收入一倍以上十倍以下的罚款,没有业务收入或者业务收入不足五十万元的,处以五十万元以上五百万元以下的罚款;情节严重的,并处暂停或者禁止从事证券服务业务。对直接负责的主管人员和其他直接责任人员给予警告,并处以二十万元以上二百万元以下的罚款。
第214条	资料保存违法的法律责任	发行人、证券登记结算机构、证券公司、证券服务机构未按照规定保存有关文件和资料的,责令改正,给予警告,并处以十万元以上一百万元以下的罚款;泄露、隐匿、伪造、篡改或者毁损有关文件和资料的,给予警告,并处以二十万元以上二百万元以下的罚款;情节严重的,处以五十万元以上五百万元以下的罚款,并处暂停、撤销相关业务许可或者禁止从事相关业务。对直接负责的主管人员和其他直接责任人员给予警告,并处以十万元以上一百万元以下的罚款。
第215条	证券市场诚信档案	国务院证券监督管理机构依法将有关市场主体遵守本法的情况纳入证券市场诚信档案。
第216条	不依法履行监管职责的法律责任	国务院证券监督管理机构或者国务院授权的部门有下列情形之一的,对直接负责的主管人员和其他直接责任人员,依法给予处分: (一)对不符合本法规定的发行证券、设立证券公司等申请予以核准、注册、批准的;

第一百四十五条 证券登记结算机构为证券交易提供集中登记、存管与结算服务,不以营利为目的,依法登记,取得法人资格。

设立证券登记结算机构必须经国务院证券监督管理机构批准。

第一百六十条 会计师事务所、律师事务所以及从事证券投资咨询、资产评估、资信评级、财务顾问、信息技术系统服务的证券服务机构,应当勤勉尽责、恪尽职守,按照相关业务规则为证券的交易及相关活动提供服务。

从事证券投资咨询服务业务,应当经国务院证券监督管理机构核准;未经核准,不得为证券的交易及相关活动提供服务。从事其他证券服务业务,应当报国务院证券监督管理机构和国务院有关主管部门备案。

第一百六十一条 证券投资咨询机构及其从业人员从事证券服务业务不得有下列行为:(一)代理委托人从事证券投资;(二)与委托人约定分享证券投资收益或者分担证券投资损失;(三)买卖本证券投资咨询机构提供服务的证券;(四)法律、行政法规禁止的其他行为。

有前款所列行为之一,给投资者造成损失的,应当依法承担赔偿责任。

第一百六十三条 证券服务机构为证券的发行、上市、交易等证券业务活动制作、出具审计报告及其他鉴证报告、资产评估报告、财务顾问报告、资信评级报告或者法律意见书等文件,应当勤勉尽责,对所依据的文件资料内容的真实性、准确性、完整性进行核查和验证。其制作、出具的文件有虚假记载、误导性陈述或者重大遗漏,给他人造成损失的,应当与委托人承担连带赔偿责任,但是能够证明自己没有过错的除外。

(二)违反本法规定采取现场检查、调查取证、查询、冻结或者查封等措施的;
(三)违反本法规定对有关机构和人员采取监督管理措施的;
(四)违反本法规定对有关机构和人员实施行政处罚的;
(五)其他不依法履行职责的行为。

第217条 渎职的法律责任

国务院证券监督管理机构或者国务院授权的部门的工作人员,不履行本法规定的职责,滥用职权、玩忽职守,利用职务便利牟取不正当利益,或者泄露所知悉的有关单位和个人的商业秘密,依法追究法律责任。

第218条 拒绝、阻碍证券执法的法律责任

拒绝、阻碍证券监督管理机构及其工作人员依法行使监督检查、调查职权,由证券监督管理机构责令改正,处以十万元以上一百万元以下的罚款,并由公安机关依法给予治安管理处罚。

第219条 刑事责任

违反本法规定,构成犯罪的,依法追究刑事责任。

第220条 民事赔偿优先

违反本法规定,应当承担民事赔偿责任和缴纳罚款、罚金、违法所得,违法行为人的财产不足以支付的,优先用于承担民事赔偿责任。

第221条 证券市场禁入制度

违反法律、行政法规或者国务院证券监督管理机构的有关规定,情节严重的,国务院证券监督管理机构可以对有关责任人员采取证券市场禁入的措施。

前款所称证券市场禁入,是指在一定期限内直至终身不得从事证券业务、证券服务业务,不得担任证券发行人的董事、监事、高级管理人员,或者一定期限内不得在证券交易所、国务院批准的其他全国性证券交易场所交易证券的制度。

第222条 罚没所得入国库

依照本法收缴的罚款和没收的违法所得,全部上缴国库。

第223条 行政复议与诉讼

当事人对证券监督管理机构或者国务院授权的部门的处罚决定不服的,可以依法申请行政复议,或者依法直接向人民法院提起诉讼。

第十四章 附则

第224条 境内企业境外发行证券或上市交易证券的管理

境内企业直接或者间接到境外发行证券或者将其证券在境外上市交易，应当符合国务院的有关规定。

第225条 授权国务院规定人民币特种股票

境内公司股票以外币认购和交易的，具体办法由国务院另行规定。

第226条 施行日期

本法自2020年3月1日起施行。

中华人民共和国期货和衍生品法

（2022年4月20日第十三届全国人民代表大会常务委员会第三十四次会议通过）

第一章 总则

第1条 立法目的

为了规范期货交易和衍生品交易行为,保障各方合法权益,维护市场秩序和社会公共利益,促进期货市场和衍生品市场服务国民经济,防范化解金融风险,维护国家经济安全,制定本法。

第2条 适用范围

1. 在中华人民共和国境内,期货交易和衍生品交易及相关活动,适用本法。
2. 在中华人民共和国境外的期货交易和衍生品交易及相关活动,扰乱中华人民共和国境内市场秩序,损害境内交易者合法权益的,依照本法有关规定处理并追究法律责任。

第3条 基本术语

1. 本法所称期货交易,是指以期货合约或者标准化期权合约为交易标的的交易活动。
2. 本法所称衍生品交易,是指期货交易以外的,以互换合约、远期合约和非标准化期权合约及其组合为交易标的的交易活动。
3. 本法所称期货合约,是指期货交易场所统一制定的、约定在将来某一特定的时间和地点交割一定数量标的物的标准化合约。
4. 本法所称期权合约,是指约定买方有权在将来某一时间以特定价格买入或者卖出约定标的物(包括期货合约)的标准化或非标准化合约。
5. 本法所称互换合约,是指约定在将来某一特定时间内相互交换特定标的物的金融合约。
6. 本法所称远期合约,是指期货合约以外的,约定在将来某一特定的时间和地点交割一定数量标的物的金融合约。

第4条 国家政策

1. 国家支持期货市场健康发展,发挥发现价格、管理风险、配置资源的功能。
2. 国家鼓励利用期货市场和衍生品市场从事套期保值等风险管理活动。
3. 国家采取措施推动农产品期货市场和衍生品市场发展,引导国内农产品生产经营。
4. 本法所称套期保值,是指交易者为管理因其资产、负债等价值变化产生的风险而达成与上述资产、负债等基本吻合的期货交易和衍生品交易的活动。

第5条 防范市场系统性风险

期货市场和衍生品市场应当建立和完善风险的监测监控与化解处置制度机制,依法限制过度投机行为,防范市场系统性风险。

第6条 守法和"三公"原则

期货交易和衍生品交易活动,应当遵守法律、行政法规和国家有关规定,遵循公开、公平、公正的原则,禁止欺诈、操纵市场和内幕交易的行为。

第7条 平等、自愿、有偿、诚信原则

参与期货交易和衍生品交易活动的各方具有平等的法律地位,应当遵守自愿、有偿、诚实信用的原则。

第8条	监督管理体制	1	国务院期货监督管理机构依法对全国期货市场实行集中统一监督管理。国务院对利率、汇率期货的监督管理另有规定的，适用其规定。
		2	衍生品市场由国务院期货监督管理机构或者国务院授权的部门按照职责分工实行监督管理。
第9条	自律管理		期货和衍生品行业协会依法实行自律管理。
第10条	国家审计监督		国家审计机关依法对期货经营机构、期货交易场所、期货结算机构、国务院期货监督管理机构进行审计监督。

第二章 期货交易和衍生品交易

第一节 一般规定

第11条 交易场所和方式

1. 期货交易应当在依法设立的期货交易所或者国务院期货监督管理机构依法批准组织开展期货交易的其他期货交易场所（以下统称期货交易场所），采用公开的集中交易方式或者国务院期货监督管理机构批准的其他方式进行。
2. 禁止在期货交易场所之外进行期货交易。
3. 衍生品交易，可以采用协议交易或者国务院规定的其他交易方式进行。

第12条 禁止操纵市场

1. 任何单位和个人不得操纵期货市场或者衍生品市场。
2. 禁止以下列手段操纵期货市场，影响或者意图影响期货交易价格或者期货交易量：
（一）单独或者合谋，集中资金优势、持仓优势或者利用信息优势联合或者连续买卖合约；
（二）与他人串通，以事先约定的时间、价格和方式相互进行期货交易；
（三）在自己实际控制的账户之间进行期货交易；
（四）利用虚假或者不确定的重大信息，诱导交易者进行期货交易；
（五）不以成交为目的，频繁或者大量申报并撤销申报；
（六）对相关期货交易或者合约标的物的交易作出公开评价、预测或者投资建议，并进行反向操作或者相关操作；
（七）为影响期货市场行情囤积现货；
（八）在交割月或者临近交割月，利用不正当手段规避持仓限额，形成持仓优势；
（九）利用在相关市场的活动操纵期货市场；
（十）操纵期货市场的其他手段。

第13条 禁止内幕交易

期货交易和衍生品交易的内幕信息的知情人和非法获取内幕信息的人，在内幕信息公开前不得从事相关期货交易或者衍生品交易，明示、暗示他人从事与内幕信息有关的期货交易或者衍生品交易，或者泄露内幕信息。

第14条 内幕信息

1. 本法所称内幕信息，是指可能对期货交易或者衍生品交易的交易价格产生重大影响的尚未公开的信息。
2. 期货交易的内幕信息包括：
（一）国务院期货监督管理机构以及其他相关部门正在制定或者尚未发布的对期货交易价格可能产生重大影响的政策、信息或者数据；
（二）期货交易场所、期货结算机构作出的可能对期货交易价格产生重大影响的决定；
（三）期货交易场所会员、交易者的资金和交易动向；

(四）相关市场中的重大异常交易信息；
(五）国务院期货监督管理机构规定的对期货交易价格有重大影响的其他信息。

第15条　内幕信息知情人

1. 本法所称内幕信息的知情人，是指由于经营地位、管理地位、监督地位或者职务便利等，能够接触或者获得内幕信息的单位和个人。
2. 期货交易的内幕信息的知情人包括：
(一）期货经营机构、期货交易场所、期货结算机构、期货服务机构的有关人员；
(二）国务院期货监督管理机构和其他有关部门的工作人员；
(三）国务院期货监督管理机构规定的可以获取内幕信息的其他单位和个人。

第16条　禁止编造、传播虚假或者误导性信息

1. 禁止任何单位和个人编造、传播虚假信息或者误导性信息，扰乱期货市场和衍生品市场。
2. 禁止期货经营机构、期货交易场所、期货结算机构、期货服务机构及其从业人员，组织、开展衍生品交易的场所、机构及其从业人员，期货和衍生品行业协会、国务院期货监督管理机构、国务院授权的部门及其工作人员，在期货交易和衍生品交易及相关活动中作出虚假陈述或者信息误导。
3. 各种传播媒介传播期货市场和衍生品市场信息应当真实、客观，禁止误导。传播媒介及其从事期货市场和衍生品市场信息报道的工作人员不得从事与其工作职责发生利益冲突的期货交易和衍生品交易及相关活动。

第二节　期货交易

第17条　品种上市机制

1. 期货合约品种和标准化期权合约品种的上市应当符合国务院期货监督管理机构的规定，由期货交易场所依法报经国务院期货监督管理机构注册。
2. 期货合约品种和标准化期权合约品种的中止上市、恢复上市、终止上市应当符合国务院期货监督管理机构的规定，由期货交易场所决定并向国务院期货监督管理机构备案。
3. 期货合约品种和标准化期权合约品种应当具有经济价值，合约不易被操纵，符合社会公共利益。

第18条　账户实名制

1. 期货交易实行账户实名制。交易者进行期货交易的，应当持有证明身份的合法证件，以本人名义申请开立账户。
2. 任何单位和个人不得违反规定，出借自己的期货账户或者借用他人的期货账户从事期货交易。

第19条　入场交易主体

在期货交易场所进行期货交易的，应当是期货交易场所会员或者符合国务院期货监督管理机构规定的其他参与者。

第20条	交易指令		交易者委托期货经营机构进行交易的,可以通过书面、电话、自助终端、网络等方式下达交易指令。交易指令应当明确、具体、全面。
第21条	程序化交易		通过计算机程序自动生成或者下达交易指令进行程序化交易的,应当符合国务院期货监督管理机构的规定,并向期货交易场所报告,不得影响期货交易场所系统安全或者正常交易秩序。
第22条	保证金制度	1	期货交易实行保证金制度,期货结算机构向结算参与人收取保证金,结算参与人向交易者收取保证金。保证金用于结算和履约保障。
		2	保证金的形式包括现金,国债、股票、基金份额、标准仓单等流动性强的有价证券,以及国务院期货监督管理机构规定的其他财产。以有价证券等作为保证金的,可以依法通过质押等具有履约保障功能的方式进行。
		3	期货结算机构、结算参与人收取的保证金的形式、比例等应当符合国务院期货监督管理机构的规定。
		4	交易者进行标准化期权合约交易的,卖方应当缴纳保证金,买方应当支付权利金。
		5	前款所称权利金是指买方支付的用于购买标准化期权合约的资金。
第23条	持仓限额	1	期货交易实行持仓限额制度,防范合约持仓过度集中的风险。
		2	从事套期保值等风险管理活动的,可以申请持仓限额豁免。
		3	持仓限额、套期保值的管理办法由国务院期货监督管理机构制定。
第24条	实际控制关系		期货交易实行交易者实际控制关系报备管理制度。交易者应当按照国务院期货监督管理机构的规定向期货经营机构或者期货交易场所报备实际控制关系。
第25条	期货交易收费		期货交易的收费应当合理,收费项目、收费标准和管理办法应当公开。
第26条	交易确定性		依照期货交易场所依法制定的业务规则进行的交易,不得改变其交易结果,本法第八十九条第二款规定的除外。
第27条	报告义务		期货交易场所会员和交易者应当按照国务院期货监督管理机构的规定,报告有关交易、持仓、保证金等重大事项。
第28条	信贷、财政资金		任何单位和个人不得违规使用信贷资金、财政资金进行期货交易。

第八十九条　因突发性事件影响期货交易正常进行时，为维护期货交易正常秩序和市场公平，期货交易场所可以按照本法和业务规则规定采取必要的处置措施，并应当及时向国务院期货监督管理机构报告。

因前款规定的突发性事件导致期货交易结果出现重大异常，按交易结果进行结算、交割将对期货交易正常秩序和市场公平造成重大影响的，期货交易场所可以按照业务规则采取取消交易等措施，并应当及时向国务院期货监督管理机构报告并公告。

中华人民共和国期货和衍生品法 29—37条

第29条 报告禁止交易行为

期货经营机构、期货交易场所、期货结算机构、期货服务机构等机构及其从业人员对发现的禁止的交易行为，应当及时向国务院期货监督管理机构报告。

第三节 衍生品交易

第30条 衍生品交易场所

1. 依法设立的场所，经国务院授权的部门或者国务院期货监督管理机构审批，可以组织开展衍生品交易。
2. 组织开展衍生品交易的场所制定的交易规则，应当公平保护交易参与各方合法权益和防范市场风险，并报国务院授权的部门或者国务院期货监督管理机构批准。

第31条 金融机构

金融机构开展衍生品交易业务，应当依法经过批准或者核准，履行交易者适当性管理义务，并应当遵守国家有关监督管理规定。

第32条 单一协议制度

衍生品交易采用主协议方式的，主协议、主协议项下的全部补充协议以及交易双方就各项具体交易作出的约定等，共同构成交易双方之间一个完整的单一协议，具有法律约束力。

第33条 主协议备案

本法第三十二条规定的主协议等合同范本，应当按照国务院授权的部门或者国务院期货监督管理机构的规定报送备案。

第34条 履约保障

进行衍生品交易，可以依法通过质押等方式提供履约保障。

第35条 终止净额结算制度

1. 依法采用主协议方式从事衍生品交易的，发生约定的情形时，可以依照协议约定终止交易，并按净额对协议项下的全部交易盈亏进行结算。
2. 依照前款规定进行的净额结算，不因交易任何一方依法进入破产程序而中止、无效或者撤销。

第36条 交易报告库

国务院授权的部门、国务院期货监督管理机构应当建立衍生品交易报告库，对衍生品交易标的、规模、对手方等信息进行集中收集、保存、分析和管理，并按照规定及时向市场披露有关信息。具体办法由国务院授权的部门、国务院期货监督管理机构规定。

第37条 集中结算

1. 衍生品交易，由国务院授权的部门或者国务院期货监督管理机构批准的结算机构作为中央对手方进行集中结算的，可以依法进行终止净额结算；结算财产应当优先用于结算和交割，不得被查封、冻结、扣押或者强制执行；在结算和交割完成前，任何人不得动用。
2. 依法进行的集中结算，不因参与结算的任何一方依法进入破产程序而中止、无效或者撤销。

| 第38条 | 授权国务院制定办法 | 对衍生品交易及相关活动进行规范和监督管理的具体办法,由国务院依照本法的原则规定。 |

第三章 期货结算与交割

第39条 当日无负债结算制度

期货交易实行当日无负债结算制度。在期货交易场所规定的时间，期货结算机构应当在当日按照结算价对结算参与人进行结算；结算参与人应当根据期货结算机构的结算结果对交易者进行结算。结算结果应当在当日及时通知结算参与人和交易者。

第40条 保证金、权利金

期货结算机构、结算参与人收取的保证金、权利金等，应当与其自有资金分开，按照国务院期货监督管理机构的规定，在期货保证金存管机构专户存放，分别管理，禁止违规挪用。

第41条 强行平仓

1. 结算参与人的保证金不符合期货结算机构业务规则规定标准的，期货结算机构应当按照业务规则的规定通知结算参与人在规定时间内追加保证金或者自行平仓；结算参与人未在规定时间内追加保证金或者自行平仓的，通知期货交易场所强行平仓。
2. 交易者的保证金不符合结算参与人与交易者约定标准的，结算参与人应当按照约定通知交易者在约定时间内追加保证金或者自行平仓；交易者未在约定时间内追加保证金或者自行平仓的，按照约定强行平仓。
3. 以有价证券等作为保证金，期货结算机构、结算参与人按照前两款规定强行平仓的，可以对有价证券等进行处置。

第42条 结算违约处置

1. 结算参与人在结算过程中违约的，期货结算机构按照业务规则动用结算参与人的保证金、结算担保金以及结算机构的风险准备金、自有资金等完成结算；期货结算机构以其风险准备金、自有资金等完成结算的，可以依法对该结算参与人进行追偿。
2. 交易者在结算过程中违约的，其委托的结算参与人按照合同约定动用该交易者的保证金以及结算参与人的风险准备金和自有资金完成结算；结算参与人以其风险准备金和自有资金完成结算的，可以依法对该交易者进行追偿。
3. 本法所称结算担保金，是指结算参与人以自有资金向期货结算机构缴纳的，用于担保履约的资金。

第43条 结算和交割财产优先用于履约

1. 期货结算机构依照其业务规则收取和提取的保证金、权利金、结算担保金、风险准备金等资产，应当优先用于结算和交割，不得被查封、冻结、扣押或者强制执行。
2. 在结算和交割完成之前，任何人不得动用用于担保履约和交割的保证金、进入交割环节的交割财产。
3. 依法进行的结算和交割，不因参与结算的任何一方依法进入破产程序而中止、无效或者撤销。

第44条 期货交割

1. 期货合约到期时，交易者应当通过实物交割或者现金交割，了结到期未平仓合约。

		2	在标准化期权合约规定的时间，合约的买方有权以约定的价格买入或者卖出标的物，或者按照约定进行现金差价结算，合约的卖方应当按照约定履行相应的义务。标准化期权合约的行权，由期货结算机构组织进行。
第45条	交割方式	1	期货合约采取实物交割的，由期货结算机构负责组织货款与标准仓单等合约标的物权利凭证的交付。
		2	期货合约采取现金交割的，由期货结算机构以交割结算价为基础，划付持仓双方的盈亏款项。
		3	本法所称标准仓单，是指交割库开具并经期货交易场所登记的标准化提货凭证。
第46条	实物交割		期货交易的实物交割在期货交易场所指定的交割库、交割港口或者其他符合期货交易场所要求的地点进行。实物交割不得限制交割总量。采用标准仓单以外的单据凭证或者其他方式进行实物交割的，期货交易场所应当明确规定交割各方的权利和义务。
第47条	委托结算	1	结算参与人在交割过程中违约的，期货结算机构有权对结算参与人的标准仓单等合约标的物权利凭证进行处置。
		2	交易者在交割过程中违约的，结算参与人有权对交易者的标准仓单等合约标的物权利凭证进行处置。
第48条	期货交易者		不符合结算参与人条件的期货经营机构可以委托结算参与人代为其客户进行结算。不符合结算参与人条件的期货经营机构与结算参与人、交易者之间的权利义务关系，参照本章关于结算参与人与交易者之间权利义务的规定执行。

第四章 期货交易者

第49条 期货交易者
1. 期货交易者是指依照本法从事期货交易，承担交易结果的自然人、法人和非法人组织。
2. 期货交易者从事期货交易，除国务院期货监督管理机构另有规定外，应当委托期货经营机构进行。

第50条 期货交易者适当性制度
1. 期货经营机构向交易者提供服务时，应当按照规定充分了解交易者的基本情况、财产状况、金融资产状况、交易知识和经验、专业能力等相关信息；如实说明服务的重要内容，充分揭示交易风险；提供与交易者上述状况相匹配的服务。
2. 交易者在参与期货交易和接受服务时，应当按照期货经营机构明示的要求提供前款所列真实信息。拒绝提供或者未按照要求提供信息的，期货经营机构应当告知其后果，并按照规定拒绝提供服务。
3. 期货经营机构违反第一款规定导致交易者损失的，应当承担相应的赔偿责任。

第51条 交易者分类及普通交易者特殊保护
1. 根据财产状况、金融资产状况、交易知识和经验、专业能力等因素，交易者可以分为普通交易者和专业交易者。专业交易者的标准由国务院期货监督管理机构规定。
2. 普通交易者与期货经营机构发生纠纷的，期货经营机构应当证明其行为符合法律、行政法规以及国务院期货监督管理机构的规定，不存在误导、欺诈等情形。期货经营机构不能证明的，应当承担相应的赔偿责任。

第52条 内部控制制度和风险控制制度

参与期货交易的法人和非法人组织，应当建立与其交易合约类型、规模、目的等相适应的内部控制制度和风险控制制度。

第53条 从业人员等禁止参与期货交易

期货经营机构、期货交易场所、期货结算机构的从业人员，国务院期货监督管理机构、期货业协会的工作人员，以及法律、行政法规和国务院期货监督管理机构规定禁止参与期货交易的其他人员，不得进行期货交易。

第54条 交易者查询权

交易者有权查询其委托记录、交易记录、保证金余额、与其接受服务有关的其他重要信息。

第55条 信息保密和不得泄露商业秘密义务
1. 期货经营机构、期货交易场所、期货结算机构、期货服务机构及其工作人员应当依法为交易者的信息保密，不得非法买卖、提供或者公开交易者的信息。
2. 期货经营机构、期货交易场所、期货结算机构、期货服务机构及其工作人员不得泄露所知悉的商业秘密。

第56条 强制调解

交易者与期货经营机构等发生纠纷的，双方可以向行业协会等申请调解。普通交易者与期货经营机构发生期货业务纠纷并提出调解请求的，期货经营机构不得拒绝。

| 第57条 | 期货民事赔偿诉讼代表人诉讼 | 交易者提起操纵市场、内幕交易等期货民事赔偿诉讼时，诉讼标的是同一种类，且当事人一方人数众多的，可以依法推选代表人进行诉讼。 |
| 第58条 | 期货交易者保障基金 | 国家设立期货交易者保障基金。期货交易者保障基金的筹集、管理和使用的具体办法，由国务院期货监督管理机构会同国务院财政部门制定。 |

第五章 期货经营机构

第59条 期货经营机构定义

期货经营机构是指依照《中华人民共和国公司法》和本法设立的期货公司以及国务院期货监督管理机构核准从事期货业务的其他机构。

第60条 设立期货公司条件

1. 设立期货公司,应当具备下列条件,并经国务院期货监督管理机构核准:
（一）有符合法律、行政法规规定的公司章程;
（二）主要股东及实际控制人具有良好的财务状况和诚信记录,净资产不低于国务院期货监督管理机构规定的标准,最近三年无重大违法违规记录;
（三）注册资本不低于人民币一亿元,且应当为实缴货币资本;
（四）从事期货业务的人员符合本法规定的条件,董事、监事和高级管理人员具备相应的任职条件;
（五）有良好的公司治理结构、健全的风险管理制度和完善的内部控制制度;
（六）有合格的经营场所、业务设施和信息技术系统;
（七）法律、行政法规和国务院期货监督管理机构规定的其他条件。

2. 国务院期货监督管理机构根据审慎监管原则和各项业务的风险程度,可以提高注册资本最低限额。

3. 国务院期货监督管理机构应当自受理期货公司设立申请之日起六个月内依照法定条件、法定程序和审慎监管原则进行审查,作出核准或者不予核准的决定,并通知申请人;不予核准的,应当说明理由。

第61条 期货公司名称

期货公司应当在其名称中标明"期货"字样,国务院期货监督管理机构另有规定的除外。

第62条 重大事项变更

1. 期货公司办理下列事项,应当经国务院期货监督管理机构核准:
（一）合并、分立、停业、解散或者申请破产;
（二）变更主要股东或者公司的实际控制人;
（三）变更注册资本且调整股权结构;
（四）变更业务范围;
（五）国务院期货监督管理机构规定的其他重大事项。

2. 前款第三项、第五项所列事项,国务院期货监督管理机构应当自受理申请之日起二十日内作出核准或者不予核准的决定;前款所列其他事项,国务院期货监督管理机构应当自受理申请之日起六十日内作出核准或者不予核准的决定。

第63条 业务许可

1. 期货公司经国务院期货监督管理机构核准可以从事下列期货业务:
（一）期货经纪;
（二）期货交易咨询;
（三）期货做市交易;

（四）其他期货业务。

2　期货公司从事资产管理业务的，应当符合《中华人民共和国证券投资基金法》等法律、行政法规的规定。

3　未经国务院期货监督管理机构核准，任何单位和个人不得设立或者变相设立期货公司，经营或者变相经营期货经纪业务、期货交易咨询业务，也不得以经营为目的使用"期货"、"期权"或者其他可能产生混淆或者误导的名称。

第64条　董事、监事、高级管理人员任职资格

1　期货公司的董事、监事、高级管理人员，应当正直诚实、品行良好，熟悉期货法律、行政法规，具有履行职责所需的经营管理能力。期货公司任免董事、监事、高级管理人员，应当报国务院期货监督管理机构备案。

2　有下列情形之一的，不得担任期货公司的董事、监事、高级管理人员：

（一）存在《中华人民共和国公司法》规定的不得担任公司董事、监事和高级管理人员的情形；

（二）因违法行为或者违纪行为被解除职务的期货经营机构的董事、监事、高级管理人员，或者期货交易场所、期货结算机构的负责人，自被解除职务之日起未逾五年；

（三）因违法行为或者违纪行为被吊销执业证书或者被取消资格的注册会计师、律师或者其他期货服务机构的专业人员，自被吊销执业证书或者被取消资格之日起未逾五年。

第65条　内部控制

1　期货经营机构应当依法经营，勤勉尽责，诚实守信。期货经营机构应当建立健全内部控制制度，采取有效隔离措施，防范经营机构与客户之间、不同客户之间的利益冲突。

2　期货经营机构应当将其期货经纪业务、期货做市交易业务、资产管理业务和其他相关业务分开办理，不得混合操作。

3　期货经营机构应当依法建立并执行反洗钱制度。

第66条　经纪业务及行为规范

1　期货经营机构接受交易者委托为其进行期货交易，应当签订书面委托合同，以自己的名义为交易者进行期货交易，交易结果由交易者承担。

2　期货经营机构从事经纪业务，不得接受交易者的全权委托。

第67条　受托义务

期货经营机构从事资产管理业务，接受客户委托，运用客户资产进行投资的，应当公平对待所管理的不同客户资产，不得违背受托义务。

第68条　违法担保

期货经营机构不得违反规定为其股东、实际控制人或者股东、实际控制人的关联人提供融资或者担保，不得违反规定对外担保。

第69条 期货从业人员

1. 期货经营机构从事期货业务的人员应当正直诚实、品行良好，具备从事期货业务所需的专业能力。
2. 期货经营机构从事期货业务的人员不得私下接受客户委托从事期货交易。
3. 期货经营机构从事期货业务的人员在从事期货业务活动中，执行所属的期货经营机构的指令或者利用职务违反期货交易规则的，由所属的期货经营机构承担全部责任。

第70条 持续性经营规则

国务院期货监督管理机构应当制定期货经营机构持续性经营规则，对期货经营机构及其分支机构的经营条件、风险管理、内部控制、保证金存管、合规管理、风险监管指标、关联交易等方面作出规定。期货经营机构应当符合持续性经营规则。

第71条 信息、资料报送

1. 期货经营机构应当按照规定向国务院期货监督管理机构报送业务、财务等经营管理信息和资料。国务院期货监督管理机构有权要求期货经营机构及其主要股东、实际控制人、其他关联人在指定的期限内提供有关信息、资料。
2. 期货经营机构及其主要股东、实际控制人或者其他关联人向国务院期货监督管理机构报送或者提供的信息、资料，应当真实、准确、完整。

第72条 重大事件报告义务

1. 期货经营机构涉及重大诉讼、仲裁，股权被冻结或者用于担保，以及发生其他重大事件时，应当自该事件发生之日起五日内向国务院期货监督管理机构提交书面报告。
2. 期货经营机构的控股股东或者实际控制人应当配合期货经营机构履行前款规定的义务。

第73条 期货经营机构经营风险

期货经营机构不符合持续性经营规则或者出现经营风险的，国务院期货监督管理机构应当责令其限期改正；期货经营机构逾期未改正的，或者其行为严重危及该期货经营机构的稳健运行、损害交易者合法权益的，或者涉嫌严重违法违规正在被国务院期货监督管理机构调查的，国务院期货监督管理机构可以区别情形，对其采取下列措施：

（一）限制或者暂停部分业务；
（二）停止核准新增业务；
（三）限制分配红利，限制向董事、监事、高级管理人员支付报酬、提供福利；
（四）限制转让财产或者在财产上设定其他权利；
（五）责令更换董事、监事、高级管理人员或者有关业务部门、分支机构的负责人员，或者限制其权利；
（六）限制期货经营机构自有资金或者风险准备金的调拨和使用；
（七）认定负有责任的董事、监事、高级管理人员为不适当人选；
（八）责令负有责任的股东转让股权，限制负有责任的股东行使股东权利。

		2	对经过整改符合有关法律、行政法规规定以及持续性经营规则要求的期货经营机构，国务院期货监督管理机构应当自验收完毕之日起三日内解除对其采取的有关措施。
		3	对经过整改仍未达到持续性经营规则要求，严重影响正常经营的期货经营机构，国务院期货监督管理机构有权撤销其部分或者全部期货业务许可、关闭其部分或者全部分支机构。
第74条	期货经营机构违法经营	1	期货经营机构违法经营或者出现重大风险，严重危害期货市场秩序、损害交易者利益的，国务院期货监督管理机构可以对该期货经营机构采取责令停业整顿、指定其他机构托管或者接管等监督管理措施。
		2	期货经营机构有前款所列情形，经国务院期货监督管理机构批准，可以对该期货经营机构直接负责的董事、监事、高级管理人员和其他直接责任人员采取以下措施： （一）决定并通知出境入境管理机关依法阻止其出境； （二）申请司法机关禁止其转移、转让或者以其他方式处分财产，或者在财产上设定其他权利。
第75条	虚假、抽逃出资	1	期货经营机构的股东有虚假出资、抽逃出资行为的，国务院期货监督管理机构应当责令其限期改正，并可责令其转让所持期货经营机构的股权。
		2	在股东依照前款规定的要求改正违法行为、转让所持期货经营机构的股权前，国务院期货监督管理机构可以限制其股东权利。
第76条	期货经营机构注销	1	期货经营机构有下列情形之一的，国务院期货监督管理机构应当依法办理相关业务许可证注销手续： （一）营业执照被依法吊销； （二）成立后无正当理由超过三个月未开始营业，或者开业后无正当理由停业连续三个月以上； （三）主动提出注销申请； （四）《中华人民共和国行政许可法》和国务院期货监督管理机构规定应当注销行政许可的其他情形。
		2	期货经营机构在注销相关业务许可证前，应当结清相关期货业务，并依法返还交易者的保证金和其他资产。
第77条	期货经营机构资产评估		国务院期货监督管理机构认为必要时，可以委托期货服务机构对期货经营机构的财务状况、内部控制状况、资产价值进行审计或者评估。具体办法由国务院期货监督管理机构会同有关主管部门制定。

第78条	期货经营机构禁止行为	禁止期货经营机构从事下列损害交易者利益的行为： （一）向交易者作出保证其资产本金不受损失或者取得最低收益承诺； （二）与交易者约定分享利益、共担风险； （三）违背交易者委托进行期货交易； （四）隐瞒重要事项或者使用其他不正当手段，诱骗交易者交易； （五）以虚假或者不确定的重大信息为依据向交易者提供交易建议； （六）向交易者提供虚假成交回报； （七）未将交易者交易指令下达到期货交易场所； （八）挪用交易者保证金； （九）未依照规定在期货保证金存管机构开立保证金账户，或者违规划转交易者保证金； （十）利用为交易者提供服务的便利，获取不正当利益或者转嫁风险； （十一）其他损害交易者权益的行为。

第六章 期货交易场所

第79条　运作原则

期货交易场所应当遵循社会公共利益优先原则，为期货交易提供场所和设施，组织和监督期货交易，维护市场的公平、有序和透明，实行自律管理。

第80条　设立、变更和解散期货交易所

1. 设立、变更和解散期货交易所，应当由国务院期货监督管理机构批准。
2. 设立期货交易所应当制定章程。期货交易所章程的制定和修改，应当经国务院期货监督管理机构批准。

第81条　期货交易所名称

期货交易所应当在其名称中标明"商品交易所"或者"期货交易所"等字样。其他任何单位或者个人不得使用期货交易所或者其他可能产生混淆或者误导的名称。

第82条　期货交易所组织形式

1. 期货交易所可以采取会员制或者公司制的组织形式。
2. 会员制期货交易所的组织机构由其章程规定。

第83条　业务规则

1. 期货交易所依照法律、行政法规和国务院期货监督管理机构的规定，制定有关业务规则；其中交易规则的制定和修改应当报国务院期货监督管理机构批准。
2. 期货交易所业务规则应当体现公平保护会员、交易者等市场相关各方合法权益的原则。
3. 在期货交易所从事期货交易及相关活动，应当遵守期货交易所依法制定的业务规则。违反业务规则的，由期货交易所给予纪律处分或者采取其他自律管理措施。

第84条　期货交易所负责人资格

1. 期货交易所的负责人由国务院期货监督管理机构提名或者任免。
2. 有《中华人民共和国公司法》规定的不适合担任公司董事、监事、高级管理人员的情形或者下列情形之一的，不得担任期货交易所的负责人：

（一）因违法行为或者违纪行为被解除职务的期货经营机构的董事、监事、高级管理人员，或者期货交易场所、期货结算机构的负责人，自被解除职务之日起未逾五年；

（二）因违法行为或者违纪行为被吊销执业证书或者被取消资格的注册会计师、律师或者其他期货服务机构的专业人员，自被吊销执业证书或者被取消资格之日起未逾五年。

第85条　期货交易场所职责

1. 期货交易场所应当依照本法和国务院期货监督管理机构的规定，加强对交易活动的风险控制和对会员以及交易场所工作人员的监督管理，依法履行下列职责：

（一）提供交易的场所、设施和服务；

（二）设计期货合约、标准化期权合约品种，安排期货合约、标准化期权合约品种上市；

（三）对期货交易进行实时监控和风险监测；

（四）依照章程和业务规则对会员、交易者、期货服务机构等进行自律管理；
（五）开展交易者教育和市场培育工作；
（六）国务院期货监督管理机构规定的其他职责。

2　期货交易场所不得直接或者间接参与期货交易。未经国务院批准，期货交易场所不得从事信托投资、股票投资、非自用不动产投资等与其职责无关的业务。

第86条　期货交易所收益

期货交易所的所得收益按照国家有关规定管理和使用，应当首先用于保证期货交易的场所、设施的运行和改善。

第87条　紧急措施

1　期货交易场所应当加强对期货交易的风险监测，出现异常情况的，期货交易场所可以依照业务规则，单独或者会同期货结算机构采取下列紧急措施，并立即报告国务院期货监督管理机构：
（一）调整保证金；
（二）调整涨跌停板幅度；
（三）调整会员、交易者的交易限额或持仓限额标准；
（四）限制开仓；
（五）强行平仓；
（六）暂时停止交易；
（七）其他紧急措施。

2　异常情况消失后，期货交易场所应当及时取消紧急措施。

第88条　行情信息

1　期货交易场所应当实时公布期货交易即时行情，并按交易日制作期货市场行情表，予以公布。

2　期货交易行情的权益由期货交易场所享有。未经期货交易场所许可，任何单位和个人不得发布期货交易行情。

3　期货交易场所不得发布价格预测信息。

4　期货交易场所应当依照国务院期货监督管理机构的规定，履行信息报告义务。

第89条　突发性事件处置

1　因突发性事件影响期货交易正常进行时，为维护期货交易正常秩序和市场公平，期货交易场所可以按照本法和业务规则规定采取必要的处置措施，并应当及时向国务院期货监督管理机构报告。

2　因前款规定的突发性事件导致期货交易结果出现重大异常，按交易结果进行结算、交割将对期货交易正常秩序和市场公平造成重大影响的，期货交易场所可以按照业务规则采取取消交易等措施，并应当及时向国务院期货监督管理机构报告并公告。

第90条　民事赔偿责任

期货交易场所对其依照本法第八十七条、第八十九条规定采取措施造成的损失，不承担民事赔偿责任，但存在重大过错的除外。

第七章 期货结算机构

第91条 法律属性和组织形式

1. 期货结算机构是指依法设立,为期货交易提供结算、交割服务,实行自律管理的法人。
2. 期货结算机构包括内部设有结算部门的期货交易场所、独立的期货结算机构和经国务院期货监督管理机构批准从事与证券业务相关的期货交易结算、交割业务的证券结算机构。

第92条 设立条件

1. 独立的期货结算机构的设立、变更和解散,应当经国务院期货监督管理机构批准。
2. 设立独立的期货结算机构,应当具备下列条件:
   (一)具备良好的财务状况,注册资本最低限额符合国务院期货监督管理机构的规定;
   (二)有具备任职专业知识和业务工作经验的高级管理人员;
   (三)具备完善的治理结构、内部控制制度和风险控制制度;
   (四)具备符合要求的营业场所、信息技术系统以及与期货交易的结算有关的其他设施;
   (五)国务院期货监督管理机构规定的其他条件。
3. 承担期货结算机构职责的期货交易场所,应当具备本条第二款规定的条件。
4. 国务院期货监督管理机构应当根据审慎监管原则进行审查,在六个月内作出批准或者不予批准的决定。

第93条 中央对手方

期货结算机构作为中央对手方,是结算参与人共同对手方,进行净额结算,为期货交易提供集中履约保障。

第94条 职责

期货结算机构履行下列职责:
(一)组织期货交易的结算、交割;
(二)按照章程和业务规则对交易者、期货经营机构、期货服务机构、非期货经营机构结算参与人等进行自律管理;
(三)办理与期货交易的结算、交割有关的信息查询业务;
(四)国务院期货监督管理机构规定的其他职责。

第95条 业务规则

1. 期货结算机构应当按照国务院期货监督管理机构的规定,在其业务规则中规定结算参与人制度、风险控制制度、信息安全管理制度、违规违约处理制度、应急处理及临时处置措施等事项。期货结算机构制定和修改章程、业务规则,应当经国务院期货监督管理机构批准。参与期货结算,应当遵守期货结算机构制定的业务规则。
2. 期货结算机构制定和执行业务规则,应当与期货交易场所的相关制度衔接、协调。

第96条 流动性管理要求

期货结算机构应当建立流动性管理制度,保障结算活动的稳健运行。

第97条 | 法律适用 | 本法第八十四条,第八十五条第二款,第八十六条,第八十八条第三款、第四款的规定,适用于独立的期货结算机构和经批准从事期货交易结算、交割业务的证券结算机构。

第八十四条　期货交易所的负责人由国务院期货监督管理机构提名或者任免。

　　有《中华人民共和国公司法》规定的不适合担任公司董事、监事、高级管理人员的情形或者下列情形之一的，不得担任期货交易所的负责人：（一）因违法行为或者违纪行为被解除职务的期货经营机构的董事、监事、高级管理人员，或者期货交易场所、期货结算机构的负责人，自被解除职务之日起未逾五年；（二）因违法行为或者违纪行为被吊销执业证书或者被取消资格的注册会计师、律师或者其他期货服务机构的专业人员，自被吊销执业证书或者被取消资格之日起未逾五年。

第八十五条　期货交易场所应当依照本法和国务院期货监督管理机构的规定，加强对交易活动的风险控制和对会员以及交易场所工作人员的监督管理，依法履行下列职责：（一）提供交易的场所、设施和服务；（二）设计期货合约、标准化期权合约品种，安排期货合约、标准化期权合约品种上市；（三）对期货交易进行实时监控和风险监测；（四）依照章程和业务规则对会员、交易者、期货服务机构等进行自律管理；（五）开展交易者教育和市场培育工作；（六）国务院期货监督管理机构规定的其他职责。

　　期货交易场所不得直接或者间接参与期货交易。未经国务院批准，期货交易场所不得从事信托投资、股票投资、非自用不动产投资等与其职责无关的业务。

第八十六条　期货交易所的所得收益按照国家有关规定管理和使用，应当首先用于保证期货交易的场所、设施的运行和改善。

第八十八条　期货交易场所应当实时公布期货交易即时行情，并按交易日制作期货市场行情表，予以公布。

　　期货交易行情的权益由期货交易场所享有。未经期货交易场所许可，任何单位和个人不得发布期货交易行情。

　　期货交易场所不得发布价格预测信息。

　　期货交易场所应当依照国务院期货监督管理机构的规定，履行信息报告义务。

第八章 期货服务机构

第98条 一般规定

会计师事务所、律师事务所、资产评估机构、期货保证金存管机构、交割库、信息技术服务机构等期货服务机构,应当勤勉尽责、恪尽职守,按照相关业务规则为期货交易及相关活动提供服务,并按照国务院期货监督管理机构的要求提供相关资料。

第99条 核查和验证义务

会计师事务所、律师事务所、资产评估机构等期货服务机构接受期货经营机构、期货交易场所、期货结算机构的委托出具审计报告、法律意见书等文件,应当对所依据的文件资料内容的真实性、准确性、完整性进行核查和验证。

第100条 交割库

1　交割库包括交割仓库和交割厂库等。交割库为期货交易的交割提供相关服务,应当符合期货交易场所规定的条件。期货交易场所应当与交割库签订协议,明确双方的权利和义务。

2　交割库不得有下列行为:
(一)出具虚假仓单;
(二)违反期货交易场所的业务规则,限制交割商品的出库、入库;
(三)泄露与期货交易有关的商业秘密;
(四)违反国家有关规定参与期货交易;
(五)违反国务院期货监督管理机构规定的其他行为。

第101条 信息技术系统服务机构

1　为期货交易及相关活动提供信息技术系统服务的机构,应当符合国家及期货行业信息安全相关的技术管理规定和标准,并向国务院期货监督管理机构备案。

2　国务院期货监督管理机构可以依法要求信息技术服务机构提供前款规定的信息技术系统的相关材料。

第九章 期货业协会

第102条 定义和会员制度

1. 期货业协会是期货行业的自律性组织,是社会团体法人。
2. 期货经营机构应当加入期货业协会。期货服务机构可以加入期货业协会。

第103条 权力机构、章程、理事会

1. 期货业协会的权力机构为会员大会。
2. 期货业协会的章程由会员大会制定,并报国务院期货监督管理机构备案。
3. 期货业协会设理事会。理事会成员依照章程的规定选举产生。

第104条 职责

期货业协会履行下列职责:
(一)制定和实施行业自律规则,监督、检查会员的业务活动及从业人员的执业行为,对违反法律、行政法规、国家有关规定、协会章程和自律规则的,按照规定给予纪律处分或者实施其他自律管理措施;
(二)对会员之间、会员与交易者之间发生的纠纷进行调解;
(三)依法维护会员的合法权益,向国务院期货监督管理机构反映会员的建议和要求;
(四)组织期货从业人员的业务培训,开展会员间的业务交流;
(五)教育会员和期货从业人员遵守期货法律法规和政策,组织开展行业诚信建设,建立行业诚信激励约束机制;
(六)开展交易者教育和保护工作,督促会员落实交易者适当性管理制度,开展期货市场宣传;
(七)对会员的信息安全工作实行自律管理,督促会员执行国家和行业信息安全相关规定和技术标准;
(八)组织会员就期货行业的发展、运作及有关内容进行研究,收集整理、发布期货相关信息,提供会员服务,组织行业交流,引导行业创新发展;
(九)期货业协会章程规定的其他职责。

第十章 监督管理

第105条 期货监管职能与职责

国务院期货监督管理机构依法对期货市场实行监督管理,维护期货市场公开、公平、公正,防范系统性风险,维护交易者合法权益,促进期货市场健康发展。

国务院期货监督管理机构在对期货市场实施监督管理中,依法履行下列职责:

(一)制定有关期货市场监督管理的规章、规则,并依法进行审批、核准、注册,办理备案;
(二)对品种的上市、交易、结算、交割等期货交易及相关活动,进行监督管理;
(三)对期货经营机构、期货交易场所、期货结算机构、期货服务机构和非期货经营机构结算参与人等市场相关参与者的期货业务活动,进行监督管理;
(四)制定期货从业人员的行为准则,并监督实施;
(五)监督检查期货交易的信息公开情况;
(六)维护交易者合法权益、开展交易者教育;
(七)对期货违法行为进行查处;
(八)监测监控并防范、处置期货市场风险;
(九)对期货行业金融科技和信息安全进行监管;
(十)对期货业协会的自律管理活动进行指导和监督;
(十一)法律、行政法规规定的其他职责。

国务院期货监督管理机构根据需要可以设立派出机构,依照授权履行监督管理职责。

第106条 监管措施

国务院期货监督管理机构依法履行职责,有权采取下列措施:

(一)对期货经营机构、期货交易场所、期货结算机构进行现场检查,并要求其报送有关的财务会计、业务活动、内部控制等资料;
(二)进入涉嫌违法行为发生场所调查取证;
(三)询问当事人和与被调查事件有关的单位和个人,要求其对与被调查事件有关的事项作出说明,或者要求其按照指定的方式报送与被调查事件有关的文件和资料;
(四)查阅、复制与被调查事件有关的财产权登记、通讯记录等文件和资料;
(五)查阅、复制当事人和与被调查事件有关的单位和个人的期货交易记录、财务会计资料及其他相关文件和资料;对可能被转移、隐匿或者毁损的文件资料,可以予以封存、扣押;

（六）查询当事人和与被调查事件有关的单位和个人的保证金账户和银行账户以及其他具有支付、托管、结算等功能的账户信息，可以对有关文件和资料进行复制；对有证据证明已经或者可能转移或者隐匿违法资金等涉案财产或者隐藏、伪造、毁损重要证据的，经国务院期货监督管理机构主要负责人或者其授权的其他负责人批准，可以冻结、查封，期限为六个月；因特殊原因需要延长的，每次延长期限不得超过三个月，最长期限不得超过二年；

（七）在调查操纵期货市场、内幕交易等重大违法行为时，经国务院期货监督管理机构主要负责人或者其授权的其他负责人批准，可以限制被调查事件当事人的交易，但限制的时间不得超过三个月；案情复杂的，可以延长三个月；

（八）决定并通知出入境管理机关依法阻止涉嫌违法人员、涉嫌违法单位的主管人员和其他直接责任人员出境。

2 为防范期货市场风险，维护市场秩序，国务院期货监督管理机构可以采取责令改正、监管谈话、出具警示函等措施。

第107条　执法程序

国务院期货监督管理机构依法履行职责，进行监督检查或者调查，其监督检查、调查的人员不得少于二人，并应当出示执法证件和检查、调查、查询等相关执法文书。监督检查、调查的人员少于二人或者未出示执法证件和有关执法文书的，被检查、调查的单位或者个人有权拒绝。

第108条　执法行为操守

国务院期货监督管理机构的工作人员，应当依法办事，忠于职守，公正廉洁，保守国家秘密和有关当事人的商业秘密，不得利用职务便利牟取不正当利益。

第109条　被调查对象配合义务

1 国务院期货监督管理机构依法履行职责，被检查、调查的单位和个人应当配合，如实作出说明或者提供有关文件和资料，不得拒绝、阻碍和隐瞒。

2 国务院期货监督管理机构与其他相关部门，应当建立信息共享等监督管理协调配合机制。国务院期货监督管理机构依法履行职责，进行监督检查或者调查时，有关部门应当予以配合。

第110条　有奖举报

1 对涉嫌期货违法、违规行为，任何单位和个人有权向国务院期货监督管理机构举报。

2 对涉嫌重大违法、违规行为的实名举报线索经查证属实的，国务院期货监督管理机构按照规定给予举报人奖励。

3 国务院期货监督管理机构应当对举报人的身份信息保密。

第111条　规章制定公开

1 国务院期货监督管理机构制定的规章、规则和监督管理工作制度应当依法公开。

2 国务院期货监督管理机构依据调查结果，对期货违法行为作出的处罚决定，应当依法公开。

第112条	行政执法承诺	1	国务院期货监督管理机构对涉嫌期货违法的单位或者个人进行调查期间,被调查的当事人书面申请,承诺在国务院期货监督管理机构认可的期限内纠正涉嫌违法行为,赔偿有关交易者损失,消除损害或者不良影响的,国务院期货监督管理机构可以决定中止调查。被调查的当事人履行承诺的,国务院期货监督管理机构可以决定终止调查;被调查的当事人未履行承诺或者有国务院规定的其他情形的,应当恢复调查。具体办法由国务院规定。
		2	国务院期货监督管理机构中止或者终止调查的,应当按照规定公开相关信息。
第113条	守法诚信档案		国务院期货监督管理机构依法将有关期货市场主体遵守本法的情况纳入期货市场诚信档案。
第114条	职务犯罪案件移送		国务院期货监督管理机构依法履行职责,发现期货违法行为涉嫌犯罪的,应当依法将案件移送司法机关处理;发现公职人员涉嫌职务违法或者职务犯罪的,应当依法移送监察机关处理。
第115条	保证金安全存管监控		国务院期货监督管理机构应当建立健全期货市场监测监控制度,通过专门机构加强保证金安全存管监控。
第116条	风险准备金		为防范交易及结算的风险,期货经营机构、期货交易场所、期货结算机构和非期货经营机构结算参与人应当从业务收入中按照国务院期货监督管理机构、国务院财政部门的规定提取、管理和使用风险准备金。
第117条	档案保存期限		期货经营机构、期货交易场所、期货结算机构、期货服务机构和非期货经营机构结算参与人等应当按照规定妥善保存与业务经营相关的资料和信息,任何人不得泄露、隐匿、伪造、篡改或者毁损。期货经营机构、期货交易场所、期货结算机构和非期货经营机构结算参与人的信息和资料的保存期限不得少于二十年;期货服务机构的信息和资料的保存期限不得少于十年。

第十一章　跨境交易与监管协作

第118条　境外期货交易场所

境外期货交易场所向境内单位或者个人提供直接接入该交易场所交易系统进行交易服务的,应当向国务院期货监督管理机构申请注册,接受国务院期货监督管理机构的监督管理,国务院期货监督管理机构另有规定的除外。

第119条　境外期货产品

境外期货交易场所上市的期货合约、期权合约和衍生品合约,以境内期货交易场所上市的合约价格进行挂钩结算的,应当符合国务院期货监督管理机构的规定。

第120条　境外期货经营机构

1. 境内单位或者个人从事境外期货交易,应当委托具有境外期货经纪业务资格的境内期货经营机构进行,国务院另有规定的除外。
2. 境内期货经营机构转委托境外期货经营机构从事境外期货交易的,该境外期货经营机构应当向国务院期货监督管理机构申请注册,接受国务院期货监督管理机构的监督管理,国务院期货监督管理机构另有规定的除外。

第121条　境外期货交易场所代表机构

1. 境外期货交易场所在境内设立代表机构的,应当向国务院期货监督管理机构备案。
2. 境外期货交易场所代表机构及其工作人员,不得从事或者变相从事任何经营活动。

第122条　跨境期货营销

1. 境外机构在境内从事期货市场营销、推介及招揽活动,应当经国务院期货监督管理机构批准,适用本法的相关规定。
2. 境内机构为境外机构在境内从事期货市场营销、推介及招揽活动,应当经国务院期货监督管理机构批准。
3. 任何单位或者个人不得从事违反前两款规定的期货市场营销、推介及招揽活动。

第123条　期货跨境监管合作

1. 国务院期货监督管理机构可以和境外期货监督管理机构建立监督管理合作机制,或者加入国际组织,实施跨境监督管理。
2. 国务院期货监督管理机构应境外期货监督管理机构请求提供协助的,应当遵循国家法律、法规的规定和对等互惠的原则,不得泄露国家秘密,不得损害国家利益和社会公共利益。

第124条　跨境调查取证

1. 国务院期货监督管理机构可以按照与境外期货监督管理机构达成的监管合作安排,接受境外期货监督管理机构的请求,依照本法规定的职责和程序为其进行调查取证。境外期货监督管理机构应当提供有关案件材料,并说明其正在就被调查当事人涉嫌违反请求方当地期货法律法规的行为进行调查。境外期货监督管理机构不得在中华人民共和国境内直接进行调查取证等活动。

2. 未经国务院期货监督管理机构和国务院有关主管部门同意，任何单位和个人不得擅自向境外监督管理机构提供与期货业务活动有关的文件和资料。
3. 国务院期货监督管理机构可以依照与境外期货监督管理机构达成的监管合作安排，请求境外期货监督管理机构进行调查取证。

第十二章 法律责任

第125条 操纵期货和衍生品市场的法律责任

1. 违反本法第十二条的规定,操纵期货市场或者衍生品市场的,责令改正,没收违法所得,并处以违法所得一倍以上十倍以下的罚款;没有违法所得或者违法所得不足一百万元的,处以一百万元以上一千万元以下的罚款。单位操纵市场的,还应当对直接负责的主管人员和其他直接责任人员给予警告,并处以五十万元以上五百万元以下的罚款。
2. 操纵市场行为给交易者造成损失的,应当依法承担赔偿责任。

第126条 内幕交易的法律责任

1. 违反本法第十三条的规定从事内幕交易的,责令改正,没收违法所得,并处以违法所得一倍以上十倍以下的罚款;没有违法所得或者违法所得不足五十万元的,处以五十万元以上五百万元以下的罚款。单位从事内幕交易的,还应当对直接负责的主管人员和其他直接责任人员给予警告,并处以二十万元以上二百万元以下的罚款。
2. 国务院期货监督管理机构、国务院授权的部门、期货交易场所、期货结算机构的工作人员从事内幕交易的,从重处罚。
3. 内幕交易行为给交易者造成损失的,应当依法承担赔偿责任。

第127条 编造、传播虚假信息或者误导性信息以及虚假陈述的法律责任

1. 违反本法第十六条第一款、第三款的规定,编造、传播虚假信息或者误导性信息,扰乱期货市场、衍生品市场的,没收违法所得,并处以违法所得一倍以上十倍以下的罚款;没有违法所得或者违法所得不足二十万元的,处以二十万元以上二百万元以下的罚款。对直接负责的主管人员和其他直接责任人员给予警告,并处以十万元以上一百万元以下的罚款。
2. 违反本法第十六条第二款的规定,在期货交易、衍生品交易活动中作出虚假陈述或者信息误导的,责令改正,处以二十万元以上二百万元以下的罚款;属于国家工作人员的,还应当依法给予处分。
3. 传播媒介及其从事期货市场、衍生品市场信息报道的工作人员违反本法第十六条第三款的规定,从事与其工作职责发生利益冲突的期货交易、衍生品交易的,没收违法所得,并处以违法所得一倍以下的罚款,没有违法所得或者违法所得不足十万元的,处以十万元以下的罚款。
4. 编造、传播有关期货交易、衍生品交易的虚假信息,或者在期货交易、衍生品交易中作出信息误导,给交易者造成损失的,应当依法承担赔偿责任。

第128条 出借、借用期货账户交易的法律责任

违反本法第十八条第二款的规定,出借自己的期货账户或者借用他人的期货账户从事期货交易的,责令改正,给予警告,可以处五十万元以下的罚款。

第十二条　任何单位和个人不得操纵期货市场或者衍生品市场。

禁止以下列手段操纵期货市场，影响或者意图影响期货交易价格或者期货交易量：（一）单独或者合谋，集中资金优势、持仓优势或者利用信息优势联合或者连续买卖合约；（二）与他人串通，以事先约定的时间、价格和方式相互进行期货交易；（三）在自己实际控制的账户之间进行期货交易；（四）利用虚假或者不确定的重大信息，诱导交易者进行期货交易；（五）不以成交为目的，频繁或者大量申报并撤销申报；（六）对相关期货交易或者合约标的物的交易作出公开评价、预测或者投资建议，并进行反向操作或者相关操作；（七）为影响期货市场行情囤积现货；（八）在交割月或者临近交割月，利用不正当手段规避持仓限额，形成持仓优势；（九）利用在相关市场的活动操纵期货市场；（十）操纵期货市场的其他手段。

第十三条　期货交易和衍生品交易的内幕信息的知情人和非法获取内幕信息的人，在内幕信息公开前不得从事相关期货交易或者衍生品交易，明示、暗示他人从事与内幕信息有关的期货交易或者衍生品交易，或者泄露内幕信息。

第十六条　禁止任何单位和个人编造、传播虚假信息或者误导性信息，扰乱期货市场和衍生品市场。

禁止期货经营机构、期货交易场所、期货结算机构、期货服务机构及其从业人员，组织、开展衍生品交易的场所、机构及其从业人员，期货和衍生品行业协会、国务院期货监督管理机构、国务院授权的部门及其工作人员，在期货交易和衍生品交易及相关活动中作出虚假陈述或者信息误导。

各种传播媒介传播期货市场和衍生品市场信息应当真实、客观，禁止误导。传播媒介及其从事期货市场和衍生品市场信息报道的工作人员不得从事与其工作职责发生利益冲突的期货交易和衍生品交易及相关活动。

第十八条　期货交易实行账户实名制。交易者进行期货交易的，应当持有证明身份的合法证件，以本人名义申请开立账户。

任何单位和个人不得违反规定，出借自己的期货账户或者借用他人的期货账户从事期货交易。

第129条	程序化交易的法律责任	违反本法第二十一条的规定，采取程序化交易影响期货交易场所系统安全或者正常交易秩序的，责令改正，并处以五十万元以上五百万元以下的罚款。对直接负责的主管人员和其他直接责任人员给予警告，并处以十万元以上一百万元以下的罚款。
第130条	未报告有关重大事项的法律责任	违反本法第二十七条规定，未报告有关重大事项的，责令改正，给予警告，可以处一百万元以下的罚款。
第131条	禁止参与期货交易的人员从事期货交易的法律责任	法律、行政法规和国务院期货监督管理机构规定禁止参与期货交易的人员，违反本法第五十三条的规定，直接或者以化名、借他人名义参与期货交易的，责令改正，给予警告，没收违法所得，并处以五万元以上五十万元以下的罚款；属于国家工作人员的，还应当依法给予处分。
第132条	非法设立期货公司或者未经核准从事相关期货业务的法律责任	非法设立期货公司，或者未经核准从事相关期货业务的，予以取缔，没收违法所得，并处以违法所得一倍以上十倍以下的罚款；没有违法所得或者违法所得不足一百万元的，处以一百万元以上一千万元以下的罚款。对直接负责的主管人员和其他直接责任人员给予警告，并处以二十万元以上二百万元以下的罚款。
第133条	采取欺诈手段骗取设立、经营许可和变更核准的法律责任	提交虚假申请文件或者采取其他欺诈手段骗取期货公司设立许可、重大事项变更核准或者期货经营机构期货业务许可的，撤销相关许可，没收违法所得，并处以违法所得一倍以上十倍以下的罚款；没有违法所得或者违法所得不足二十万元的，处以二十万元以上二百万元以下的罚款。对直接负责的主管人员和其他直接责任人员给予警告，并处以二十万元以上二百万元以下的罚款。
第134条	期货经营机构违法经营的法律责任	1. 期货经营机构违反本法第四十条、第六十二条、第六十五条、第六十八条、第七十一条、第七十二条的，责令改正，给予警告，没收违法所得，并处以违法所得一倍以上十倍以下的罚款；没有违法所得或者违法所得不足二十万元的，处以二十万元以上二百万元以下的罚款；情节严重的，责令停业整顿或者吊销期货业务许可证。对直接负责的主管人员和其他直接责任人员给予警告，并处以五万元以上五十万元以下的罚款。 2. 期货经营机构有前款所列违法情形，给交易者造成损失的，应当依法承担赔偿责任。 3. 期货经营机构的主要股东、实际控制人或者其他关联人违反本法第七十一条规定的，依照本条第一款的规定处罚。

第二十一条　通过计算机程序自动生成或者下达交易指令进行程序化交易的，应当符合国务院期货监督管理机构的规定，并向期货交易场所报告，不得影响期货交易场所系统安全或者正常交易秩序。

第二十七条　期货交易场所会员和交易者应当按照国务院期货监督管理机构的规定，报告有关交易、持仓、保证金等重大事项。

第五十三条　期货经营机构、期货交易场所、期货结算机构的从业人员，国务院期货监督管理机构、期货业协会的工作人员，以及法律、行政法规和国务院期货监督管理机构规定禁止参与期货交易的其他人员，不得进行期货交易。

第四十条　期货结算机构、结算参与人收取的保证金、权利金等，应当与其自有资金分开，按照国务院期货监督管理机构的规定，在期货保证金存管机构专户存放，分别管理，禁止违规挪用。

第六十二条　期货公司办理下列事项，应当经国务院期货监督管理机构核准：（一）合并、分立、停业、解散或者申请破产；（二）变更主要股东或者公司的实际控制人；（三）变更注册资本且调整股权结构；（四）变更业务范围；（五）国务院期货监督管理机构规定的其他重大事项。
　　前款第三项、第五项所列事项，国务院期货监督管理机构应当自受理申请之日起二十日内作出核准或者不予核准的决定；前款所列其他事项，国务院期货监督管理机构应当自受理申请之日起六十日内作出核准或者不予核准的决定。

第六十五条　期货经营机构应当依法经营，勤勉尽责，诚实守信。期货经营机构应当建立健全内部控制制度，采取有效隔离措施，防范经营机构与客户之间、不同客户之间的利益冲突。
　　期货经营机构应当将其期货经纪业务、期货做市交易业务、资产管理业务和其他相关业务分开办理，不得混合操作。
　　期货经营机构应当依法建立并执行反洗钱制度。

第六十八条　期货经营机构不得违反规定为其股东、实际控制人或者股东、实际控制人的关联人提供融资或者担保，不得违反规定对外担保。

第七十一条　期货经营机构应当按照规定向国务院期货监督管理机构报送业务、财务等经营管理信息和资料。国务院期货监督管理机构有权要求期货经营机构及其主要股东、实际控制人、其他关联人在指定的期限内提供有关信息、资料。
　　期货经营机构及其主要股东、实际控制人或者其他关联人向国务院期货监督管理机构报送或者提供的信息、资料，应当真实、准确、完整。

第七十二条　期货经营机构涉及重大诉讼、仲裁，股权被冻结或者用于担保，以及发生其他重大事件时，应当自该事件发生之日起五日内向国务院期货监督管理机构提交书面报告。
　　期货经营机构的控股股东或者实际控制人应当配合期货经营机构履行前款规定的义务。

第135条 期货经营机构损害交易者利益的法律责任

1. 期货经营机构违反本法第五十条交易者适当性管理规定,或者违反本法第六十六条规定从事经纪业务接受交易者全权委托,或者有第七十八条损害交易者利益行为的,责令改正,给予警告,没收违法所得,并处以违法所得一倍以上十倍以下的罚款;没有违法所得或者违法所得不足五十万元的,处以五十万元以上五百万元以下的罚款;情节严重的,吊销相关业务许可。对直接负责的主管人员和其他直接责任人员给予警告,并处以二十万元以上二百万元以下的罚款。
2. 期货经营机构有本法第七十八条规定的行为,给交易者造成损失的,应当依法承担赔偿责任。

第136条 非法设立期货交易场所、期货结算机构以及未经批准组织开展衍生品交易的法律责任

1. 违反本法第十一条、第八十条、第九十二条规定,非法设立期货交易场所、期货结算机构,或者以其他形式组织期货交易的,没收违法所得,并处以违法所得一倍以上十倍以下的罚款;没有违法所得或者违法所得不足一百万元的,处以一百万元以上一千万元以下的罚款。对直接负责的主管人员和其他直接责任人员给予警告,并处以二十万元以上二百万元以下的罚款。非法设立期货交易场所的,由县级以上人民政府予以取缔。
2. 违反本法第三十条规定,未经批准组织开展衍生品交易的,或者金融机构违反本法第三十一条规定,未经批准、核准开展衍生品交易的,依照前款规定处罚。

第137条 期货交易场所、期货结算机构违法经营的法律责任

期货交易场所、期货结算机构违反本法第十七条、第四十条、第八十五条第二款规定的,责令改正,给予警告,没收违法所得,并处以违法所得一倍以上十倍以下的罚款;没有违法所得或者违法所得不足二十万元的,处以二十万元以上二百万元以下的罚款;情节严重的,责令停业整顿。对直接负责的主管人员和其他直接责任人员处以五万元以上五十万元以下的罚款。

第138条 违法发布价格预测信息的法律责任

期货交易场所、期货结算机构违反本法第八十八条第三款规定发布价格预测信息的,责令改正,给予警告,并处以二十万元以上二百万元以下的罚款。对直接负责的主管人员和其他直接责任人员处以五万元以上五十万元以下的罚款。

第139条 期货服务机构未按照要求提供相关资料的法律责任

期货服务机构违反本法第九十八条的规定,从事期货服务业务未按照要求提供相关资料的,责令改正,可以处二十万元以下的罚款。

第五十条　期货经营机构向交易者提供服务时，应当按照规定充分了解交易者的基本情况、财产状况、金融资产状况、交易知识和经验、专业能力等相关信息；如实说明服务的重要内容，充分揭示交易风险；提供与交易者上述状况相匹配的服务。
　　交易者在参与期货交易和接受服务时，应当按照期货经营机构明示的要求提供前款所列真实信息。拒绝提供或者未按照要求提供信息的，期货经营机构应当告知其后果，并按照规定拒绝提供服务。
　　期货经营机构违反第一款规定导致交易者损失的，应当承担相应的赔偿责任。

第六十六条　期货经营机构接受交易者委托为其进行期货交易，应当签订书面委托合同，以自己的名义为交易者进行期货交易，交易结果由交易者承担。
　　期货经营机构从事经纪业务，不得接受交易者的全权委托。

第七十八条　禁止期货经营机构从事下列损害交易者利益的行为：（一）向交易者作出保证其资产本金不受损失或者取得最低收益承诺；（二）与交易者约定分享利益、共担风险；（三）违背交易者委托进行期货交易；（四）隐瞒重要事项或者使用其他不正当手段，诱骗交易者交易；（五）以虚假或者不确定的重大信息为依据向交易者提供交易建议；（六）向交易者提供虚假成交回报；（七）未将交易者交易指令下达到期货交易场所；（八）挪用交易者保证金；（九）未按照规定在期货保证金存管机构开立保证金账户，或者违规划转交易者保证金；（十）利用为交易者提供服务的便利，获取不正当利益或者转嫁风险；（十一）其他损害交易者权益的行为。

第十一条　期货交易应当在依法设立的期货交易所或者国务院期货监督管理机构依法批准组织开展期货交易的其他期货交易场所（以下统称期货交易场所），采用公开的集中交易方式或者国务院期货监督管理机构批准的其他方式进行。
　　禁止在期货交易场所之外进行期货交易。
　　衍生品交易，可以采用协议交易或者国务院规定的其他交易方式进行。

第八十条　设立、变更和解散期货交易所，应当由国务院期货监督管理机构批准。
　　设立期货交易所应当制定章程。期货交易所章程的制定和修改，应当经国务院期货监督管理机构批准。

第九十二条　独立的期货结算机构的设立、变更和解散，应当经国务院期货监督管理机构批准。
　　设立独立的期货结算机构，应当具备下列条件：（一）具备良好的财务状况，注册资本最低限额符合国务院期货监督管理机构的规定；（二）有具备任职专业知识和业务工作经验的高级管理人员；（三）具备完善的治理结构、内部控制制度和风险控制制度；（四）具备符合要求的营业场所、信息技术系统以及与期货交易的结算有关的其他设施；（五）国务院期货监督管理机构规定的其他条件。
　　承担期货结算机构职责的期货交易场所，应当具备本条第二款规定的条件。
　　国务院期货监督管理机构应当根据审慎监管原则进行审查，在六个月内作出批准或者不予批准的决定。

第三十条　依法设立的场所，经国务院授权的部门或者国务院期货监督管理机构审批，可以组织开展衍生品交易。
　　组织开展衍生品交易的场所制定的交易规则，应当公平保护交易参与各方合法权益和防范市场风险，并报国务院授权的部门或者国务院期货监督管理机构批准。

第三十一条　金融机构开展衍生品交易业务，应当依法经过批准或者核准，履行交易者适当性管理义务，并应当遵守国家有关监督管理规定。

第十七条　期货合约品种和标准化期权合约品种的上市应当符合国务院期货监督管理机构的规定，由期货交易场所依法报经国务院期货监督管理机构注册。
　　期货合约品种和标准化期权合约品种的中止上市、恢复上市、终止上市应当符合国务院期货监督管理机构的规定，由期货交易场所决定并向国务院期货监督管理机构备案。
　　期货合约品种和标准化期权合约品种应当具有经济价值，合约不易被操纵，符合社会公共利益。

第四十条　期货结算机构、结算参与人收取的保证金、权利金等，应当与其自有资金分开，按照国务院期货监督管理机构的规定，在期货保证金存管机构专户存放，分别管理，禁止违规挪用。

第八十五条　期货交易场所应当依照本法和国务院期货监督管理机构的规定，加强对交易活动的风险控制和对会员以及交易场所工作人员的监督管理，依法履行下列职责：（一）提供交易的场所、设施和服务；（二）设计期货合约、标准化期权合约品种，安排期货合约、标准化期权合约品种上市；（三）对期货交易进行实时监控和风险监测；（四）依照章程和业务规则对会员、交易者、期货服务机构等进行自律管理；（五）开展交易者教育和市场培育工作；（六）国务院期货监督管理机构规定的其他职责。
　　期货交易场所不得直接或者间接参与期货交易。未经国务院批准，期货交易场所不得从事信托投资、股票投资、非自用不动产投资等与其职责无关的业务。

第八十八条　期货交易场所应当实时公布期货交易即时行情，并按交易日制作期货市场行情表，予以公布。
　　期货交易行情的权益由期货交易场所享有。未经期货交易场所许可，任何单位和个人不得发布期货交易行情。
　　期货交易场所不得发布价格预测信息。
　　期货交易场所应当依照国务院期货监督管理机构的规定，履行信息报告义务。

第九十八条　会计师事务所、律师事务所、资产评估机构、期货保证金存管机构、交割库、信息技术服务机构等期货服务机构，应当勤勉尽责、恪尽职守，按照相关业务规则为期货交易及相关活动提供服务，并按照国务院期货监督管理机构的要求提供相关资料。

第140条 期货服务机构未勤勉尽责，所制作、出具的文件有虚假记载、误导性陈述或者重大遗漏的法律责任

1. 会计师事务所、律师事务所、资产评估机构等期货服务机构违反本法第九十九条的规定，未勤勉尽责，所制作、出具的文件有虚假记载、误导性陈述或者重大遗漏的，责令改正，没收业务收入，并处以业务收入一倍以上十倍以下的罚款；没有业务收入或者业务收入不足五十万元的，处以五十万元以上五百万元以下的罚款。对直接负责的主管人员和其他直接责任人员给予警告，并处以二十万元以上二百万元以下的罚款。
2. 期货服务机构有前款所列违法行为，给他人造成损失的，依法承担赔偿责任。

第141条 交割库违法行为的法律责任

交割库有本法第一百条所列行为之一的，责令改正，给予警告，没收违法所得，并处以违法所得一倍以上十倍以下的罚款；没有违法所得或者违法所得不足十万元的，处以十万元以上一百万元以下的罚款；情节严重的，责令期货交易场所暂停或者取消其交割库资格。对直接负责的主管人员和其他直接责任人员给予警告，并处以五万元以上五十万元以下的罚款。

第142条 信息技术服务机构违反法律规定未报备案、提供的服务不符合国家及期货行业信息安全相关的技术管理规定和标准的法律责任

1. 信息技术服务机构违反本法第一百零一条规定未报备案的，责令改正，可以处二十万元以下的罚款。
2. 信息技术服务机构违反本法第一百零一条规定，提供的服务不符合国家及期货行业信息安全相关的技术管理规定和标准的，责令改正，没收业务收入，并处以业务收入一倍以上十倍以下的罚款；没有业务收入或者业务收入不足五十万元的，处以五十万元以上五百万元以下的罚款。对直接负责的主管人员和其他直接责任人员给予警告，并处以二十万元以上二百万元以下的罚款。

第143条 未按照规定提取、管理和使用风险准备金的法律责任

违反本法第一百一十六条的规定，期货经营机构、期货交易场所、期货结算机构和非期货经营机构结算参与人未按照规定提取、管理和使用风险准备金的，责令改正，给予警告。对直接负责的主管人员和其他直接责任人员给予警告，并处以十万元以上一百万元以下的罚款。

第144条 未按照规定妥善保存与业务经营相关的资料和信息，泄露、隐匿、伪造、篡改或者毁损有关文件资料的法律责任

违反本法第一百一十七条的规定，期货经营机构、期货交易场所、期货结算机构、期货服务机构和非期货经营机构结算参与人等未按照规定妥善保存与业务经营相关的资料和信息的，责令改正，给予警告，并处以十万元以上一百万元以下的罚款；泄露、隐匿、伪造、篡改或者毁损有关文件资料的，责令改正，给予警告，并处以二十万元以上二百万元以下的罚款；情节严重的，处以五十万元以上五百万元以下的罚款，并暂停、吊销相关业务许可或者禁止从事相关业务。对直接负责的主管人员和其他直接责任人员给予警告，并处以十万元以上一百万元以下的罚款。

第九十九条　会计师事务所、律师事务所、资产评估机构等期货服务机构接受期货经营机构、期货交易场所、期货结算机构的委托出具审计报告、法律意见书等文件，应当对所依据的文件资料内容的真实性、准确性、完整性进行核查和验证。

第一百条　交割库包括交割仓库和交割厂库等。交割库为期货交易的交割提供相关服务，应当符合期货交易场所规定的条件。期货交易场所应当与交割库签订协议，明确双方的权利和义务。

交割库不得有下列行为：（一）出具虚假仓单；（二）违反期货交易场所的业务规则，限制交割商品的出库、入库；（三）泄露与期货交易有关的商业秘密；（四）违反国家有关规定参与期货交易；（五）违反国务院期货监督管理机构规定的其他行为。

第一百零一条　为期货交易及相关活动提供信息技术系统服务的机构，应当符合国家及期货行业信息安全相关的技术管理规定和标准，并向国务院期货监督管理机构备案。

国务院期货监督管理机构可以依法要求信息技术服务机构提供前款规定的信息技术系统的相关材料。

第一百一十六条　为防范交易及结算的风险，期货经营机构、期货交易场所、期货结算机构和非期货经营机构结算参与人应当从业务收入中按照国务院期货监督管理机构、国务院财政部门的规定提取、管理和使用风险准备金。

第一百一十七条　期货经营机构、期货交易场所、期货结算机构、期货服务机构和非期货经营机构结算参与人等应当按照规定妥善保存与业务经营相关的资料和信息，任何人不得泄露、隐匿、伪造、篡改或者毁损。期货经营机构、期货交易场所、期货结算机构和非期货经营机构结算参与人的信息和资料的保存期限不得少于二十年；期货服务机构的信息和资料的保存期限不得少于十年。

中华人民共和国期货和衍生品法 145—150条

第145条 境外期货交易场所和期货经营机构未向国务院期货监督管理机构申请注册的法律责任

境外期货交易场所和期货经营机构违反本法第一百一十八条和第一百二十条的规定，未向国务院期货监督管理机构申请注册的，责令改正，没收违法所得，并处以违法所得一倍以上十倍以下的罚款；没有违法所得或者违法所得不足五十万元的，处以五十万元以上五百万元以下的罚款。对直接负责的主管人员和其他直接责任人员给予警告，并处以十万元以上一百万元以下的罚款。

第146条 境内单位或者个人从事境外期货交易，未委托具有境外期货经纪业务资格的境内期货经营机构的法律责任

境内单位或者个人违反本法第一百二十条第一款规定的，责令改正，给予警告，没收违法所得，并处以十万元以上一百万元以下的罚款；情节严重的，暂停其境外期货交易。对直接负责的主管人员和其他直接责任人员给予警告，并处以五万元以上五十万元以下的罚款。

第147条 境外期货交易场所在境内设立的代表机构及其工作人员从事或者变相从事任何经营活动的法律责任

境外期货交易场所在境内设立的代表机构及其工作人员违反本法第一百二十一条的规定，从事或者变相从事任何经营活动的，责令改正，给予警告，没收违法所得，并处以违法所得一倍以上十倍以下的罚款；没有违法所得或者违法所得不足五十万元的，处以五十万元以上五百万元以下的罚款。对直接负责的主管人员和其他直接责任人员给予警告，并处以十万元以上一百万元以下的罚款。

第148条 境外机构在境内违法从事市场营销、推介及招揽活动的法律责任

违反本法第一百二十二条的规定在境内从事市场营销、推介及招揽活动的，责令改正，给予警告，没收违法所得，并处以违法所得一倍以上十倍以下的罚款；没有违法所得或者违法所得不足五十万元的，处以五十万元以上五百万元以下的罚款。对直接负责的主管人员和其他直接责任人员给予警告，并处以十万元以上一百万元以下的罚款。

第149条 拒绝、阻碍国务院期货监督管理机构或者国务院授权的部门及其工作人员依法行使监督检查、调查职权的法律责任

拒绝、阻碍国务院期货监督管理机构或者国务院授权的部门及其工作人员依法行使监督检查、调查职权的，责令改正，处以十万元以上一百万元以下的罚款，并由公安机关依法给予治安管理处罚。

第150条 期货市场禁入

违反法律、行政法规或者国务院期货监督管理机构的有关规定，情节严重的，国务院期货监督管理机构可以对有关责任人员采取期货市场禁入的措施。

前款所称期货市场禁入，是指在一定期限内直至终身不得进行期货交易、从事期货业务，不得担任期货经营机构、期货交易场所、期货结算机构的董事、监事、高级管理人员或者负责人的制度。

第一百一十八条　境外期货交易场所向境内单位或者个人提供直接接入该交易场所交易系统进行交易服务的，应当向国务院期货监督管理机构申请注册，接受国务院期货监督管理机构的监督管理，国务院期货监督管理机构另有规定的除外。

第一百二十条　境内单位或者个人从事境外期货交易，应当委托具有境外期货经纪业务资格的境内期货经营机构进行，国务院另有规定的除外。

境内期货经营机构转委托境外期货经营机构从事境外期货交易的，该境外期货经营机构应当向国务院期货监督管理机构申请注册，接受国务院期货监督管理机构的监督管理，国务院期货监督管理机构另有规定的除外。

第一百二十一条　境外期货交易场所在境内设立代表机构的，应当向国务院期货监督管理机构备案。

境外期货交易场所代表机构及其工作人员，不得从事或者变相从事任何经营活动。

第一百二十二条　境外机构在境内从事期货市场营销、推介及招揽活动，应当经国务院期货监督管理机构批准，适用本法的相关规定。

境内机构为境外机构在境内从事期货市场营销、推介及招揽活动，应当经国务院期货监督管理机构批准。

任何单位或者个人不得从事违反前两款规定的期货市场营销、推介及招揽活动。

第151条	行政处罚的决定主体	本法规定的行政处罚,由国务院期货监督管理机构、国务院授权的部门按照国务院规定的职责分工作出决定;法律、行政法规另有规定的,适用其规定。
第152条	不履行本法规定的职责,滥用职权、玩忽职守,利用职务便利牟取不正当利益,或者泄露所知悉的有关单位和个人的商业秘密的法律责任	国务院期货监督管理机构或者国务院授权的部门的工作人员,不履行本法规定的职责,滥用职权、玩忽职守,利用职务便利牟取不正当利益,或者泄露所知悉的有关单位和个人的商业秘密的,依法追究法律责任。
第153条	刑事责任	违反本法规定,构成犯罪的,依法追究刑事责任。
第154条	民事赔偿责任的优先承担	违反本法规定,应当承担民事赔偿责任和缴纳罚款、罚金、违法所得,违法行为人的财产不足以支付的,优先用于承担民事赔偿责任。

第十三章 附则

第155条 施行日期

本法自 2022 年 8 月 1 日起施行。

中华人民共和国票据法

（1995年5月10日第八届全国人民代表大会常务委员会第十三次会议通过 根据2004年8月28日第十届全国人民代表大会常务委员会第十一次会议《关于修改〈中华人民共和国票据法〉的决定》修正）

第一章 总则

第1条 立法宗旨
为了规范票据行为,保障票据活动中当事人的合法权益,维护社会经济秩序,促进社会主义市场经济的发展,制定本法。

第2条 适用范围
1. 在中华人民共和国境内的票据活动,适用本法。
2. 本法所称票据,是指汇票、本票和支票。

第3条 基本原则
票据活动应当遵守法律、行政法规,不得损害社会公共利益。

第4条 票据权利与票据责任
1. 票据出票人制作票据,应当按照法定条件在票据上签章,并按照所记载的事项承担票据责任。
2. 持票人行使票据权利,应当按照法定程序在票据上签章,并出示票据。
3. 其他票据债务人在票据上签章的,按照票据所记载的事项承担票据责任。
4. 本法所称票据权利,是指持票人向票据债务人请求支付票据金额的权利,包括付款请求权和追索权。
5. 本法所称票据责任,是指票据债务人向持票人支付票据金额的义务。

第5条 票据代理
1. 票据当事人可以委托其代理人在票据上签章,并应当在票据上表明其代理关系。
2. 没有代理权而以代理人名义在票据上签章的,应当由签章人承担票据责任;代理人超越代理权限的,应当就其超越权限的部分承担票据责任。

第6条 非完全行为能力人签章的效力
无民事行为能力人或者限制民事行为能力人在票据上签章的,其签章无效,但是不影响其他签章的效力。

第7条 票据签章
1. 票据上的签章,为签名、盖章或者签名加盖章。
2. 法人和其他使用票据的单位在票据上的签章,为该法人或者该单位的盖章加其法定代表人或者其授权的代理人的签章。
3. 在票据上的签名,应当为该当事人的本名。

第8条 票据金额的记载
票据金额以中文大写和数码同时记载,二者必须一致,二者不一致的,票据无效。

第9条 票据的记载事项及其更改
1. 票据上的记载事项必须符合本法的规定。
2. 票据金额、日期、收款人名称不得更改,更改的票据无效。
3. 对票据上的其他记载事项,原记载人可以更改,更改时应当由原记载人签章证明。

第10条	票据的基础关系	1	票据的签发、取得和转让,应当遵循诚实信用的原则,具有真实的交易关系和债权债务关系。
		2	票据的取得,必须给付对价,即应当给付票据双方当事人认可的相对应的代价。
第11条	无对价的票据取得	1	因税收、继承、赠与可以依法无偿取得票据的,不受给付对价的限制。但是,所享有的票据权利不得优于其前手的权利。
		2	前手是指在票据签章人或者持票人之前签章的其他票据债务人。
第12条	非法、恶意或重大过失取得票据的效力	1	以欺诈、偷盗或者胁迫等手段取得票据的,或者明知有前列情形,出于恶意取得票据的,不得享有票据权利。
		2	持票人因重大过失取得不符合本法规定的票据的,也不得享有票据权利。
第13条	票据抗辩	1	票据债务人不得以自己与出票人或者与持票人的前手之间的抗辩事由,对抗持票人。但是,持票人明知存在抗辩事由而取得票据的除外。
		2	票据债务人可以对不履行约定义务的与自己有直接债权债务关系的持票人,进行抗辩。
		3	本法所称抗辩,是指票据债务人根据本法规定对票据债权人拒绝履行义务的行为。
第14条	伪造和变造票据的效力	1	票据上的记载事项应当真实,不得伪造、变造。伪造、变造票据上的签章和其他记载事项的,应当承担法律责任。
		2	票据上有伪造、变造的签章的,不影响票据上其他真实签章的效力。
		3	票据上其他记载事项被变造的,在变造之前签章的人,对原记载事项负责;在变造之后签章的人,对变造之后的记载事项负责;不能辨别是在票据被变造之前或者之后签章的,视同在变造之前签章。
第15条	票据丧失及其救济	1	票据丧失,失票人可以及时通知票据的付款人挂失止付,但是,未记载付款人或者无法确定付款人及其代理付款人的票据除外。
		2	收到挂失止付通知的付款人,应当暂停支付。
		3	失票人应当在通知挂失止付后三日内,也可以在票据丧失后,依法向人民法院申请公示催告,或者向人民法院提起诉讼。
第16条	行使或保全票据权利的场所和时间		持票人对票据债务人行使票据权利,或者保全票据权利,应当在票据当事人的营业场所和营业时间内进行,票据当事人无营业场所的,应当在其住所进行。

第17条 票据时效

1. 票据权利在下列期限内不行使而消灭：
（一）持票人对票据的出票人和承兑人的权利，自票据到期日起二年。见票即付的汇票、本票，自出票日起二年；
（二）持票人对支票出票人的权利，自出票日起六个月；
（三）持票人对前手的追索权，自被拒绝承兑或者被拒绝付款之日起六个月；
（四）持票人对前手的再追索权，自清偿日或者被提起诉讼之日起三个月。

2. 票据的出票日、到期日由票据当事人依法确定。

第18条 票据利益的返还请求权

持票人因超过票据权利时效或者因票据记载事项欠缺而丧失票据权利的，仍享有民事权利，可以请求出票人或者承兑人返还其与未支付的票据金额相当的利益。

第二章 汇票

第一节 出票

第19条 汇票的定义和种类

1. 汇票是出票人签发的,委托付款人在见票时或者在指定日期无条件支付确定的金额给收款人或者持票人的票据。
2. 汇票分为银行汇票和商业汇票。

第20条 出票的定义

出票是指出票人签发票据并将其交付给收款人的票据行为。

第21条

1. 汇票的出票人必须与付款人具有真实的委托付款关系,并且具有支付汇票金额的可靠资金来源。
2. 不得签发无对价的汇票用以骗取银行或者其他票据当事人的资金。

第22条 出票行为的有效条件

1. 汇票必须记载下列事项:
 (一)表明"汇票"的字样;
 (二)无条件支付的委托;
 (三)确定的金额;
 (四)付款人名称;
 (五)收款人名称;
 (六)出票日期;
 (七)出票人签章。
2. 汇票上未记载前款规定事项之一的,汇票无效。

第23条 汇票的相对必要记载事项

1. 汇票上记载付款日期、付款地、出票地等事项的,应当清楚、明确。
2. 汇票上未记载付款日期的,为见票即付。
3. 汇票上未记载付款地的,付款人的营业场所、住所或者经常居住地为付款地。
4. 汇票上未记载出票地的,出票人的营业场所、住所或者经常居住地为出票地。

第24条 不具票据上效力的记载事项

汇票上可以记载本法规定事项以外的其他出票事项,但是该记载事项不具有汇票上的效力。

第25条 付款日期的记载形式

1. 付款日期可以按照下列形式之一记载:
 (一)见票即付;
 (二)定日付款;
 (三)出票后定期付款;
 (四)见票后定期付款。
2. 前款规定的付款日期为汇票到期日。

第26条 出票的效力

出票人签发汇票后,即承担保证该汇票承兑和付款的责任。出票人在汇票得不到承兑或者付款时,应当向持票人清偿本法第七十条、第七十一条规定的金额和费用。

第七十条 持票人行使追索权，可以请求被追索人支付下列金额和费用：（一）被拒绝付款的汇票金额；（二）汇票金额自到期日或者提示付款日起至清偿日止，按照中国人民银行规定的利率计算的利息；（三）取得有关拒绝证明和发出通知书的费用。

被追索人清偿债务时，持票人应当交出汇票和有关拒绝证明，并出具所收到利息和费用的收据。

第七十一条 被追索人依照前条规定清偿后，可以向其他汇票债务人行使再追索权，请求其他汇票债务人支付下列金额和费用：（一）已清偿的全部金额；（二）前项金额自清偿日起至再追索清偿日止，按照中国人民银行规定的利率计算的利息；（三）发出通知书的费用。

行使再追索权的被追索人获得清偿时，应当交出汇票和有关拒绝证明，并出具所收到利息和费用的收据。

第二节 背书

第27条 汇票权利转让
1. 持票人可以将汇票权利转让给他人或者将一定的汇票权利授予他人行使。
2. 出票人在汇票上记载"不得转让"字样的,汇票不得转让。
3. 持票人行使第一款规定的权利时,应当背书并交付汇票。
4. 背书是指在票据背面或者粘单上记载有关事项并签章的票据行为。

第28条 粘单
1. 票据凭证不能满足背书人记载事项的需要,可以加附粘单,粘附于票据凭证上。
2. 粘单上的第一记载人,应当在汇票和粘单的粘接处签章。

第29条 背书的记载事项
1. 背书由背书人签章并记载背书日期。
2. 背书未记载日期的,视为在汇票到期日前背书。

第30条 记名背书
汇票以背书转让或者以背书将一定的汇票权利授予他人行使时,必须记载被背书人名称。

第31条 背书的连续
1. 以背书转让的汇票,背书应当连续。持票人以背书的连续,证明其汇票权利;非经背书转让,而以其他合法方式取得汇票的,依法举证,证明其汇票权利。
2. 前款所称背书连续,是指在票据转让中,转让汇票的背书人与受让汇票的被背书人在汇票上的签章依次前后衔接。

第32条 后手及其责任
1. 以背书转让的汇票,后手应当对其直接前手背书的真实性负责。
2. 后手是指在票据签章人之后签章的其他票据债务人。

第33条 附条件背书、部分背书、分别背书的效力
1. 背书不得附有条件。背书时附有条件的,所附条件不具有汇票上的效力。
2. 将汇票金额的一部分转让的背书或者将汇票金额分别转让给二人以上的背书无效。

第34条 背书人的禁止行为
背书人在汇票上记载"不得转让"字样,其后手再背书转让的,原背书人对后手的被背书人不承担保证责任。

第35条 委托收款背书和质押背书及其效力
1. 背书记载"委托收款"字样的,被背书人有权代背书人行使被委托的汇票权利。但是,被背书人不得再以背书转让汇票权利。
2. 汇票可以设定质押;质押时应当以背书记载"质押"字样。被背书人依法实现其质权时,可以行使汇票权利。

第36条 不得背书转让的情形
汇票被拒绝承兑、被拒绝付款或者超过付款提示期限的,不得背书转让;背书转让的,背书人应当承担汇票责任。

第37条	背书人的责任		背书人以背书转让汇票后,即承担保证其后手所持汇票承兑和付款的责任。背书人在汇票得不到承兑或者付款时,应当向持票人清偿本法第七十条、第七十一条规定的金额和费用。

第三节 承兑

第38条	承兑的定义		承兑是指汇票付款人承诺在汇票到期日支付汇票金额的票据行为。
第39条	定日付款或出票后定期付款的汇票的提示承兑	1	定日付款或者出票后定期付款的汇票,持票人应当在汇票到期日前向付款人提示承兑。
		2	提示承兑是指持票人向付款人出示汇票,并要求付款人承诺付款的行为。
第40条	见票后定期付款的汇票的提示承兑	1	见票后定期付款的汇票,持票人应当自出票日起一个月内向付款人提示承兑。
		2	汇票未按照规定期限提示承兑的,持票人丧失对其前手的追索权。
		3	见票即付的汇票无需提示承兑。
第41条	付款人的承兑期间	1	付款人对向其提示承兑的汇票,应当自收到提示承兑的汇票之日起三日内承兑或者拒绝承兑。
		2	付款人收到持票人提示承兑的汇票时,应当向持票人签发收到汇票的回单。回单上应当记明汇票提示承兑日期并签章。
第42条	承兑的记载	1	付款人承兑汇票的,应当在汇票正面记载"承兑"字样和承兑日期并签章;见票后定期付款的汇票,应当在承兑时记载付款日期。
		2	汇票上未记载承兑日期的,以前条第一款规定期限的最后一日为承兑日期。
第43条	承兑不得附有条件		付款人承兑汇票,不得附有条件;承兑附有条件的,视为拒绝承兑。
第44条	付款人承兑后的责任		付款人承兑汇票后,应当承担到期付款的责任。

第四节 保证

第45条	汇票保证	1	汇票的债务可以由保证人承担保证责任。
		2	保证人由汇票债务人以外的他人担当。

第七十条　持票人行使追索权，可以请求被追索人支付下列金额和费用：（一）被拒绝付款的汇票金额；（二）汇票金额自到期日或者提示付款日起至清偿日止，按照中国人民银行规定的利率计算的利息；（三）取得有关拒绝证明和发出通知书的费用。

被追索人清偿债务时，持票人应当交出汇票和有关拒绝证明，并出具所收到利息和费用的收据。

第七十一条　被追索人依照前条规定清偿后，可以向其他汇票债务人行使再追索权，请求其他汇票债务人支付下列金额和费用：（一）已清偿的全部金额；（二）前项金额自清偿日起至再追索清偿日止，按照中国人民银行规定的利率计算的利息；（三）发出通知书的费用。

行使再追索权的被追索人获得清偿时，应当交出汇票和有关拒绝证明，并出具所收到利息和费用的收据。

第46条	汇票保证的记载事项		保证人必须在汇票或者粘单上记载下列事项： （一）表明"保证"的字样； （二）保证人名称和住所； （三）被保证人的名称； （四）保证日期； （五）保证人签章。
第47条	未记载事项的处理	1	保证人在汇票或者粘单上未记载前条第（三）项的，已承兑的汇票，承兑人为被保证人；未承兑的汇票，出票人为被保证人。
		2	保证人在汇票或者粘单上未记载前条第（四）项的，出票日期为保证日期。
第48条	票据保证不得附有条件		保证不得附有条件；附有条件的，不影响对汇票的保证责任。
第49条	票据保证人的责任		保证人对合法取得汇票的持票人所享有的汇票权利，承担保证责任。但是，被保证人的债务因汇票记载事项欠缺而无效的除外。
第50条	保证人和被保证人的连带责任		被保证的汇票，保证人应当与被保证人对持票人承担连带责任。汇票到期后得不到付款的，持票人有权向保证人请求付款，保证人应当足额付款。
第51条	共同保证人的连带责任		保证人为二人以上的，保证人之间承担连带责任。
第52条	保证人的追索权		保证人清偿汇票债务后，可以行使持票人对被保证人及其前手的追索权。

第五节　付款

第53条	提示付款的期限	1	持票人应当按照下列期限提示付款： （一）见票即付的汇票，自出票日起一个月内向付款人提示付款； （二）定日付款、出票后定期付款或者见票后定期付款的汇票，自到期日起十日内向承兑人提示付款。
		2	持票人未按照前款规定期限提示付款的，在作出说明后，承兑人或者付款人仍应当继续对持票人承担付款责任。
		3	通过委托收款银行或者通过票据交换系统向付款人提示付款的，视同持票人提示付款。
第54条	付款人当日足额付款		持票人依照前条规定提示付款的，付款人必须在当日足额付款。
第55条	汇票签收		持票人获得付款的，应当在汇票上签收，并将汇票交给付款人。持票人委托银行收款的，受委托的银行将代收的汇票金额转账入持票人账户，视同签收。

第56条	收款银行和受托付款银行的责任	1	持票人委托的收款银行的责任,限于按照汇票上记载事项将汇票金额转入持票人账户。
		2	付款人委托的付款银行的责任,限于按照汇票上记载事项从付款人账户支付汇票金额。
第57条	付款人的审查义务	1	付款人及其代理付款人付款时,应当审查汇票背书的连续,并审查提示付款人的合法身份证明或者有效证件。
		2	付款人及其代理付款人以恶意或者有重大过失付款的,应当自行承担责任。
第58条	提前付款的责任承担		对定日付款、出票后定期付款或者见票后定期付款的汇票,付款人在到期日前付款的,由付款人自行承担所产生的责任。
第59条	付款的币种	1	汇票金额为外币的,按照付款日的市场汇价,以人民币支付。
		2	汇票当事人对汇票支付的货币种类另有约定的,从其约定。
第60条	付款的效力		付款人依法足额付款后,全体汇票债务人的责任解除。

第六节 追索权

第61条	行使追索权的情形	1	汇票到期被拒绝付款的,持票人可以对背书人、出票人以及汇票的其他债务人行使追索权。
		2	汇票到期日前,有下列情形之一的,持票人也可以行使追索权: (一)汇票被拒绝承兑的; (二)承兑人或者付款人死亡、逃匿的; (三)承兑人或者付款人被依法宣告破产的或者因违法被责令终止业务活动的。
第62条	追索权的行使	1	持票人行使追索权时,应当提供被拒绝承兑或者被拒绝付款的有关证明。
		2	持票人提示承兑或者提示付款被拒绝的,承兑人或者付款人必须出具拒绝证明,或者出具退票理由书。未出具拒绝证明或者退票理由书的,应当承担由此产生的民事责任。
第63条	不能取得拒绝证明的处理		持票人因承兑人或者付款人死亡、逃匿或者其他原因,不能取得拒绝证明的,可以依法取得其他有关证明。
第64条	法院司法文书、行政处罚决定具有拒绝证明的效力	1	承兑人或者付款人被人民法院依法宣告破产的,人民法院的有关司法文书具有拒绝证明的效力。
		2	承兑人或者付款人因违法被责令终止业务活动的,有关行政主管部门的处罚决定具有拒绝证明的效力。

第65条 追索权的丧失

持票人不能出示拒绝证明、退票理由书或者未按照规定期限提供其他合法证明的,丧失对其前手的追索权。但是,承兑人或者付款人仍应当对持票人承担责任。

第66条 拒绝事由的通知

1. 持票人应当自收到被拒绝承兑或者被拒绝付款的有关证明之日起三日内,将被拒绝事由书面通知其前手;其前手应当自收到通知之日起三日内书面通知其再前手。持票人也可以同时向各汇票债务人发出书面通知。
2. 未按照前款规定期限通知的,持票人仍可以行使追索权。因延期通知给其前手或者出票人造成损失的,由没有按照规定期限通知的汇票当事人,承担对该损失的赔偿责任,但是所赔偿的金额以汇票金额为限。
3. 在规定期限内将通知按照法定地址或者约定的地址邮寄的,视为已经发出通知。

第67条 拒绝事由通知的记载

依照前条第一款所作的书面通知,应当记明汇票的主要记载事项,并说明该汇票已被退票。

第68条 连带债务人追索权的行使

1. 汇票的出票人、背书人、承兑人和保证人对持票人承担连带责任。
2. 持票人可以不按照汇票债务人的先后顺序,对其中任何一人、数人或者全体行使追索权。
3. 持票人对汇票债务人中的一人或者数人已经进行追索的,对其他汇票债务人仍可以行使追索权。被追索人清偿债务后,与持票人享有同一权利。

第69条 追索权的限制

持票人为出票人的,对其前手无追索权。持票人为背书人的,对其后手无追索权。

第70条 追索金额和费用

1. 持票人行使追索权,可以请求被追索人支付下列金额和费用:
(一)被拒绝付款的汇票金额;
(二)汇票金额自到期日或者提示付款日起至清偿日止,按照中国人民银行规定的利率计算的利息;
(三)取得有关拒绝证明和发出通知书的费用。
2. 被追索人清偿债务时,持票人应当交出汇票和有关拒绝证明,并出具所收到利息和费用的收据。

第71条 再追索权及再追索金额

1. 被追索人依照前条规定清偿后,可以向其他汇票债务人行使再追索权,请求其他汇票债务人支付下列金额和费用:
(一)已清偿的全部金额;
(二)前项金额自清偿日起至再追索清偿日止,按照中国人民银行规定的利率计算的利息;
(三)发出通知书的费用。

第72条 被追索人清偿债务的效力

2. 行使再追索权的被追索人获得清偿时,应当交出汇票和有关拒绝证明,并出具所收到利息和费用的收据。

被追索人依照前二条规定清偿债务后,其责任解除。

第三章 本票

第73条 本票的定义
1. 本票是出票人签发的,承诺自己在见票时无条件支付确定的金额给收款人或者持票人的票据。
2. 本法所称本票,是指银行本票。

第74条 本票的出票人资格

本票的出票人必须具有支付本票金额的可靠资金来源,并保证支付。

第75条 本票绝对记载事项
1. 本票必须记载下列事项:
   (一)表明"本票"的字样;
   (二)无条件支付的承诺;
   (三)确定的金额;
   (四)收款人名称;
   (五)出票日期;
   (六)出票人签章。
2. 本票上未记载前款规定事项之一的,本票无效。

第76条 本票相对记载事项
1. 本票上记载付款地、出票地等事项的,应当清楚、明确。
2. 本票上未记载付款地的,出票人的营业场所为付款地。
3. 本票上未记载出票地的,出票人的营业场所为出票地。

第77条 提示见票的效力

本票的出票人在持票人提示见票时,必须承担付款的责任。

第78条 付款期限

本票自出票日起,付款期限最长不得超过二个月。

第79条 逾期提示见票的法律后果

本票的持票人未按照规定期限提示见票的,丧失对出票人以外的前手的追索权。

第80条 汇票有关规定对本票的适用
1. 本票的背书、保证、付款行为和追索权的行使,除本章规定外,适用本法第二章有关汇票的规定。
2. 本票的出票行为,除本章规定外,适用本法第二十四条关于汇票的规定。

第二十四条 汇票上可以记载本法规定事项以外的其他出票事项,但是该记载事项不具有汇票上的效力。

第四章 支票

第 81 条　支票的定义

支票是出票人签发的,委托办理支票存款业务的银行或者其他金融机构在见票时无条件支付确定的金额给收款人或者持票人的票据。

第 82 条　支票存款账户的开立

1. 开立支票存款账户,申请人必须使用其本名,并提交证明其身份的合法证件。
2. 开立支票存款账户和领用支票,应当有可靠的资信,并存入一定的资金。
3. 开立支票存款账户,申请人应当预留其本名的签名式样和印鉴。

第 83 条　现金支票与转账支票

1. 支票可以支取现金,也可以转账,用于转账时,应当在支票正面注明。
2. 支票中专门用于支取现金的,可以另行制作现金支票,现金支票只能用于支取现金。
3. 支票中专门用于转账的,可以另行制作转账支票,转账支票只能用于转账,不得支取现金。

第 84 条　支票绝对记载事项

1. 支票必须记载下列事项:
   (一) 表明"支票"的字样;
   (二) 无条件支付的委托;
   (三) 确定的金额;
   (四) 付款人名称;
   (五) 出票日期;
   (六) 出票人签章。
2. 支票上未记载前款规定事项之一的,支票无效。

第 85 条　支票金额的授权补记

支票上的金额可以由出票人授权补记,未补记前的支票,不得使用。

第 86 条　支票相对记载事项

1. 支票上未记载收款人名称的,经出票人授权,可以补记。
2. 支票上未记载付款地的,付款人的营业场所为付款地。
3. 支票上未记载出票地的,出票人的营业场所、住所或者经常居住地为出票地。
4. 出票人可以在支票上记载自己为收款人。

第 87 条　支票金额与空头支票的禁止

1. 支票的出票人所签发的支票金额不得超过其付款时在付款人处实有的存款金额。
2. 出票人签发的支票金额超过其付款时在付款人处实有的存款金额的,为空头支票。禁止签发空头支票。

第 88 条　支票的签章与预留签名印鉴一致

支票的出票人不得签发与其预留本名的签名式样或者印鉴不符的支票。

第89条	出票人承担付款责任	1	出票人必须按照签发的支票金额承担保证向该持票人付款的责任。
		2	出票人在付款人处的存款足以支付支票金额时，付款人应当在当日足额付款。
第90条	付款日期限制		支票限于见票即付，不得另行记载付款日期。另行记载付款日期的，该记载无效。
第91条	提示付款的期限	1	支票的持票人应当自出票日起十日内提示付款；异地使用的支票，其提示付款的期限由中国人民银行另行规定。
		2	超过提示付款期限的，付款人可以不予付款；付款人不予付款的，出票人仍应当对持票人承担票据责任。
第92条	付款人依法支付后不再承担的责任		付款人依法支付支票金额的，对出票人不再承担受委托付款的责任，对持票人不再承担付款的责任。但是，付款人以恶意或者有重大过失付款的除外。
第93条	关于支票的背书、付款行为、追索权的行使以及出票行为的规定	1	支票的背书、付款行为和追索权的行使，除本章规定外，适用本法第二章有关汇票的规定。
		2	支票的出票行为，除本章规定外，适用本法第二十四条、第二十六条关于汇票的规定。

第二十四条　汇票上可以记载本法规定事项以外的其他出票事项，但是该记载事项不具有汇票上的效力。

第二十六条　出票人签发汇票后，即承担保证该汇票承兑和付款的责任。出票人在汇票得不到承兑或者付款时，应当向持票人清偿本法第七十条、第七十一条规定的金额和费用。

第五章 涉外票据的法律适用

第94条 涉外票据的适用范围

1. 涉外票据的法律适用,依照本章的规定确定。
2. 前款所称涉外票据,是指出票、背书、承兑、保证、付款等行为中,既有发生在中华人民共和国境内又有发生在中华人民共和国境外的票据。

第95条 选择法律规定的条件

1. 中华人民共和国缔结或者参加的国际条约同本法有不同规定的,适用国际条约的规定。但是,中华人民共和国声明保留的条款除外。
2. 本法和中华人民共和国缔结或者参加的国际条约没有规定的,可以适用国际惯例。

第96条 票据债务人民事行为能力的规定

1. 关于票据债务人的民事行为规定票据债务人的民事行为能力,适用其本国法律。
2. 票据债务人的民事行为能力,依照其本国法律为无民事行为能力或者为限制民事行为能力而依照行为地法律为完全民事行为能力的,适用行为地法律。

第97条 汇票、本票、支票管辖地的选择

1. 汇票、本票出票时的记载事项,适用出票地法律。
2. 支票出票时的记载事项,适用出票地法律,经当事人协议,也可以适用付款地法律。

第98条 行为地法律适用的条件

票据的背书、承兑、付款和保证行为,适用行为地法律。

第99条 票据追索权行使期限的法律适用

票据追索权的行使期限,适用出票地法律。

第100条 付款地法律适用的条件

票据的提示期限、有关拒绝证明的方式、出具拒绝证明的期限,适用付款地法律。

第101条 票据丧失时的法律适用

票据丧失时,失票人请求保全票据权利的程序,适用付款地法律。

第六章 法律责任

第102条 刑事责任

有下列票据欺诈行为之一的,依法追究刑事责任:
(一)伪造、变造票据的;
(二)故意使用伪造、变造的票据的;
(三)签发空头支票或者故意签发与其预留的本名签名式样或者印鉴不符的支票,骗取财物的;
(四)签发无可靠资金来源的汇票、本票,骗取资金的;
(五)汇票、本票的出票人在出票时作虚假记载,骗取财物的;
(六)冒用他人的票据,或者故意使用过期或者作废的票据,骗取财物的;
(七)付款人同出票人、持票人恶意串通,实施前六项所列行为之一的。

第103条 行政处罚

有前条所列行为之一,情节轻微,不构成犯罪的,依照国家有关规定给予行政处罚。

第104条 金融人员的法律责任

1. 金融机构工作人员在票据业务中玩忽职守,对违反本法规定的票据予以承兑、付款或者保证的,给予处分;造成重大损失,构成犯罪的,依法追究刑事责任。
2. 由于金融机构工作人员因前款行为给当事人造成损失的,由该金融机构和直接责任人员依法承担赔偿责任。

第105条 票据付款人的法律责任

1. 票据的付款人对见票即付或者到期的票据,故意压票,拖延支付的,由金融行政管理部门处以罚款,对直接责任人员给予处分。
2. 票据的付款人故意压票,拖延支付,给持票人造成损失的,依法承担赔偿责任。

第106条 其他行为的民事责任

依照本法规定承担赔偿责任以外的其他违反本法规定的行为,给他人造成损失的,应当依法承担民事责任。

第七章　附则

第107条　期限

1. 本法规定的各项期限的计算,适用民法通则关于计算期间的规定。
2. 按月计算期限的,按到期月的对日计算;无对日的,月末日为到期日。

第108条　格式要求

1. 汇票、本票、支票的格式应当统一。
2. 票据凭证的格式和印制管理办法,由中国人民银行规定。

第109条　票据管理的具体实施办法的制定主体

票据管理的具体实施办法,由中国人民银行依照本法制定,报国务院批准后施行。

第110条　实行日期

本法自 1996 年 1 月 1 日起施行。

中华人民共和国信托法

（2001年4月28日第九届全国人民代表大会常务委员会第二十一次会议通过）

第一章　总则

第1条　立法目的

为了调整信托关系,规范信托行为,保护信托当事人的合法权益,促进信托事业的健康发展,制定本法。

第2条　信托定义

本法所称信托,是指委托人基于对受托人的信任,将其财产权委托给受托人,由受托人按委托人的意愿以自己的名义,为受益人的利益或者特定目的,进行管理或者处分的行为。

第3条　适用范围

委托人、受托人、受益人(以下统称信托当事人)在中华人民共和国境内进行民事、营业、公益信托活动,适用本法。

第4条　具体办法

受托人采取信托机构形式从事信托活动,其组织和管理由国务院制定具体办法。

第5条　信托活动必须守法

信托当事人进行信托活动,必须遵守法律、行政法规,遵循自愿、公平和诚实信用原则,不得损害国家利益和社会公共利益。

第二章 信托的设立

第6条 信托目的的合法性

设立信托,必须有合法的信托目的。

第7条 信托财产及其合法性

1. 设立信托,必须有确定的信托财产,并且该信托财产必须是委托人合法所有的财产。
2. 本法所称财产包括合法的财产权利。

第8条 信托应采取书面形式

1. 设立信托,应当采取书面形式。
2. 书面形式包括信托合同、遗嘱或者法律、行政法规规定的其他书面文件等。
3. 采取信托合同形式设立信托的,信托合同签订时,信托成立。采取其他书面形式设立信托的,受托人承诺信托时,信托成立。

第9条 信托书面文件的载明事项

1. 设立信托,其书面文件应当载明下列事项:
（一）信托目的;
（二）委托人、受托人的姓名或者名称、住所;
（三）受益人或者受益人范围;
（四）信托财产的范围、种类及状况;
（五）受益人取得信托利益的形式、方法。
2. 除前款所列事项外,可以载明信托期限、信托财产的管理方法、受托人的报酬、新受托人的选任方式、信托终止事由等事项。

第10条 信托登记

1. 设立信托,对于信托财产,有关法律、行政法规规定应当办理登记手续的,应当依法办理信托登记。
2. 未依照前款规定办理信托登记的,应当补办登记手续;不补办的,该信托不产生效力。

第11条 信托无效

有下列情形之一的,信托无效:
（一）信托目的违反法律、行政法规或者损害社会公共利益;
（二）信托财产不能确定;
（三）委托人以非法财产或者本法规定不得设立信托的财产设立信托;
（四）专以诉讼或者讨债为目的设立信托;
（五）受益人或者受益人范围不能确定;
（六）法律、行政法规规定的其他情形。

第12条 信托的撤销

1. 委托人设立信托损害其债权人利益的,债权人有权申请人民法院撤销该信托。人民法院依照前款规定撤销信托的,不影响善意受益人已经取得的信托利益。
2. 本条第一款规定的申请权,自债权人知道或者应当知道撤销原因之日起一年内不行使的,归于消灭。

第13条 | 遗嘱信托

1 设立遗嘱信托,应当遵守继承法关于遗嘱的规定。
2 遗嘱指定的人拒绝或者无能力担任受托人的,由受益人另行选任受托人;受益人为无民事行为能力人或者限制民事行为能力人的,依法由其监护人代行选任。遗嘱对选任受托人另有规定的,从其规定。

第三章 信托财产

第14条 信托财产的范围

1. 受托人因承诺信托而取得的财产是信托财产。
2. 受托人因信托财产的管理运用、处分或者其他情形而取得的财产,也归入信托财产。
3. 法律、行政法规禁止流通的财产,不得作为信托财产。
4. 法律、行政法规限制流通的财产,依法经有关主管部门批准后,可以作为信托财产。

第15条 信托财产与委托人其他财产的区别

信托财产与委托人未设立信托的其他财产相区别。设立信托后,委托人死亡或者依法解散、被依法撤销、被宣告破产时,委托人是唯一受益人的,信托终止,信托财产作为其遗产或者清算财产;委托人不是唯一受益人的,信托存续,信托财产不作为其遗产或者清算财产;但作为共同受益人的委托人死亡或者依法解散、被依法撤销、被宣告破产时,其信托受益权作为其遗产或者清算财产。

第16条 信托财产与受托人其他财产的区别

1. 信托财产与属于受托人所有的财产(以下简称固有财产)相区别,不得归入受托人的固有财产或者成为固有财产的一部分。
2. 受托人死亡或者依法解散、被依法撤销、被宣告破产而终止,信托财产不属于其遗产或者清算财产。

第17条 信托财产的强制执行

1. 除因下列情形之一外,对信托财产不得强制执行:
(一)设立信托前债权人已对该信托财产享有优先受偿的权利,并依法行使该权利的;
(二)受托人处理信托事务所产生债务,债权人要求清偿该债务的;
(三)信托财产本身应担负的税款;
(四)法律规定的其他情形。
2. 对于违反前款规定而强制执行信托财产,委托人、受托人或者受益人有权向人民法院提出异议。

第18条 债权债务的抵销

1. 受托人管理运用、处分信托财产所产生的债权,不得与其固有财产产生的债务相抵销。
2. 受托人管理运用、处分不同委托人的信托财产所产生的债权债务,不得相互抵销。

第四章 信托当事人

第一节 委托人

第19条 委托人的定义

委托人应当是具有完全民事行为能力的自然人、法人或者依法成立的其他组织。

第20条 委托人的了解权利

1. 委托人有权了解其信托财产的管理运用、处分及收支情况,并有权要求受托人作出说明。
2. 委托人有权查阅、抄录或者复制与其信托财产有关的信托账目以及处理信托事务的其他文件。

第21条 信托财产管理方法的调整

因设立信托时未能预见的特别事由,致使信托财产的管理方法不利于实现信托目的或者不符合受益人的利益时,委托人有权要求受托人调整该信托财产的管理方法。

第22条 信托目的的违反

1. 受托人违反信托目的处分信托财产或者因违背管理职责、处理信托事务不当致使信托财产受到损失的,委托人有权申请人民法院撤销该处分行为,并有权要求受托人恢复信托财产的原状或者予以赔偿;该信托财产的受让人明知是违反信托目的而接受该财产的,应当予以返还或者予以赔偿。
2. 前款规定的申请权,自委托人知道或者应当知道撤销原因之日起一年内不行使的,归于消灭。

第23条 解任受托人

受托人违反信托目的处分信托财产或者管理运用、处分信托财产有重大过失的,委托人有权依照信托文件的规定解任受托人,或者申请人民法院解任受托人。

第二节 受托人

第24条 受托人的定义

1. 受托人应当是具有完全民事行为能力的自然人、法人。
2. 法律、行政法规对受托人的条件另有规定的,从其规定。

第25条 受托人的义务

1. 受托人应当遵守信托文件的规定,为受益人的最大利益处理信托事务。
2. 受托人管理信托财产,必须恪尽职守,履行诚实、信用、谨慎、有效管理的义务。

第26条 受托人禁止谋利

1. 受托人除依照本法规定取得报酬外,不得利用信托财产为自己谋取利益。
2. 受托人违反前款规定,利用信托财产为自己谋取利益的,所得利益归入信托财产。

第27条 不得转为固有财产

受托人不得将信托财产转为其固有财产。受托人将信托财产转为其固有财产的,必须恢复该信托财产的原状;造成信托财产损失的,应当承担赔偿责任。

第28条	相互交易的禁止	1	受托人不得将其固有财产与信托财产进行交易或者将不同委托人的信托财产进行相互交易，但信托文件另有规定或者经委托人或者受益人同意，并以公平的市场价格进行交易的除外。
		2	受托人违反前款规定，造成信托财产损失的，应当承担赔偿责任。
第29条	分别管理与记账		受托人必须将信托财产与其固有财产分别管理、分别记账，并将不同委托人的信托财产分别管理、分别记账。
第30条	受托人的再委托	1	受托人应当自己处理信托事务，但信托文件另有规定或者有不得已事由的，可以委托他人代为处理。
		2	受托人依法将信托事务委托他人代理的，应当对他人处理信托事务的行为承担责任。
第31条	共同受托人	1	同一信托的受托人有两个以上的，为共同受托人。
		2	共同受托人应当共同处理信托事务，但信托文件规定对某些具体事务由受托人分别处理的，从其规定。
		3	共同受托人共同处理信托事务，意见不一致时，按信托文件规定处理；信托文件未规定的，由委托人、受益人或者其利害关系人决定。
第32条	连带赔偿责任	1	共同受托人处理信托事务对第三人所负债务，应当承担连带清偿责任。第三人对共同受托人之一所作的意思表示，对其他受托人同样有效。
		2	共同受托人之一违反信托目的处分信托财产或者因违背管理职责、处理信托事务不当致使信托财产受到损失的，其他受托人应当承担连带赔偿责任。
第33条	记录与报告	1	受托人必须保存处理信托事务的完整记录。
		2	受托人应当每年定期将信托财产的管理运用、处分及收支情况，报告委托人和受益人。
		3	受托人对委托人、受益人以及处理信托事务的情况和资料负有依法保密的义务。
第34条	受托人的支付义务		受托人以信托财产为限向受益人承担支付信托利益的义务。
第35条	受托人的报酬	1	受托人有权依照信托文件的约定取得报酬。信托文件未作事先约定的，经信托当事人协商同意，可以作出补充约定；未作事先约定和补充约定的，不得收取报酬。
		2	约定的报酬经信托当事人协商同意，可以增减其数额。
第36条	不得请求给付报酬		受托人违反信托目的处分信托财产或者因违背管理职责、处理信托事务不当致使信托财产受到损失的，在未恢复信托财产的原状或者未予赔偿前，不得请求给付报酬。

第37条	优先受偿与损失承担	1	受托人因处理信托事务所支出的费用、对第三人所负债务,以信托财产承担。受托人以其固有财产先行支付的,对信托财产享有优先受偿的权利。
		2	受托人违背管理职责或者处理信托事务不当对第三人所负债务或者自己所受到的损失,以其固有财产承担。
第38条	受托人的辞任	1	设立信托后,经委托人和受益人同意,受托人可以辞任。本法对公益信托的受托人辞任另有规定的,从其规定。
		2	受托人辞任的,在新受托人选出前仍应履行管理信托事务的职责。
第39条	受托人职责终止	1	受托人有下列情形之一的,其职责终止: (一)死亡或者被依法宣告死亡; (二)被依法宣告为无民事行为能力人或者限制民事行为能力人; (三)被依法撤销或者被宣告破产; (四)依法解散或者法定资格丧失; (五)辞任或者被解任; (六)法律、行政法规规定的其他情形。
		2	受托人职责终止时,其继承人或者遗产管理人、监护人、清算人应当妥善保管信托财产,协助新受托人接管信托事务。
第40条	新受托人的选任	1	受托人职责终止的,依照信托文件规定选任新受托人;信托文件未规定的,由委托人选任;委托人不指定或者无能力指定的,由受益人选任;受益人为无民事行为能力人或者限制民事行为能力人的,依法由其监护人代行选任。
		2	原受托人处理信托事务的权利和义务,由新受托人承继。
第41条	受托人职责终止的责任	1	受托人有本法第三十九条第一款第(三)项至第(六)项所列情形之一,职责终止的,应当作出处理信托事务的报告,并向新受托人办理信托财产和信托事务的移交手续。
		2	前款报告经委托人或者受益人认可,原受托人就报告中所列事项解除责任。但原受托人有不正当行为的除外。
第42条	共同受托人之一职责终止后的职责		共同受托人之一职责终止的,信托财产由其他受托人管理和处分。

第三节 受益人

第43条	受益人的定义	1	受益人是在信托中享有信托受益权的人。受益人可以是自然人、法人或者依法成立的其他组织。
		2	委托人可以是受益人,也可以是同一信托的唯一受益人。
		3	受托人可以是受益人,但不得是同一信托的唯一受益人。

| 第44条 | 信托受益权的起始 | 受益人自信托生效之日起享有信托受益权。信托文件另有规定的，从其规定。 |

| 第45条 | 共同受益人信托利益的享有 | 共同受益人按照信托文件的规定享受信托利益。信托文件对信托利益的分配比例或者分配方法未作规定的，各受益人按照均等的比例享受信托利益。 |

| 第46条 | 信托受益权的放弃 | 受益人可以放弃信托受益权。
全体受益人放弃信托受益权的，信托终止。
部分受益人放弃信托受益权的，被放弃的信托受益权按下列顺序确定归属：
（一）信托文件规定的人；
（二）其他受益人；
（三）委托人或者其继承人。 |

| 第47条 | 信托受益权与受益人债务清偿 | 受益人不能清偿到期债务的，其信托受益权可以用于清偿债务，但法律、行政法规以及信托文件有限制性规定的除外。 |

| 第48条 | 信托受益权的转让和继承 | 受益人的信托受益权可以依法转让和继承，但信托文件有限制性规定的除外。 |

| 第49条 | 法院的裁定 | 受益人可以行使本法第二十条至第二十三条规定的委托人享有的权利。受益人行使上述权利，与委托人意见不一致时，可以申请人民法院作出裁定。
受托人有本法第二十二条第一款所列行为，共同受益人之一申请人民法院撤销该处分行为的，人民法院所作出的撤销裁定，对全体共同受益人有效。 |

第二十条　委托人有权了解其信托财产的管理运用、处分及收支情况，并有权要求受托人作出说明。

委托人有权查阅、抄录或者复制与其信托财产有关的信托账目以及处理信托事务的其他文件。

第二十一条　因设立信托时未能预见的特别事由，致使信托财产的管理方法不利于实现信托目的或者不符合受益人的利益时，委托人有权要求受托人调整该信托财产的管理方法。

第二十二条　受托人违反信托目的处分信托财产或者因违背管理职责、处理信托事务不当致使信托财产受到损失的，委托人有权申请人民法院撤销该处分行为，并有权要求受托人恢复信托财产的原状或者予以赔偿；该信托财产的受让人明知是违反信托目的而接受该财产的，应当予以返还或者予以赔偿。

前款规定的申请权，自委托人知道或者应当知道撤销原因之日起一年内不行使的，归于消灭。

第二十三条　受托人违反信托目的处分信托财产或者管理运用、处分信托财产有重大过失的，委托人有权依照信托文件的规定解任受托人，或者申请人民法院解任受托人。

第五章　信托的变更与终止

第50条　解除信托

委托人是唯一受益人的,委托人或者其继承人可以解除信托。信托文件另有规定的,从其规定。

第51条　委托人变更受益人与处分受益权

设立信托后,有下列情形之一的,委托人可以变更受益人或者处分受益人的信托受益权:
(一)受益人对委托人有重大侵权行为;
(二)受益人对其他共同受益人有重大侵权行为;
(三)经受益人同意;
(四)信托文件规定的其他情形。
有前款第(一)项、第(三)项、第(四)项所列情形之一的,委托人可以解除信托。

第52条　信托不终止的情形

信托不因委托人或者受托人的死亡、丧失民事行为能力、依法解散、被依法撤销或者被宣告破产而终止,也不因受托人的辞任而终止。但本法或者信托文件另有规定的除外。

第53条　信托终止的情形

有下列情形之一的,信托终止:
(一)信托文件规定的终止事由发生;
(二)信托的存续违反信托目的;
(三)信托目的已经实现或者不能实现;
(四)信托当事人协商同意;
(五)信托被撤销;
(六)信托被解除。

第54条　信托财产的归属

信托终止的,信托财产归属于信托文件规定的人;信托文件未规定的,按下列顺序确定归属:
(一)受益人或者其继承人;
(二)委托人或者其继承人。

第55条　信托财产归属确定的后果

依照前条规定,信托财产的归属确定后,在该信托财产转移给权利归属人的过程中,信托视为存续,权利归属人视为受益人。

第56条　信托终止后的信托财产的被执行

信托终止后,人民法院依据本法第十七条的规定对原信托财产进行强制执行的,以权利归属人为被执行人。

第57条　信托终止后受托人报酬的请求

信托终止后,受托人依照本法规定行使请求给付报酬、从信托财产中获得补偿的权利时,可以留置信托财产或者对信托财产的权利归属人提出请求。

第58条　清算报告

信托终止的,受托人应当作出处理信托事务的清算报告。受益人或者信托财产的权利归属人对清算报告无异议的,受托人就清算报告所列事项解除责任。但受托人有不正当行为的除外。

第十七条 除因下列情形之一外，对信托财产不得强制执行：（一）设立信托前债权人已对该信托财产享有优先受偿的权利，并依法行使该权利的；（二）受托人处理信托事务所产生债务，债权人要求清偿该债务的；（三）信托财产本身应担负的税款；（四）法律规定的其他情形。

对于违反前款规定而强制执行信托财产，委托人、受托人或者受益人有权向人民法院提出异议。

第六章 公益信托

第59条 公益信托的法律适用

公益信托适用本章规定。本章未规定的，适用本法及其他相关法律的规定。

第60条 公益信托的范围

为了下列公共利益目的之一而设立的信托，属于公益信托：
（一）救济贫困；
（二）救助灾民；
（三）扶助残疾人；
（四）发展教育、科技、文化、艺术、体育事业；
（五）发展医疗卫生事业；
（六）发展环境保护事业，维护生态环境；
（七）发展其他社会公益事业。

第61条 国家鼓励发展公益信托

国家鼓励发展公益信托。

第62条 公益信托的批准

1. 公益信托的设立和确定其受托人，应当经有关公益事业的管理机构（以下简称公益事业管理机构）批准。
2. 未经公益事业管理机构的批准，不得以公益信托的名义进行活动。
3. 公益事业管理机构对于公益信托活动应当给予支持。

第63条 公益信托财产及其收益的使用

公益信托的信托财产及其收益，不得用于非公益目的。

第64条 信托监察人

1. 公益信托应当设置信托监察人。
2. 信托监察人由信托文件规定。信托文件未规定的，由公益事业管理机构指定。

第65条 信托监察人的权利

信托监察人有权以自己的名义，为维护受益人的利益，提起诉讼或者实施其他法律行为。

第66条 公益信托人的辞任

公益信托的受托人未经公益事业管理机构批准，不得辞任。

第67条 公益信托的检查、报告与公告

1. 公益事业管理机构应当检查受托人处理公益信托事务的情况及财产状况。
2. 受托人应当至少每年一次作出信托事务处理情况及财产状况报告，经信托监察人认可后，报公益事业管理机构核准，并由受托人予以公告。

第68条 公益信托受托人的变更

公益信托的受托人违反信托义务或者无能力履行其职责的，由公益事业管理机构变更受托人。

第69条 变更信托文件

公益信托成立后，发生设立信托时不能预见的情形，公益事业管理机构可以根据信托目的，变更信托文件中的有关条款。

第70条	终止报告	公益信托终止的,受托人应当于终止事由发生之日起十五日内,将终止事由和终止日期报告公益事业管理机构。
第71条	公益信托终止的清算报告与公告	公益信托终止的,受托人作出的处理信托事务的清算报告,应当经信托监察人认可后,报公益事业管理机构核准,并由受托人予以公告。
第72条	公益信托终止后信托财产的处理	公益信托终止,没有信托财产权利归属人或者信托财产权利归属人是不特定的社会公众的,经公益事业管理机构批准,受托人应当将信托财产用于与原公益目的相近似的目的,或者将信托财产转移给具有近似目的的公益组织或者其他公益信托。
第73条	公益信托的委托人、受托人或受益人的诉权	公益事业管理机构违反本法规定的,委托人、受托人或者受益人有权向人民法院起诉。

第七章 附则

第74条 施行日期

本法自 2001 年 10 月 1 日起施行。

中华人民共和国保险法

（1995年6月30日第八届全国人民代表大会常务委员会第十四次会议通过　根据2002年10月28日第九届全国人民代表大会常务委员会第三十次会议《关于修改〈中华人民共和国保险法〉的决定》第一次修正　2009年2月28日第十一届全国人民代表大会常务委员会第七次会议修订　根据2014年8月31日第十二届全国人民代表大会常务委员会《关于修改〈中华人民共和国保险法〉等五部法律的决定》第二次修正　根据2015年4月24日第十二届全国人民代表大会常务委员会第十四次会议《关于修改〈中华人民共和国计量法〉等五部法律的决定》第三次修正）

第一章 总则

第1条 立法目的

为了规范保险活动,保护保险活动当事人的合法权益,加强对保险业的监督管理,维护社会经济秩序和社会公共利益,促进保险事业的健康发展,制定本法。

第2条 保险的定义

本法所称保险,是指投保人根据合同约定,向保险人支付保险费,保险人对于合同约定的可能发生的事故因其发生所造成的财产损失承担赔偿保险金责任,或者当被保险人死亡、伤残、疾病或者达到合同约定的年龄、期限等条件时承担给付保险金责任的商业保险行为。

第3条 适用范围

在中华人民共和国境内从事保险活动,适用本法。

第4条 合法原则

从事保险活动必须遵守法律、行政法规,尊重社会公德,不得损害社会公共利益。

第5条 诚实信用原则

保险活动当事人行使权利、履行义务应当遵循诚实信用原则。

第6条 保险业务经营主体

保险业务由依照本法设立的保险公司以及法律、行政法规规定的其他保险组织经营,其他单位和个人不得经营保险业务。

第7条 境内投保原则

在中华人民共和国境内的法人和其他组织需要办理境内保险的,应当向中华人民共和国境内的保险公司投保。

第8条 分业经营原则

保险业和银行业、证券业、信托业实行分业经营、分业管理,保险公司与银行、证券、信托业务机构分别设立。国家另有规定的除外。

第9条 保险监督管理机构

1 国务院保险监督管理机构依法对保险业实施监督管理。
2 国务院保险监督管理机构根据履行职责的需要设立派出机构。派出机构按照国务院保险监督管理机构的授权履行监督管理职责。

第二章 保险合同

第一节 一般规定

第10条 保险合同及其主体

1. 保险合同是投保人与保险人约定保险权利义务关系的协议。
2. 投保人是指与保险人订立保险合同,并按照合同约定负有支付保险费义务的人。
3. 保险人是指与投保人订立保险合同,并按照合同约定承担赔偿或者给付保险金责任的保险公司。

第11条 保险合同订立原则

1. 订立保险合同,应当协商一致,遵循公平原则确定各方的权利和义务。
2. 除法律、行政法规规定必须保险的外,保险合同自愿订立。

第12条 保险利益

1. 人身保险的投保人在保险合同订立时,对被保险人应当具有保险利益。
2. 财产保险的被保险人在保险事故发生时,对保险标的应当具有保险利益。
3. 人身保险是以人的寿命和身体为保险标的的保险。
4. 财产保险是以财产及其有关利益为保险标的的保险。
5. 被保险人是指其财产或者人身受保险合同保障,享有保险金请求权的人。投保人可以为被保险人。
6. 保险利益是指投保人或者被保险人对保险标的具有的法律上承认的利益。

第13条 保险合同成立与生效

1. 投保人提出保险要求,经保险人同意承保,保险合同成立。保险人应当及时向投保人签发保险单或者其他保险凭证。
2. 保险单或者其他保险凭证应当载明当事人双方约定的合同内容。当事人也可以约定采用其他书面形式载明合同内容。
3. 依法成立的保险合同,自成立时生效。投保人和保险人可以对合同的效力约定附条件或者附期限。

第14条 保险合同效力

保险合同成立后,投保人按照约定交付保险费,保险人按照约定的时间开始承担保险责任。

第15条 保险合同解除

除本法另有规定或者保险合同另有约定外,保险合同成立后,投保人可以解除合同,保险人不得解除合同。

第16条 投保人如实告知义务

1. 订立保险合同,保险人就保险标的或者被保险人的有关情况提出询问的,投保人应当如实告知。
2. 投保人故意或者因重大过失未履行前款规定的如实告知义务,足以影响保险人决定是否同意承保或者提高保险费率的,保险人有权解除合同。

3 前款规定的合同解除权,自保险人知道有解除事由之日起,超过三十日不行使而消灭。自合同成立之日起超过二年的,保险人不得解除合同;发生保险事故的,保险人应当承担赔偿或者给付保险金的责任。

4 投保人故意不履行如实告知义务的,保险人对于合同解除前发生的保险事故,不承担赔偿或者给付保险金的责任,并不退还保险费。

5 投保人因重大过失未履行如实告知义务,对保险事故的发生有严重影响的,保险人对于合同解除前发生的保险事故,不承担赔偿或者给付保险金的责任,但应当退还保险费。

6 保险人在合同订立时已经知道投保人未如实告知的情况的,保险人不得解除合同;发生保险事故的,保险人应当承担赔偿或者给付保险金的责任。

7 保险事故是指保险合同约定的保险责任范围内的事故。

第17条 保险人说明义务

1 订立保险合同,采用保险人提供的格式条款的,保险人向投保人提供的投保单应当附格式条款,保险人应当向投保人说明合同的内容。

2 对保险合同中免除保险人责任的条款,保险人在订立合同时应当在投保单、保险单或者其他保险凭证上作出足以引起投保人注意的提示,并对该条款的内容以书面或者口头形式向投保人作出明确说明;未作提示或者明确说明的,该条款不产生效力。

第18条 保险合同内容

1 保险合同应当包括下列事项:
(一)保险人的名称和住所;
(二)投保人、被保险人的姓名或者名称、住所,以及人身保险的受益人的姓名或者名称、住所;
(三)保险标的;
(四)保险责任和责任免除;
(五)保险期间和保险责任开始时间;
(六)保险金额;
(七)保险费以及支付办法;
(八)保险金赔偿或者给付办法;
(九)违约责任和争议处理;
(十)订立合同的年、月、日。

2 投保人和保险人可以约定与保险有关的其他事项。

3 受益人是指人身保险合同中由被保险人或者投保人指定的享有保险金请求权的人。投保人、被保险人可以为受益人。

4 保险金额是指保险人承担赔偿或者给付保险金责任的最高限额。

第19条 无效格式条款

采用保险人提供的格式条款订立的保险合同中的下列条款无效:
(一)免除保险人依法应承担的义务或者加重投保人、被保险人责任的;
(二)排除投保人、被保险人或者受益人依法享有的权利的。

第20条 保险合同变更

1. 投保人和保险人可以协商变更合同内容。
2. 变更保险合同的,应当由保险人在保险单或者其他保险凭证上批注或者附贴批单,或者由投保人和保险人订立变更的书面协议。

第21条 通知义务

投保人、被保险人或者受益人知道保险事故发生后,应当及时通知保险人。故意或者因重大过失未及时通知,致使保险事故的性质、原因、损失程度等难以确定的,保险人对无法确定的部分,不承担赔偿或者给付保险金的责任,但保险人通过其他途径已经及时知道或者应当及时知道保险事故发生的除外。

第22条 协助义务

1. 保险事故发生后,按照保险合同请求保险人赔偿或者给付保险金时,投保人、被保险人或者受益人应当向保险人提供其所能提供的与确认保险事故的性质、原因、损失程度等有关的证明和资料。
2. 保险人按照合同的约定,认为有关的证明和资料不完整的,应当及时一次性通知投保人、被保险人或者受益人补充提供。

第23条 理赔

1. 保险人收到被保险人或者受益人的赔偿或者给付保险金的请求后,应当及时作出核定;情形复杂的,应当在三十日内作出核定,但合同另有约定的除外。保险人应当将核定结果通知被保险人或者受益人;对属于保险责任的,在与被保险人或者受益人达成赔偿或者给付保险金的协议后十日内,履行赔偿或者给付保险金义务。保险合同对赔偿或者给付保险金的期限有约定的,保险人应当按照约定履行赔偿或者给付保险金义务。
2. 保险人未及时履行前款规定义务的,除支付保险金外,应当赔偿被保险人或者受益人因此受到的损失。
3. 任何单位和个人不得非法干预保险人履行赔偿或者给付保险金的义务,也不得限制被保险人或者受益人取得保险金的权利。

第24条 拒绝赔付通知

保险人依照本法第二十三条的规定作出核定后,对不属于保险责任的,应当自作出核定之日起三日内向被保险人或者受益人发出拒绝赔偿或者拒绝给付保险金通知书,并说明理由。

第25条 先行赔付

保险人自收到赔偿或者给付保险金的请求和有关证明、资料之日起六十日内,对其赔偿或者给付保险金的数额不能确定的,应当根据已有证明和资料可以确定的数额先予支付;保险人最终确定赔偿或者给付保险金的数额后,应当支付相应的差额。

第26条 诉讼时效

1. 人寿保险以外的其他保险的被保险人或者受益人,向保险人请求赔偿或者给付保险金的诉讼时效期间为二年,自其知道或者应当知道保险事故发生之日起计算。

		2	人寿保险的被保险人或者受益人向保险人请求给付保险金的诉讼时效期间为五年,自其知道或者应当知道保险事故发生之日起计算。
第27条	保险欺诈	1	未发生保险事故,被保险人或者受益人谎称发生了保险事故,向保险人提出赔偿或者给付保险金请求的,保险人有权解除合同,并不退还保险费。
		2	投保人、被保险人故意制造保险事故的,保险人有权解除合同,不承担赔偿或者给付保险金的责任;除本法第四十三条规定外,不退还保险费。
		3	保险事故发生后,投保人、被保险人或者受益人以伪造、变造的有关证明、资料或者其他证据,编造虚假的事故原因或者夸大损失程度的,保险人对其虚报的部分不承担赔偿或者给付保险金的责任。
		4	投保人、被保险人或者受益人有前三款规定行为之一,致使保险人支付保险金或者支出费用的,应当退回或者赔偿。
第28条	再保险	1	保险人将其承担的保险业务,以分保形式部分转移给其他保险人的,为再保险。
		2	应再保险接受人的要求,再保险分出人应当将其自负责任及原保险的有关情况书面告知再保险接受人。
第29条	再保险与原保险的独立性	1	再保险接受人不得向原保险的投保人要求支付保险费。
		2	原保险的被保险人或者受益人不得向再保险接受人提出赔偿或者给付保险金的请求。
		3	再保险分出人不得以再保险接受人未履行再保险责任为由,拒绝履行或者迟延履行其原保险责任。
第30条	争议条款解释		采用保险人提供的格式条款订立的保险合同,保险人与投保人、被保险人或者受益人对合同条款有争议的,应当按照通常理解予以解释。对合同条款有两种以上解释的,人民法院或者仲裁机构应当作出有利于被保险人和受益人的解释。

第二节　人身保险合同

第31条	人身保险利益	1	投保人对下列人员具有保险利益: (一)本人; (二)配偶、子女、父母; (三)前项以外与投保人有抚养、赡养或者扶养关系的家庭其他成员、近亲属; (四)与投保人有劳动关系的劳动者。
		2	除前款规定外,被保险人同意投保人为其订立合同的,视为投保人对被保险人具有保险利益。
		3	订立合同时,投保人对被保险人不具有保险利益的,合同无效。

第四十三条 投保人故意造成被保险人死亡、伤残或者疾病的,保险人不承担给付保险金的责任。投保人已交足二年以上保险费的,保险人应当按照合同约定向其他权利人退还保险单的现金价值。

受益人故意造成被保险人死亡、伤残、疾病的,或者故意杀害被保险人未遂的,该受益人丧失受益权。

第32条	申报年龄不真实的处理	1	投保人申报的被保险人年龄不真实，并且其真实年龄不符合合同约定的年龄限制的，保险人可以解除合同，并按照合同约定退还保险单的现金价值。保险人行使合同解除权，适用本法第十六条第三款、第六款的规定。
		2	投保人申报的被保险人年龄不真实，致使投保人支付的保险费少于应付保险费的，保险人有权更正并要求投保人补交保险费，或者在给付保险金时按照实付保险费与应付保险费的比例支付。
		3	投保人申报的被保险人年龄不真实，致使投保人支付的保险费多于应付保险费的，保险人应当将多收的保险费退还投保人。
第33条	死亡保险的限制	1	投保人不得为无民事行为能力人投保以死亡为给付保险金条件的人身保险，保险人也不得承保。
		2	父母为其未成年子女投保的人身保险，不受前款规定限制。但是，因被保险人死亡给付的保险金总和不得超过国务院保险监督管理机构规定的限额。
第34条	死亡保险合同的效力	1	以死亡为给付保险金条件的合同，未经被保险人同意并认可保险金额的，合同无效。
		2	按照以死亡为给付保险金条件的合同所签发的保险单，未经被保险人书面同意，不得转让或者质押。
		3	父母为其未成年子女投保的人身保险，不受本条第一款规定限制。
第35条	保险费的支付		投保人可以按照合同约定向保险人一次支付全部保险费或者分期支付保险费。
第36条	逾期支付当期保险费的后果	1	合同约定分期支付保险费，投保人支付首期保险费后，除合同另有约定外，投保人自保险人催告之日起超过三十日未支付当期保险费，或者超过约定的期限六十日未支付当期保险费的，合同效力中止，或者由保险人按照合同约定的条件减少保险金额。
		2	被保险人在前款规定期限内发生保险事故的，保险人应当按照合同约定给付保险金，但可以扣减欠交的保险费。
第37条	合同效力的恢复	1	合同效力依照本法第三十六条规定中止的，经保险人与投保人协商并达成协议，在投保人补交保险费后，合同效力恢复。但是，自合同效力中止之日起满二年双方未达成协议的，保险人有权解除合同。
		2	保险人依照前款规定解除合同的，应当按照合同约定退还保险单的现金价值。
第38条	禁止通过诉讼要求支付保险费		保险人对人寿保险的保险费，不得用诉讼方式要求投保人支付。

第十六条 订立保险合同，保险人就保险标的或者被保险人的有关情况提出询问的，投保人应当如实告知。

投保人故意或者因重大过失未履行前款规定的如实告知义务，足以影响保险人决定是否同意承保或者提高保险费率的，保险人有权解除合同。

前款规定的合同解除权，自保险人知道有解除事由之日起，超过三十日不行使而消灭。自合同成立之日起超过二年的，保险人不得解除合同；发生保险事故的，保险人应当承担赔偿或者给付保险金的责任。

投保人故意不履行如实告知义务的，保险人对于合同解除前发生的保险事故，不承担赔偿或者给付保险金的责任，并不退还保险费。

投保人因重大过失未履行如实告知义务，对保险事故的发生有严重影响的，保险人对于合同解除前发生的保险事故，不承担赔偿或者给付保险金的责任，但应当退还保险费。

保险人在合同订立时已经知道投保人未如实告知的情况的，保险人不得解除合同；发生保险事故的，保险人应当承担赔偿或者给付保险金的责任。

保险事故是指保险合同约定的保险责任范围内的事故。

第39条 受益人的确定

1. 人身保险的受益人由被保险人或者投保人指定。
2. 投保人指定受益人时须经被保险人同意。投保人为与其有劳动关系的劳动者投保人身保险,不得指定被保险人及其近亲属以外的人为受益人。
3. 被保险人为无民事行为能力人或者限制民事行为能力人的,可以由其监护人指定受益人。

第40条 受益顺序及份额

1. 被保险人或者投保人可以指定一人或者数人为受益人。
2. 受益人为数人的,被保险人或者投保人可以确定受益顺序和受益份额;未确定受益份额的,受益人按照相等份额享有受益权。

第41条 受益人变更

1. 被保险人或者投保人可以变更受益人并书面通知保险人。保险人收到变更受益人的书面通知后,应当在保险单或者其他保险凭证上批注或者附贴批单。
2. 投保人变更受益人时须经被保险人同意。

第42条 保险金作为遗产情形

1. 被保险人死亡后,有下列情形之一的,保险金作为被保险人的遗产,由保险人依照《中华人民共和国继承法》的规定履行给付保险金的义务:
   (一)没有指定受益人,或者受益人指定不明无法确定的;
   (二)受益人先于被保险人死亡,没有其他受益人的;
   (三)受益人依法丧失受益权或者放弃受益权,没有其他受益人的。
2. 受益人与被保险人在同一事件中死亡,且不能确定死亡先后顺序的,推定受益人死亡在先。

第43条 受益权丧失

1. 投保人故意造成被保险人死亡、伤残或者疾病的,保险人不承担给付保险金的责任。投保人已交足二年以上保险费的,保险人应当按照合同约定向其他权利人退还保险单的现金价值。
2. 受益人故意造成被保险人死亡、伤残、疾病的,或者故意杀害被保险人未遂的,该受益人丧失受益权。

第44条 被保险人自杀处理

1. 以被保险人死亡为给付保险金条件的合同,自合同成立或者合同效力恢复之日起二年内,被保险人自杀的,保险人不承担给付保险金的责任,但被保险人自杀时为无民事行为能力人的除外。
2. 保险人依照前款规定不承担给付保险金责任的,应当按照合同约定退还保险单的现金价值。

第45条 免于赔付情形

因被保险人故意犯罪或者抗拒依法采取的刑事强制措施导致其伤残或者死亡的,保险人不承担给付保险金的责任。投保人已交足二年以上保险费的,保险人应当按照合同约定退还保险单的现金价值。

第46条	人身保险代位求偿权的禁止	被保险人因第三者的行为而发生死亡、伤残或者疾病等保险事故的，保险人向被保险人或者受益人给付保险金后，不享有向第三者追偿的权利，但被保险人或者受益人仍有权向第三者请求赔偿。
第47条	因投保人解除合同的退费	投保人解除合同的，保险人应当自收到解除合同通知之日起三十日内，按照合同约定退还保险单的现金价值。

第三节 财产保险合同

第48条	不具有保险利益的法律后果		保险事故发生时，被保险人对保险标的不具有保险利益的，不得向保险人请求赔偿保险金。
第49条	保险标的转让	1	保险标的转让的，保险标的的受让人承继被保险人的权利和义务。
		2	保险标的转让的，被保险人或者受让人应当及时通知保险人，但货物运输保险合同和另有约定的合同除外。
		3	因保险标的转让导致危险程度显著增加的，保险人自收到前款规定的通知之日起三十日内，可以按照合同约定增加保险费或者解除合同。保险人解除合同的，应当将已收取的保险费，按照合同约定扣除自保险责任开始之日起至合同解除之日止应收的部分后，退还投保人。
		4	被保险人、受让人未履行本条第二款规定的通知义务的，因转让导致保险标的的危险程度显著增加而发生的保险事故，保险人不承担赔偿保险金的责任。
第50条	不得解除合同的情形		货物运输保险合同和运输工具航程保险合同，保险责任开始后，合同当事人不得解除合同。
第51条	维护保险标的安全义务	1	被保险人应当遵守国家有关消防、安全、生产操作、劳动保护等方面的规定，维护保险标的的安全。
		2	保险人可以按照合同约定对保险标的的安全状况进行检查，及时向投保人、被保险人提出消除不安全因素和隐患的书面建议。
		3	投保人、被保险人未按照约定履行其对保险标的的安全应尽责任的，保险人有权要求增加保险费或者解除合同。
		4	保险人为维护保险标的的安全，经被保险人同意，可以采取安全预防措施。
第52条	危险程度显著增加的通知义务	1	在合同有效期内，保险标的的危险程度显著增加的，被保险人应当按照合同约定及时通知保险人，保险人可以按照合同约定增加保险费或者解除合同。保险人解除合同的，应当将已收取的保险费，按照合同约定扣除自保险责任开始之日起至合同解除之日止应收的部分后，退还投保人。

		2	被保险人未履行前款规定的通知义务的,因保险标的的危险程度显著增加而发生的保险事故,保险人不承担赔偿保险金的责任。
第53条	降低保险费的情形		有下列情形之一的,除合同另有约定外,保险人应当降低保险费,并按日计算退还相应的保险费: (一)据以确定保险费率的有关情况发生变化,保险标的的危险程度明显减少的; (二)保险标的的保险价值明显减少的。
第54条	因投保人解除合同的退费		保险责任开始前,投保人要求解除合同的,应当按照合同约定向保险人支付手续费,保险人应当退还保险费。保险责任开始后,投保人要求解除合同的,保险人应当将已收取的保险费,按照合同约定扣除自保险责任开始之日起至合同解除之日止应收的部分后,退还投保人。
第55条	保险价值与保险金额	1	投保人和保险人约定保险标的的保险价值并在合同中载明的,保险标的发生损失时,以约定的保险价值为赔偿计算标准。
		2	投保人和保险人未约定保险标的的保险价值的,保险标的发生损失时,以保险事故发生时保险标的的实际价值为赔偿计算标准。
		3	保险金额不得超过保险价值。超过保险价值的,超过部分无效,保险人应当退还相应的保险费。
		4	保险金额低于保险价值的,除合同另有约定外,保险人按照保险金额与保险价值的比例承担赔偿保险金的责任。
第56条	重复保险	1	重复保险的投保人应当将重复保险的有关情况通知各保险人。
		2	重复保险的各保险人赔偿保险金的总和不得超过保险价值。除合同另有约定外,各保险人按照其保险金额与保险金额总和的比例承担赔偿保险金的责任。
		3	重复保险的投保人可以就保险金额总和超过保险价值的部分,请求各保险人按比例返还保险费。
		4	重复保险是指投保人对同一保险标的、同一保险利益、同一保险事故分别与两个以上保险人订立保险合同,且保险金额总和超过保险价值的保险。
第57条	防止或减少损失的义务	1	保险事故发生时,被保险人应当尽力采取必要的措施,防止或者减少损失。
		2	保险事故发生后,被保险人为防止或者减少保险标的的损失所支付的必要的、合理的费用,由保险人承担;保险人所承担的费用数额在保险标的损失赔偿金额以外另行计算,最高不超过保险金额的数额。

第58条 保险标的部分损失后的合同解除

1. 保险标的发生部分损失的，自保险人赔偿之日起三十日内，投保人可以解除合同；除合同另有约定外，保险人也可以解除合同，但应当提前十五日通知投保人。
2. 合同解除的，保险人应当将保险标的未受损失部分的保险费，按照合同约定扣除自保险责任开始之日起至合同解除之日止应收的部分后，退还投保人。

第59条 保险标的的权利归属

保险事故发生后，保险人已支付了全部保险金额，并且保险金额等于保险价值的，受损保险标的的全部权利归于保险人；保险金额低于保险价值的，保险人按照保险金额与保险价值的比例取得受损保险标的的部分权利。

第60条 代位求偿权的行使

1. 因第三者对保险标的的损害而造成保险事故的，保险人自向被保险人赔偿保险金之日起，在赔偿金额范围内代位行使被保险人对第三者请求赔偿的权利。
2. 前款规定的保险事故发生后，被保险人已经从第三者取得损害赔偿的，保险人赔偿保险金时，可以相应扣减被保险人从第三者已取得的赔偿金额。
3. 保险人依照本条第一款规定行使代位请求赔偿的权利，不影响被保险人就未取得赔偿的部分向第三者请求赔偿的权利。

第61条 被保险人放弃赔偿请求权的法律后果

1. 保险事故发生后，保险人未赔偿保险金之前，被保险人放弃对第三者请求赔偿的权利的，保险人不承担赔偿保险金的责任。
2. 保险人向被保险人赔偿保险金后，被保险人未经保险人同意放弃对第三者请求赔偿的权利的，该行为无效。
3. 被保险人故意或者因重大过失致使保险人不能行使代位请求赔偿的权利的，保险人可以扣减或者要求返还相应的保险金。

第62条 禁止代位请求赔偿的情形

除被保险人的家庭成员或者其组成人员故意造成本法第六十条第一款规定的保险事故外，保险人不得对被保险人的家庭成员或者其组成人员行使代位请求赔偿的权利。

第63条 协助行使代位求偿权的义务

保险人向第三者行使代位请求赔偿的权利时，被保险人应当向保险人提供必要的文件和所知道的有关情况。

第64条 合理费用的承担

保险人、被保险人为查明和确定保险事故的性质、原因和保险标的的损失程度所支付的必要的、合理的费用，由保险人承担。

第65条 责任保险金的支付

1. 保险人对责任保险的被保险人给第三者造成的损害，可以依照法律的规定或者合同的约定，直接向该第三者赔偿保险金。
2. 责任保险的被保险人给第三者造成损害，被保险人对第三者应负的赔偿责任确定的，根据被保险人的请求，保险人应当直接向该第三者赔偿保险金。被保险人怠于请求的，第三者有权就其应获赔偿部分直接向保险人请求赔偿保险金。

3. 责任保险的被保险人给第三者造成损害，被保险人未向该第三者赔偿的，保险人不得向被保险人赔偿保险金。
4. 责任保险是指以被保险人对第三者依法应负的赔偿责任为保险标的的保险。

第66条 责任保险的其他费用

责任保险的被保险人因给第三者造成损害的保险事故而被提起仲裁或者诉讼的，被保险人支付的仲裁或者诉讼费用以及其他必要的、合理的费用，除合同另有约定外，由保险人承担。

第三章 保险公司

第67条 设立的审批

设立保险公司应当经国务院保险监督管理机构批准。
国务院保险监督管理机构审查保险公司的设立申请时,应当考虑保险业的发展和公平竞争的需要。

第68条 设立条件

设立保险公司应当具备下列条件:
(一)主要股东具有持续盈利能力,信誉良好,最近三年内无重大违法违规记录,净资产不低于人民币二亿元;
(二)有符合本法和《中华人民共和国公司法》规定的章程;
(三)有符合本法规定的注册资本;
(四)有具备任职专业知识和业务工作经验的董事、监事和高级管理人员;
(五)有健全的组织机构和管理制度;
(六)有符合要求的营业场所和与经营业务有关的其他设施;
(七)法律、行政法规和国务院保险监督管理机构规定的其他条件。

第69条 注册资本的最低限额

设立保险公司,其注册资本的最低限额为人民币二亿元。
国务院保险监督管理机构根据保险公司的业务范围、经营规模,可以调整其注册资本的最低限额,但不得低于本条第一款规定的限额。
保险公司的注册资本必须为实缴货币资本。

第70条 申请设立应提交的资料

申请设立保险公司,应当向国务院保险监督管理机构提出书面申请,并提交下列材料:
(一)设立申请书,申请书应当载明拟设立的保险公司的名称、注册资本、业务范围等;
(二)可行性研究报告;
(三)筹建方案;
(四)投资人的营业执照或者其他背景资料,经会计师事务所审计的上一年度财务会计报告;
(五)投资人认可的筹备组负责人和拟任董事长、经理名单及本人认可证明;
(六)国务院保险监督管理机构规定的其他材料。

第71条 设立申请的审批

国务院保险监督管理机构应当对设立保险公司的申请进行审查,自受理之日起六个月内作出批准或者不批准筹建的决定,并书面通知申请人。决定不批准的,应当书面说明理由。

第72条 筹建工作

申请人应当自收到批准筹建通知之日起一年内完成筹建工作;筹建期间不得从事保险经营活动。

第73条 开业申请及其审批

筹建工作完成后,申请人具备本法第六十八条规定的设立条件的,可以向国务院保险监督管理机构提出开业申请。

2　国务院保险监督管理机构应当自受理开业申请之日起六十日内，作出批准或者不批准开业的决定。决定批准的，颁发经营保险业务许可证；决定不批准的，应当书面通知申请人并说明理由。

第74条　分支机构

1　保险公司在中华人民共和国境内设立分支机构，应当经保险监督管理机构批准。

2　保险公司分支机构不具有法人资格，其民事责任由保险公司承担。

第75条　申请设立分支机构应提交的资料

保险公司申请设立分支机构，应当向保险监督管理机构提出书面申请，并提交下列材料：
（一）设立申请书；
（二）拟设机构三年业务发展规划和市场分析材料；
（三）拟任高级管理人员的简历及相关证明材料；
（四）国务院保险监督管理机构规定的其他材料。

第76条　设立分支机构的审批

保险监督管理机构应当对保险公司设立分支机构的申请进行审查，自受理之日起六十日内作出批准或者不批准的决定。决定批准的，颁发分支机构经营保险业务许可证；决定不批准的，应当书面通知申请人并说明理由。

第77条　工商登记

经批准设立的保险公司及其分支机构，凭经营保险业务许可证向工商行政管理机关办理登记，领取营业执照。

第78条　经营保险业务许可证失效

保险公司及其分支机构自取得经营保险业务许可证之日起六个月内，无正当理由未向工商行政管理机关办理登记的，其经营保险业务许可证失效。

第79条　设立境外子公司、分支机构的审批

保险公司在中华人民共和国境外设立子公司、分支机构，应当经国务院保险监督管理机构批准。

第80条　外国保险机构在境内设立的代表机构的审批

外国保险机构在中华人民共和国境内设立代表机构，应当经国务院保险监督管理机构批准。代表机构不得从事保险经营活动。

第81条　董事、监事和高级管理人员的积极资格

1　保险公司的董事、监事和高级管理人员，应当品行良好，熟悉与保险相关的法律、行政法规，具有履行职责所需的经营管理能力，并在任职前取得保险监督管理机构核准的任职资格。

2　保险公司高级管理人员的范围由国务院保险监督管理机构规定。

第82条 董事、监事和高级管理人员的消极资格

有《中华人民共和国公司法》第一百四十六条规定的情形或者下列情形之一的，不得担任保险公司的董事、监事、高级管理人员：
（一）因违法行为或者违纪行为被金融监督管理机构取消任职资格的金融机构的董事、监事、高级管理人员，自被取消任职资格之日起未逾五年的；
（二）因违法行为或者违纪行为被吊销执业资格的律师、注册会计师或者资产评估机构、验证机构等机构的专业人员，自被吊销执业资格之日起未逾五年的。

第83条 董事、监事和高级管理人员不当职务行为的赔偿责任

保险公司的董事、监事、高级管理人员执行公司职务时违反法律、行政法规或者公司章程的规定，给公司造成损失的，应当承担赔偿责任。

第84条 公司重要事项的变更

保险公司有下列情形之一的，应当经保险监督管理机构批准：
（一）变更名称；
（二）变更注册资本；
（三）变更公司或者分支机构的营业场所；
（四）撤销分支机构；
（五）公司分立或者合并；
（六）修改公司章程；
（七）变更出资额占有限责任公司资本总额百分之五以上的股东，或者变更持有股份有限公司股份百分之五以上的股东；
（八）国务院保险监督管理机构规定的其他情形。

第85条 精算与合规报告

保险公司应当聘用专业人员，建立精算报告制度和合规报告制度。

第86条 重要文件的报送

1 保险公司应当按照保险监督管理机构的规定，报送有关报告、报表、文件和资料。
2 保险公司的偿付能力报告、财务会计报告、精算报告、合规报告及其他有关报告、报表、文件和资料必须如实记录保险业务事项，不得有虚假记载、误导性陈述和重大遗漏。

第87条 账簿、凭证和有关资料的保管

1 保险公司应当按照国务院保险监督管理机构的规定妥善保管业务经营活动的完整账簿、原始凭证和有关资料。
2 前款规定的账簿、原始凭证和有关资料的保管期限，自保险合同终止之日起计算，保险期间在一年以下的不得少于五年，保险期间超过一年的不得少于十年。

第88条 聘请、解聘中介服务机构

保险公司聘请或者解聘会计师事务所、资产评估机构、资信评级机构等中介服务机构，应当向保险监督管理机构报告；解聘会计师事务所、资产评估机构、资信评级机构等中介服务机构，应当说明理由。

第89条 保险公司的解散

1. 保险公司因分立、合并需要解散，或者股东会、股东大会决议解散，或者公司章程规定的解散事由出现，经国务院保险监督管理机构批准后解散。
2. 经营有人寿保险业务的保险公司，除因分立、合并或者被依法撤销外，不得解散。
3. 保险公司解散，应当依法成立清算组进行清算。

第90条 保险公司的重整、和解和破产清算

保险公司有《中华人民共和国企业破产法》第二条规定情形的，经国务院保险监督管理机构同意，保险公司或者其债权人可以依法向人民法院申请重整、和解或者破产清算；国务院保险监督管理机构也可以依法向人民法院申请对该保险公司进行重整或者破产清算。

第91条 破产财产的清偿顺序

1. 破产财产在优先清偿破产费用和共益债务后，按照下列顺序清偿：
（一）所欠职工工资和医疗、伤残补助、抚恤费用，所欠应当划入职工个人账户的基本养老保险、基本医疗保险费用，以及法律、行政法规规定应当支付给职工的补偿金；
（二）赔偿或者给付保险金；
（三）保险公司欠缴的除第（一）项规定以外的社会保险费用和所欠税款；
（四）普通破产债权。
2. 破产财产不足以清偿同一顺序的清偿要求的，按照比例分配。
3. 破产保险公司的董事、监事和高级管理人员的工资，按照该公司职工的平均工资计算。

第92条 人寿保险业务的转让

1. 经营有人寿保险业务的保险公司被依法撤销或者被依法宣告破产的，其持有的人寿保险合同及责任准备金，必须转让给其他经营有人寿保险业务的保险公司；不能同其他保险公司达成转让协议的，由国务院保险监督管理机构指定经营有人寿保险业务的保险公司接受转让。
2. 转让或者由国务院保险监督管理机构指定接受转让前款规定的人寿保险合同及责任准备金的，应当维护被保险人、受益人的合法权益。

第93条 经营保险业务许可证的注销

保险公司依法终止其业务活动，应当注销其经营保险业务许可证。

第94条 公司法的适用

保险公司，除本法另有规定外，适用《中华人民共和国公司法》的规定。

第四章 保险经营规则

第95条　业务范围

1. 保险公司的业务范围：
（一）人身保险业务，包括人寿保险、健康保险、意外伤害保险等保险业务；
（二）财产保险业务，包括财产损失保险、责任保险、信用保险、保证保险等保险业务；
（三）国务院保险监督管理机构批准的与保险有关的其他业务。
2. 保险人不得兼营人身保险业务和财产保险业务。但是，经营财产保险业务的保险公司经国务院保险监督管理机构批准，可以经营短期健康保险业务和意外伤害保险业务。
3. 保险公司应当在国务院保险监督管理机构依法批准的业务范围内从事保险经营活动。

第96条　再保险业务

经国务院保险监督管理机构批准，保险公司可以经营本法第九十五条规定的保险业务的下列再保险业务：
（一）分出保险；
（二）分入保险。

第97条　保证金

保险公司应当按照其注册资本总额的百分之二十提取保证金，存入国务院保险监督管理机构指定的银行，除公司清算时用于清偿债务外，不得动用。

第98条　责任准备金

1. 保险公司应当根据保障被保险人利益、保证偿付能力的原则，提取各项责任准备金。
2. 保险公司提取和结转责任准备金的具体办法，由国务院保险监督管理机构制定。

第99条　公积金

保险公司应当依法提取公积金。

第100条　保险保障基金

1. 保险公司应当缴纳保险保障基金。
2. 保险保障基金应当集中管理，并在下列情形下统筹使用：
（一）在保险公司被撤销或者被宣告破产时，向投保人、被保险人或者受益人提供救济；
（二）在保险公司被撤销或者被宣告破产时，向依法接受其人寿保险合同的保险公司提供救济；
（三）国务院规定的其他情形。
3. 保险保障基金筹集、管理和使用的具体办法，由国务院制定。

第101条　最低偿付能力

保险公司应当具有与其业务规模和风险程度相适应的最低偿付能力。保险公司的认可资产减去认可负债的差额不得低于国务院保险监督管理机构规定的数额；低于规定数额的，应当按照国务院保险监督管理机构的要求采取相应措施达到规定的数额。

第102条 当年自留保险费

经营财产保险业务的保险公司当年自留保险费,不得超过其实有资本金加公积金总和的四倍。

第103条 最大赔偿责任

1. 保险公司对每一危险单位,即对一次保险事故可能造成的最大损失范围所承担的责任,不得超过其实有资本金加公积金总和的百分之十;超过的部分应当办理再保险。
2. 保险公司对危险单位的划分应当符合国务院保险监督管理机构的规定。

第104条 危险单位的划分方法、巨灾风险安排方案的备案

保险公司对危险单位的划分方法和巨灾风险安排方案,应当报国务院保险监督管理机构备案。

第105条 办理再保险遵循的原则

保险公司应当按照国务院保险监督管理机构的规定办理再保险,并审慎选择再保险接受人。

第106条 资金运用

1. 保险公司的资金运用必须稳健,遵循安全性原则。
2. 保险公司的资金运用限于下列形式:
（一）银行存款;
（二）买卖债券、股票、证券投资基金份额等有价证券;
（三）投资不动产;
（四）国务院规定的其他资金运用形式。
3. 保险公司资金运用的具体管理办法,由国务院保险监督管理机构依照前两款的规定制定。

第107条 保险资产管理公司

1. 经国务院保险监督管理机构会同国务院证券监督管理机构批准,保险公司可以设立保险资产管理公司。
2. 保险资产管理公司从事证券投资活动,应当遵守《中华人民共和国证券法》等法律、行政法规的规定。
3. 保险资产管理公司的管理办法,由国务院保险监督管理机构会同国务院有关部门制定。

第108条 关联交易的管理和信息披露

保险公司应当按照国务院保险监督管理机构的规定,建立对关联交易的管理和信息披露制度。

第109条 关联交易的限制

保险公司的控股股东、实际控制人、董事、监事、高级管理人员不得利用关联交易损害公司的利益。

第110条 重大事项的披露

保险公司应当按照国务院保险监督管理机构的规定,真实、准确、完整地披露财务会计报告、风险管理状况、保险产品经营情况等重大事项。

第111条	保险销售人员的资格	保险公司从事保险销售的人员应当品行良好,具有保险销售所需的专业能力。保险销售人员的行为规范和管理办法,由国务院保险监督管理机构规定。
第112条	保险代理人登记管理	保险公司应当建立保险代理人登记管理制度,加强对保险代理人的培训和管理,不得唆使、诱导保险代理人进行违背诚信义务的活动。
第113条	依法使用经营保险业务许可证	保险公司及其分支机构应当依法使用经营保险业务许可证,不得转让、出租、出借经营保险业务许可证。
第114条	保险条款和保险费率拟定原则	1 保险公司应当按照国务院保险监督管理机构的规定,公平、合理拟订保险条款和保险费率,不得损害投保人、被保险人和受益人的合法权益。 2 保险公司应当按照合同约定和本法规定,及时履行赔偿或者给付保险金义务。
第115条	公平竞争原则	保险公司开展业务,应当遵循公平竞争的原则,不得从事不正当竞争。
第116条	禁止的行为	保险公司及其工作人员在保险业务活动中不得有下列行为: (一)欺骗投保人、被保险人或者受益人; (二)对投保人隐瞒与保险合同有关的重要情况; (三)阻碍投保人履行本法规定的如实告知义务,或者诱导其不履行本法规定的如实告知义务; (四)给予或者承诺给予投保人、被保险人、受益人保险合同约定以外的保险费回扣或者其他利益; (五)拒不依法履行保险合同约定的赔偿或者给付保险金义务; (六)故意编造未曾发生的保险事故、虚构保险合同或者故意夸大已经发生的保险事故的损失程度进行虚假理赔,骗取保险金或者牟取其他不正当利益; (七)挪用、截留、侵占保险费; (八)委托未取得合法资格的机构从事保险销售活动; (九)利用开展保险业务为其他机构或者个人牟取不正当利益; (十)利用保险代理人、保险经纪人或者保险评估机构,从事以虚构保险中介业务或者编造退保等方式套取费用等违法活动; (十一)以捏造、散布虚假事实等方式损害竞争对手的商业信誉,或者以其他不正当竞争行为扰乱保险市场秩序; (十二)泄露在业务活动中知悉的投保人、被保险人的商业秘密; (十三)违反法律、行政法规和国务院保险监督管理机构规定的其他行为。

第五章　保险代理人和保险经纪人

第117条　保险代理人和代理机构

1. 保险代理人是根据保险人的委托,向保险人收取佣金,并在保险人授权的范围内代为办理保险业务的机构或者个人。
2. 保险代理机构包括专门从事保险代理业务的保险专业代理机构和兼营保险代理业务的保险兼业代理机构。

第118条　保险经纪人

保险经纪人是基于投保人的利益,为投保人与保险人订立保险合同提供中介服务,并依法收取佣金的机构。

第119条　保险代理机构、保险经纪人的资格条件

保险代理机构、保险经纪人应当具备国务院保险监督管理机构规定的条件,取得保险监督管理机构颁发的经营保险代理业务许可证、保险经纪业务许可证。

第120条　注册资本

1. 以公司形式设立保险专业代理机构、保险经纪人,其注册资本最低限额适用《中华人民共和国公司法》的规定。
2. 国务院保险监督管理机构根据保险专业代理机构、保险经纪人的业务范围和经营规模,可以调整其注册资本的最低限额,但不得低于《中华人民共和国公司法》规定的限额。
3. 保险专业代理机构、保险经纪人的注册资本或者出资额必须为实缴货币资本。

第121条　高级管理人员的资格条件

保险专业代理机构、保险经纪人的高级管理人员,应当品行良好,熟悉保险法律、行政法规,具有履行职责所需的经营管理能力,并在任职前取得保险监督管理机构核准的任职资格。

第122条　从业人员的资格条件

个人保险代理人、保险代理机构的代理从业人员、保险经纪人的经纪从业人员,应当品行良好,具有从事保险代理业务或者保险经纪业务所需的专业能力。

第123条　经营场所和专门账簿

保险代理机构、保险经纪人应当有自己的经营场所,设立专门账簿记载保险代理业务、经纪业务的收支情况。

第124条　缴存保证金或投保职业责任保险

保险代理机构、保险经纪人应当按照国务院保险监督管理机构的规定缴存保证金或者投保职业责任保险。

第125条　个人保险代理人的代理限制

个人保险代理人在代为办理人寿保险业务时,不得同时接受两个以上保险人的委托。

第126条　委托代理协议

保险人委托保险代理人代为办理保险业务,应当与保险代理人签订委托代理协议,依法约定双方的权利和义务。

第127条 有权代理的效力及表见代理

1. 保险代理人根据保险人的授权代为办理保险业务的行为,由保险人承担责任。
2. 保险代理人没有代理权、超越代理权或者代理权终止后以保险人名义订立合同,使投保人有理由相信其有代理权的,该代理行为有效。保险人可以依法追究越权的保险代理人的责任。

第128条 保险经纪人的过错赔偿责任

保险经纪人因过错给投保人、被保险人造成损失的,依法承担赔偿责任。

第129条 保险评估机构和人员

1. 保险活动当事人可以委托保险公估机构等依法设立的独立评估机构或者具有相关专业知识的人员,对保险事故进行评估和鉴定。
2. 接受委托对保险事故进行评估和鉴定的机构和人员,应当依法、独立、客观、公正地进行评估和鉴定,任何单位和个人不得干涉。
3. 前款规定的机构和人员,因故意或过失给保险人或者被保险人造成损失的,依法承担赔偿责任。

第130条 保险佣金的支付

保险佣金只限于向保险代理人、保险经纪人支付,不得向其他人支付。

第131条 禁止的行为

保险代理人、保险经纪人及其从业人员在办理保险业务活动中不得有下列行为:
(一)欺骗保险人、投保人、被保险人或者受益人;
(二)隐瞒与保险合同有关的重要情况;
(三)阻碍投保人履行本法规定的如实告知义务,或者诱导其不履行本法规定的如实告知义务;
(四)给予或者承诺给予投保人、被保险人或者受益人保险合同约定以外的利益;
(五)利用行政权力、职务或者职业便利以及其他不正当手段强迫、引诱或者限制投保人订立保险合同;
(六)伪造、擅自变更保险合同,或者为保险合同当事人提供虚假证明材料;
(七)挪用、截留、侵占保险费或者保险金;
(八)利用业务便利为其他机构或者个人牟取不正当利益;
(九)串通投保人、被保险人或者受益人,骗取保险金;
(十)泄露在业务活动中知悉的保险人、投保人、被保险人的商业秘密。

第132条 其他条款的适用

本法第八十六条第一款、第一百一十三条的规定,适用于保险代理机构和保险经纪人。

第八十六条　保险公司应当按照保险监督管理机构的规定，报送有关报告、报表、文件和资料。

保险公司的偿付能力报告、财务会计报告、精算报告、合规报告及其他有关报告、报表、文件和资料必须如实记录保险业务事项，不得有虚假记载、误导性陈述和重大遗漏。

第一百一十三条　保险公司及其分支机构应当依法使用经营保险业务许可证，不得转让、出租、出借经营保险业务许可证。

第六章 保险业监督管理

第133条 监管原则

保险监督管理机构依照本法和国务院规定的职责，遵循依法、公开、公正的原则，对保险业实施监督管理，维护保险市场秩序，保护投保人、被保险人和受益人的合法权益。

第134条 规章的制定

国务院保险监督管理机构依照法律、行政法规制定并发布有关保险业监督管理的规章。

第135条 保险条款和保险费率的审批、备案

关系社会公众利益的保险险种、依法实行强制保险的险种和新开发的人寿保险险种等的保险条款和保险费率，应当报国务院保险监督管理机构批准。国务院保险监督管理机构审批时，应当遵循保护社会公众利益和防止不正当竞争的原则。其他保险险种的保险条款和保险费率，应当报保险监督管理机构备案。

保险条款和保险费率审批、备案的具体办法，由国务院保险监督管理机构依照前款规定制定。

第136条 保险条款和保险费率违法的后果

保险公司使用的保险条款和保险费率违反法律、行政法规或者国务院保险监督管理机构的有关规定的，由保险监督管理机构责令停止使用，限期修改；情节严重的，可以在一定期限内禁止申报新的保险条款和保险费率。

第137条 偿付能力监管体系

国务院保险监督管理机构应当建立健全保险公司偿付能力监管体系，对保险公司的偿付能力实施监控。

第138条 重点监管对象及措施

对偿付能力不足的保险公司，国务院保险监督管理机构应当将其列为重点监管对象，并可以根据具体情况采取下列措施：
（一）责令增加资本金、办理再保险；
（二）限制业务范围；
（三）限制向股东分红；
（四）限制固定资产购置或者经营费用规模；
（五）限制资金运用的形式、比例；
（六）限制增设分支机构；
（七）责令拍卖不良资产、转让保险业务；
（八）限制董事、监事、高级管理人员的薪酬水平；
（九）限制商业性广告；
（十）责令停止接受新业务。

第139条 重点监管对象及措施

保险公司未依照本法规定提取或者结转各项责任准备金，或者未依照本法规定办理再保险，或者严重违反本法关于资金运用的规定的，由保险监督管理机构责令限期改正，并可以责令调整负责人及有关管理人员。

第140条 整顿

1. 保险监督管理机构依照本法第一百三十九条的规定作出限期改正的决定后,保险公司逾期未改正的,国务院保险监督管理机构可以决定选派保险专业人员和指定该保险公司的有关人员组成整顿组,对公司进行整顿。
2. 整顿决定应当载明被整顿公司的名称、整顿理由、整顿组成员和整顿期限,并予以公告。

第141条 整顿组的权力

整顿组有权监督被整顿保险公司的日常业务。被整顿公司的负责人及有关管理人员应当在整顿组的监督下行使职权。

第142条 整顿期间业务的开展

整顿过程中,被整顿保险公司的原有业务继续进行。但是,国务院保险监督管理机构可以责令被整顿公司停止部分原有业务、停止接受新业务,调整资金运用。

第143条 整顿的结束

被整顿保险公司经整顿已纠正其违反本法规定的行为,恢复正常经营状况的,由整顿组提出报告,经国务院保险监督管理机构批准,结束整顿,并由国务院保险监督管理机构予以公告。

第144条 接管

1. 保险公司有下列情形之一的,国务院保险监督管理机构可以对其实行接管:
(一) 公司的偿付能力严重不足的;
(二) 违反本法规定,损害社会公共利益,可能严重危及或者已经严重危及公司的偿付能力的。
2. 被接管的保险公司的债权债务关系不因接管而变化。

第145条 接管组

接管组的组成和接管的实施办法,由国务院保险监督管理机构决定,并予以公告。

第146条 接管的延长

接管期限届满,国务院保险监督管理机构可以决定延长接管期限,但接管期限最长不得超过二年。

第147条 接管的终止

接管期限届满,被接管的保险公司已恢复正常经营能力的,由国务院保险监督管理机构决定终止接管,并予以公告。

第148条 被整顿、接管保险公司的重整、破产清算

被整顿、被接管的保险公司有《中华人民共和国企业破产法》第二条规定情形的,国务院保险监督管理机构可以依法向人民法院申请对该保险公司进行重整或者破产清算。

第149条 保险公司的撤销

保险公司因违法经营被依法吊销经营保险业务许可证的,或者偿付能力低于国务院保险监督管理机构规定标准,不予撤销将严重危害保险市场秩序、损害公共利益的,由国务院保险监督管理机构予以撤销并公告,依法及时组织清算组进行清算。

第一百三十九条 保险公司未依照本法规定提取或者结转各项责任准备金，或者未依照本法规定办理再保险，或者严重违反本法关于资金运用的规定的，由保险监督管理机构责令限期改正，并可以责令调整负责人及有关管理人员。

第150条 股东、实际控制人提供资料的义务

国务院保险监督管理机构有权要求保险公司股东、实际控制人在指定的期限内提供有关信息和资料。

第151条 关联交易损害公司利益的法律后果

保险公司的股东利用关联交易严重损害公司利益,危及公司偿付能力的,由国务院保险监督管理机构责令改正。在按照要求改正前,国务院保险监督管理机构可以限制其股东权利;拒不改正的,可以责令其转让所持的保险公司股权。

第152条 监管谈话

保险监督管理机构根据履行监督管理职责的需要,可以与保险公司董事、监事和高级管理人员进行监督管理谈话,要求其就公司的业务活动和风险管理的重大事项作出说明。

第153条 对直接责任人员的限制措施

保险公司在整顿、接管、撤销清算期间,或者出现重大风险时,国务院保险监督管理机构可以对该公司直接负责的董事、监事、高级管理人员和其他直接责任人员采取以下措施:
(一)通知出境管理机关依法阻止其出境;
(二)申请司法机关禁止其转移、转让或者以其他方式处分财产,或者在财产上设定其他权利。

第154条 监管措施及程序

1 保险监督管理机构依法履行职责,可以采取下列措施:
(一)对保险公司、保险代理人、保险经纪人、保险资产管理公司、外国保险机构的代表机构进行现场检查;
(二)进入涉嫌违法行为发生场所调查取证;
(三)询问当事人及与被调查事件有关的单位和个人,要求其对与被调查事件有关的事项作出说明;
(四)查阅、复制与被调查事件有关的财产权登记等资料;
(五)查阅、复制保险公司、保险代理人、保险经纪人、保险资产管理公司、外国保险机构的代表机构以及与被调查事件有关的单位和个人的财务会计资料及其他相关文件和资料;对可能被转移、隐匿或者毁损的文件和资料予以封存;
(六)查询涉嫌违法经营的保险公司、保险代理人、保险经纪人、保险资产管理公司、外国保险机构的代表机构以及与涉嫌违法事项有关的单位和个人的银行账户;
(七)对有证据证明已经或者可能转移、隐匿违法资金等涉案财产或者隐匿、伪造、毁损重要证据的,经保险监督管理机构主要负责人批准,申请人民法院予以冻结或者查封。

2 保险监督管理机构采取前款第(一)项、第(二)项、第(五)项措施的,应当经保险监督管理机构负责人批准;采取第(六)项措施的,应当经国务院保险监督管理机构负责人批准。

3 保险监督管理机构依法进行监督检查或者调查,其监督检查、调查的人员不得少于二人,并应当出示合法证件和监督检查、调查通知书;监督检查、调查的人员少于二人或者未出示合法证件和监督检查、调查通知书的,被检查、调查的单位和个人有权拒绝。

第155条	有关单位、个人的配合义务	保险监督管理机构依法履行职责，被检查、调查的单位和个人应当配合。
第156条	保险监管机构工作人员的工作准则	保险监督管理机构工作人员应当忠于职守，依法办事，公正廉洁，不得利用职务便利牟取不正当利益，不得泄露所知悉的有关单位和个人的商业秘密。
第157条	信息共享机制、配合调查义务	国务院保险监督管理机构应当与中国人民银行、国务院其他金融监督管理机构建立监督管理信息共享机制。 保险监督管理机构依法履行职责，进行监督检查、调查时，有关部门应当予以配合。

第七章 法律责任

第158条 非法经营商业保险业务的法律责任

违反本法规定，擅自设立保险公司、保险资产管理公司或者非法经营商业保险业务的，由保险监督管理机构予以取缔，没收违法所得，并处违法所得一倍以上五倍以下的罚款；没有违法所得或者违法所得不足二十万元的，处二十万元以上一百万元以下的罚款。

第159条 非法从事保险代理业务、经纪业务的法律责任

违反本法规定，擅自设立保险专业代理机构、保险经纪人，或者未取得经营保险代理业务许可证、保险经纪业务许可证从事保险代理业务、保险经纪业务的，由保险监督管理机构予以取缔，没收违法所得，并处违法所得一倍以上五倍以下的罚款；没有违法所得或者违法所得不足五万元的，处五万元以上三十万元以下的罚款。

第160条 超出业务范围经营的法律责任

保险公司违反本法规定，超出批准的业务范围经营的，由保险监督管理机构责令限期改正，没收违法所得，并处违法所得一倍以上五倍以下的罚款；没有违法所得或者违法所得不足十万元的，处十万元以上五十万元以下的罚款。逾期不改正或者造成严重后果的，责令停业整顿或者吊销业务许可证。

第161条 保险公司违反禁止性规定的法律责任

保险公司有本法第一百一十六条规定行为之一的，由保险监督管理机构责令改正，处五万元以上三十万元以下的罚款；情节严重的，限制其业务范围、责令停止接受新业务或者吊销业务许可证。

第162条 擅自变更公司重要事项的法律责任

保险公司违反本法第八十四条规定的，由保险监督管理机构责令改正，处一万元以上十万元以下的罚款。

第163条 违法承保的法律责任

保险公司违反本法规定，有下列行为之一的，由保险监督管理机构责令改正，处五万元以上三十万元以下的罚款：
（一）超额承保，情节严重的；
（二）为无民事行为能力人承保以死亡为给付保险金条件的保险的。

第164条 未提取保证金等违法行为的法律责任

违反本法规定，有下列行为之一的，由保险监督管理机构责令改正，处五万元以上三十万元以下的罚款；情节严重的，可以限制其业务范围、责令停止接受新业务或者吊销业务许可证：
（一）未按照规定提存保证金或者违反规定动用保证金的；
（二）未按照规定提取或者结转各项责任准备金的；
（三）未按照规定缴纳保险保障基金或者提取公积金的；
（四）未按照规定办理再保险的；
（五）未按照规定运用保险公司资金的；
（六）未经批准设立分支机构；
（七）未按照规定申请批准保险条款、保险费率的。

第一百一十六条　保险公司及其工作人员在保险业务活动中不得有下列行为:(一)欺骗投保人、被保险人或者受益人;(二)对投保人隐瞒与保险合同有关的重要情况;(三)阻碍投保人履行本法规定的如实告知义务,或者诱导其不履行本法规定的如实告知义务;(四)给予或者承诺给予投保人、被保险人、受益人保险合同约定以外的保险费回扣或者其他利益;(五)拒不依法履行保险合同约定的赔偿或者给付保险金义务;(六)故意编造未曾发生的保险事故、虚构保险合同或者故意夸大已经发生的保险事故的损失程度进行虚假理赔,骗取保险金或者牟取其他不正当利益;(七)挪用、截留、侵占保险费;(八)委托未取得合法资格的机构从事保险销售活动;(九)利用开展保险业务为其他机构或者个人牟取不正当利益;(十)利用保险代理人、保险经纪人或者保险评估机构,从事以虚构保险中介业务或者编造退保等方式套取费用等违法活动;(十一)以捏造、散布虚假事实等方式损害竞争对手的商业信誉,或者以其他不正当竞争行为扰乱保险市场秩序;(十二)泄露在业务活动中知悉的投保人、被保险人的商业秘密;(十三)违反法律、行政法规和国务院保险监督管理机构规定的其他行为。

第八十四条　保险公司有下列情形之一的,应当经保险监督管理机构批准:(一)变更名称;(二)变更注册资本;(三)变更公司或者分支机构的营业场所;(四)撤销分支机构;(五)公司分立或者合并;(六)修改公司章程;(七)变更出资额占有限责任公司资本总额百分之五以上的股东,或者变更持有股份有限公司股份百分之五以上的股东;(八)国务院保险监督管理机构规定的其他情形。

第165条	保险中介机构违反禁止性规定的法律责任	保险代理机构、保险经纪人有本法第一百三十一条规定行为之一的,由保险监督管理机构责令改正,处五万元以上三十万元以下的罚款;情节严重的,吊销业务许可证。
第166条	保险中介机构未缴存保证金等违法行为的法律责任	保险代理机构、保险经纪人违反本法规定,有下列行为之一的,由保险监督管理机构责令改正,处二万元以上十万元以下的罚款;情节严重的,责令停业整顿或者吊销业务许可证: (一)未按照规定缴存保证金或者投保职业责任保险的; (二)未按照规定设立专门账簿记载业务收支情况的。
第167条	违法聘用有关人员的法律责任	违反本法规定,聘任不具有任职资格的人员的,由保险监督管理机构责令改正,处二万元以上十万元以下的罚款。
第168条	违法使用许可证的法律责任	违反本法规定,转让、出租、出借业务许可证的,由保险监督管理机构处一万元以上十万元以下的罚款;情节严重的,责令停业整顿或者吊销业务许可证。
第169条	未报送有关资料等行为的法律责任	违反本法规定,有下列行为之一的,由保险监督管理机构责令限期改正;逾期不改正的,处一万元以上十万元以下的罚款: (一)未按照规定报送或者保管报告、报表、文件、资料的,或者未按照规定提供有关信息、资料的; (二)未按照规定报送保险条款、保险费率备案的; (三)未按照规定披露信息的。
第170条	虚报有关资料等行为的法律责任	违反本法规定,有下列行为之一的,由保险监督管理机构责令改正,处十万元以上五十万元以下的罚款;情节严重的,可以限制其业务范围、责令停止接受新业务或者吊销业务许可证: (一)编制或者提供虚假的报告、报表、文件、资料的; (二)拒绝或者妨碍依法监督检查的; (三)未按照规定使用经批准或者备案的保险条款、保险费率的。
第171条	对直接责任人员的行政处罚	保险公司、保险资产管理公司、保险专业代理机构、保险经纪人违反本法规定的,保险监督管理机构除分别依照本法第一百六十条至第一百七十条的规定对该单位给予处罚外,对其直接负责的主管人员和其他直接责任人员给予警告,并处一万元以上十万元以下的罚款;情节严重的,撤销任职资格。
第172条	个人保险代理人违法行为的法律责任	个人保险代理人违反本法规定的,由保险监督管理机构给予警告,可以并处二万元以下的罚款;情节严重的,处二万元以上十万元以下的罚款。

第一百三十一条　保险代理人、保险经纪人及其从业人员在办理保险业务活动中不得有下列行为：（一）欺骗保险人、投保人、被保险人或者受益人；（二）隐瞒与保险合同有关的重要情况；（三）阻碍投保人履行本法规定的如实告知义务，或者诱导其不履行本法规定的如实告知义务；（四）给予或者承诺给予投保人、被保险人或者受益人保险合同约定以外的利益；（五）利用行政权力、职务或者职业便利以及其他不正当手段强迫、引诱或者限制投保人订立保险合同；（六）伪造、擅自变更保险合同，或者为保险合同当事人提供虚假证明材料；（七）挪用、截留、侵占保险费或者保险金；（八）利用业务便利为其他机构或者个人牟取不正当利益；（九）串通投保人、被保险人或者受益人，骗取保险金；（十）泄露在业务活动中知悉的保险人、投保人、被保险人的商业秘密。

第一百六十条　保险公司违反本法规定，超出批准的业务范围经营的，由保险监督管理机构责令限期改正，没收违法所得，并处违法所得一倍以上五倍以下的罚款；没有违法所得或者违法所得不足十万元的，处十万元以上五十万元以下的罚款。逾期不改正或者造成严重后果的，责令停业整顿或者吊销业务许可证。

第一百六十一条　保险公司有本法第一百一十六条规定行为之一的，由保险监督管理机构责令改正，处五万元以上三十万元以下的罚款；情节严重的，限制其业务范围、责令停止接受新业务或者吊销业务许可证。

第一百六十二条　保险公司违反本法第八十四条规定的，由保险监督管理机构责令改正，处一万元以上十万元以下的罚款。

第一百六十三条　保险公司违反本法规定，有下列行为之一的，由保险监督管理机构责令改正，处五万元以上三十万元以下的罚款：（一）超额承保，情节严重的；（二）为无民事行为能力人承保以死亡为给付保险金条件的保险的。

第一百六十四条　违反本法规定，有下列行为之一的，由保险监督管理机构责令改正，处五万元以上三十万元以下的罚款；情节严重的，可以限制其业务范围、责令停止接受新业务或者吊销业务许可证：（一）未按照规定提存保证金或者违反规定动用保证金的；（二）未按照规定提取或者结转各项责任准备金的；（三）未按照规定缴纳保险保障基金或者提取公积金的；（四）未按照规定办理再保险的；（五）未按照规定运用保险公司资金的；（六）未经批准设立分支机构的；（七）未按照规定申请批准保险条款、保险费率的。

中华人民共和国保险法 173—179条

第173条	外国保险机构非法设立代表机构,及代表机构从事保险经营活动的法律责任	1	外国保险机构未经国务院保险监督管理机构批准,擅自在中华人民共和国境内设立代表机构的,由国务院保险监督管理机构予以取缔,处五万元以上三十万元以下的罚款。
		2	外国保险机构在中华人民共和国境内设立的代表机构从事保险经营活动的,由保险监督管理机构责令改正,没收违法所得,并处违法所得一倍以上五倍以下的罚款;没有违法所得或者违法所得不足二十万元的,处二十万元以上一百万元以下的罚款;对其首席代表可以责令撤换;情节严重的,撤销其代表机构。
第174条	保险诈骗活动的法律责任	1	投保人、被保险人或者受益人有下列行为之一,进行保险诈骗活动,尚不构成犯罪的,依法给予行政处罚: (一)投保人故意虚构保险标的,骗取保险金的; (二)编造未曾发生的保险事故,或者编造虚假的事故原因或者夸大损失程度,骗取保险金的; (三)故意造成保险事故,骗取保险金的。
		2	保险事故的鉴定人、评估人、证明人故意提供虚假的证明文件,为投保人、被保险人或者受益人进行保险诈骗提供条件的,依照前款规定给予处罚。
第175条	民事责任		违反本法规定,给他人造成损害的,依法承担民事责任。
第176条	对妨碍公务的行政处罚		拒绝、阻碍保险监督管理机构及其工作人员依法行使监督检查、调查职权,未使用暴力、威胁方法的,依法给予治安管理处罚。
第177条	终身禁业		违反法律、行政法规的规定,情节严重的,国务院保险监督管理机构可以禁止有关责任人员一定期限直至终身进入保险业。
第178条	保险监管人员违法行为的法律责任		保险监督管理机构从事监督管理工作的人员有下列情形之一的,依法给予处分: (一)违反规定批准机构的设立的; (二)违反规定进行保险条款、保险费率审批的; (三)违反规定进行现场检查的; (四)违反规定查询账户或者冻结资金的; (五)泄露其知悉的有关单位和个人的商业秘密的; (六)违反规定实施行政处罚的; (七)滥用职权、玩忽职守的其他行为。
第179条	刑事责任		违反本法规定,构成犯罪的,依法追究刑事责任。

第八章 附则

第180条 保险行业协会
1. 保险公司应当加入保险行业协会。保险代理人、保险经纪人、保险公估机构可以加入保险行业协会。
2. 保险行业协会是保险业的自律性组织,是社会团体法人。

第181条 其他保险组织
保险公司以外的其他依法设立的保险组织经营的商业保险业务,适用本法。

第182条 海上保险
海上保险适用《中华人民共和国海商法》的有关规定;《中华人民共和国海商法》未规定的,适用本法的有关规定。

第183条 涉外保险公司的适用
中外合资保险公司、外资独资保险公司、外国保险公司分公司适用本法规定;法律、行政法规另有规定的,适用其规定。

第184条 农业保险、强制保险
1. 国家支持发展为农业生产服务的保险事业。农业保险由法律、行政法规另行规定。
2. 强制保险,法律、行政法规另有规定的,适用其规定。

第185条 施行日期
本法自2009年10月1日起施行。

附

最高人民法院关于适用《中华人民共和国保险法》若干问题的解释(一)

法释〔2009〕12号

(2009年9月14日最高人民法院审判委员会第1473次会议通过 2009年9月21日最高人民法院公告公布自2009年10月1日起施行)

为正确审理保险合同纠纷案件,切实维护当事人的合法权益,现就人民法院适用2009年2月28日第十一届全国人大常委会第七次会议修订的《中华人民共和国保险法》(以下简称保险法)的有关问题规定如下:

第一条 保险法施行后成立的保险合同发生的纠纷,适用保险法的规定。保险法施行前成立的保险合同发生的纠纷,除本解释另有规定外,适用当时的法律规定;当时的法律没有规定的,参照适用保险法的有关规定。

认定保险合同是否成立,适用合同订立时的法律。

第二条 对于保险法施行前成立的保险合同,适用当时的法律认定无效而适用保险法认定有效的,适用保险法的规定。

第三条 保险合同成立于保险法施行前而保险标的转让、保险事故、理赔、代位求偿等行为或事件,发生于保险法施行后的,适用保险法的规定。

第四条 保险合同成立于保险法施行前,保险法施行后,保险人以投保人未履行如实告知义务或者申报被保险人年龄不真实为由,主张解除合同的,适用保险法的规定。

第五条 保险法施行前成立的保险合同,下列情形下的期间自2009年10月1日起计算:

(一)保险法施行前,保险人收到赔偿或者给付保险金的请求,保险法施行后,适用保险法第二十三条规定的三十日的;

(二)保险法施行前,保险人知道解除事由,保险法施行后,按照保险法第十六条、第三十二条的规定行使解除权,适用保险法第十六条规定的三十日的;

(三)保险法施行后,保险人按照保险法第十六条第二款的规定请求解除合同,适用保险法第十六条规定的二年的;

(四)保险法施行前,保险人收到保险标的转让通知,保险法施行后,以保险标的转让导致危险程度显著增加为由请求按照合同约定增加保险费或者解除合同,适用保险法第四十九条规定的三十日的。

第六条 保险法施行前已经终审的案件,当事人申请再审或者按照审判监督程序提起再审的案件,不适用保险法的规定。

最高人民法院关于适用《中华人民共和国保险法》若干问题的解释（二）

（2013年5月6日最高人民法院审判委员会第1577次会议通过，根据2020年12月23日最高人民法院审判委员会第1823次会议通过的《最高人民法院关于修改〈最高人民法院关于破产企业国有划拨土地使用权应否列入破产财产等问题的批复〉等二十九件商事类司法解释的决定》修正）

为正确审理保险合同纠纷案件，切实维护当事人的合法权益，根据《中华人民共和国民法典》《中华人民共和国保险法》《中华人民共和国民事诉讼法》等法律规定，结合审判实践，就保险法中关于保险合同一般规定部分有关法律适用问题解释如下：

第一条 财产保险中，不同投保人就同一保险标的分别投保，保险事故发生后，被保险人在其保险利益范围内依据保险合同主张保险赔偿的，人民法院应予支持。

第二条 人身保险中，因投保人对被保险人不具有保险利益导致保险合同无效，投保人主张保险人退还扣减相应手续费后的保险费的，人民法院应予支持。

第三条 投保人或者投保人的代理人订立保险合同时没有亲自签字或者盖章，而由保险人或者保险人的代理人代为签字或者盖章的，对投保人不生效。但投保人已经交纳保险费的，视为其对代签字或者盖章行为的追认。

保险人或者保险人的代理人代为填写保险单证后经投保人签字或者盖章确认的，代为填写的内容视为投保人的真实意思表示。但有证据证明保险人或者保险人的代理人存在保险法第一百一十六条、第一百三十一条相关规定情形的除外。

第四条 保险人接受了投保人提交的投保单并收取了保险费，尚未作出是否承保的意思表示，发生保险事故，被保险人或者受益人请求保险人按照保险合同承担赔偿或者给付保险金责任，符合承保条件的，人民法院应予支持；不符合承保条件的，保险人不承担保险责任，但应当退还已经收取的保险费。

保险人主张不符合承保条件的，应承担举证责任。

第五条 保险合同订立时，投保人明知的与保险标的或者被保险人有关的情况，属于保险法第十六条第一款规定的投保人"应当如实告知"的内容。

第六条 投保人的告知义务限于保险人询问的范围和内容。当事人对询问范围及内容有争议的，保险人负举证责任。

保险人以投保人违反了对投保单询问表中所列概括性条款的如实告知义务为由请求解除合同的，人民法院不予支持。但该概括性条款有具体内容的除外。

第七条 保险人在保险合同成立后知道或者应当知道投保人未履行如实告知义务，仍然收取保险费，又依照保险法第十六条第二款的规定主张解除合同的，人民法院不予支持。

第八条 保险人未行使合同解除权，直接以存在保险法第十六条第四款、第五款规定的情形为由拒绝赔偿的，人民法院不予支持。但当事人就拒绝赔偿事宜及保险合同存续另行达成一致的情况除外。

第九条 保险人提供的格式合同文本中的责任免除条款、免赔额、免赔率、比例赔付或者给付等免除或者减轻保险人责任的条款，可以认定为保险法第十七条第二款规定的"免除保险人责任的条款"。

保险人因投保人、被保险人违反法定或者约定义务，享有解除合同权利的条款，不属于保险法第十七条第二款规定的"免除保险人责任的条款"。

第十条 保险人将法律、行政法规中的禁止性规定情形作为保险合同免责条款的免责事由，保险人对该条款作出提示后，投保人、被保险人或者受益人以保险人未履行明确说明义务为由主张该条款不成为合同内容的，人民法院不予支持。

第十一条 保险合同订立时，保险人在投保单或者保险单等其他保险凭证上，对保险合同中免除保险人责任的条款，以足以引起投保人注意的文字、字体、符号或者其他明显标志作出提示的，人民法院应当认定其履行了保险法第十七条第二款规定的提示义务。

保险人对保险合同中有关免除保险人责任条款的概念、内容及其法律后果以书面或者口头形式向投保人作出常人能够理解的解释说明的，人民法院应当认定保险人履行了保险法第十七条第二款规定的明确说明义务。

第十二条 通过网络、电话等方式订立的保险合同，保险人以网页、音频、视频等形式对免除保险人责任条款予以提示和明确说明的，人民法院可以认定其履行了提示和明确说明义务。

第十三条 保险人对其履行了明确说明义务负举证责任。

投保人对保险人履行了符合本解释第十一条第二款要求的明确说明义务在相关文书上签字、盖章或者以其他形式予以确认的，应当认定保险人履行了该项义务。但另有证据证明保险人未履行明确说明义务的除外。

第十四条 保险合同中记载的内容不一致的，按照下列规则认定：

（一）投保单与保险单或者其他保险凭证不一致的，以投保单为准。但不一致的情形系经保险人说明并经投保人同意的，以投保人签收的保险单或者其他保险凭证载明的内容为准；

（二）非格式条款与格式条款不一致的，以非格式条款为准；

（三）保险凭证记载的时间不同的，以形成时间在后的为准；

（四）保险凭证存在手写和打印两种方式的，以双方签字、盖章的手写部分的内容为准。

第十五条 保险法第二十三条规定的三十日核定期间，应自保险人初次收到索赔请求及投保人、被保险人或者受益人提供的有关证明和资料之日起算。

保险人主张扣除投保人、被保险人或者受益人补充提供有关证明和资料期间的，人民法院应予支持。扣除期间自保险人根据保险法第二十二条规定作出的通知到达投保人、被保险人或者受益人之日起，至投保人、被保险人或者受益人按照通知要求补充提供的有关证明和资料到达保险人之日止。

第十六条　保险人应以自己的名义行使保险代位求偿权。

根据保险法第六十条第一款的规定，保险人代位求偿权的诉讼时效期间应自其取得代位求偿权之日起算。

第十七条　保险人在其提供的保险合同格式条款中对非保险术语所作的解释符合专业意义，或者虽不符合专业意义，但有利于投保人、被保险人或者受益人的，人民法院应予认可。

第十八条　行政管理部门依据法律规定制作的交通事故认定书、火灾事故认定书等，人民法院应当依法审查并确认其相应的证明力，但有相反证据能够推翻的除外。

第十九条　保险事故发生后，被保险人或者受益人起诉保险人，保险人以被保险人或者受益人未要求第三者承担责任为由抗辩不承担保险责任的，人民法院不予支持。

财产保险事故发生后，被保险人就其所受损失从第三者取得赔偿后的不足部分提起诉讼，请求保险人赔偿的，人民法院应予依法受理。

第二十条　保险公司依法设立并取得营业执照的分支机构属于《中华人民共和国民事诉讼法》第四十八条规定的其他组织，可以作为保险合同纠纷案件的当事人参加诉讼。

第二十一条　本解释施行后尚未终审的保险合同纠纷案件，适用本解释；本解释施行前已经终审，当事人申请再审或者按照审判监督程序决定再审的案件，不适用本解释。

最高人民法院关于适用《中华人民共和国保险法》若干问题的解释(三)

(2015年9月21日最高人民法院审判委员会第1661次会议通过,根据2020年12月23日最高人民法院审判委员会第1823次会议通过的《最高人民法院关于修改〈最高人民法院关于破产企业国有划拨土地使用权应否列入破产财产等问题的批复〉等二十九件商事类司法解释的决定》修正)

为正确审理保险合同纠纷案件,切实维护当事人的合法权益,根据《中华人民共和国民法典》《中华人民共和国保险法》《中华人民共和国民事诉讼法》等法律规定,结合审判实践,就保险法中关于保险合同章人身保险部分有关法律适用问题解释如下:

第一条 当事人订立以死亡为给付保险金条件的合同,根据保险法第三十四条的规定,"被保险人同意并认可保险金额"可以采取书面形式、口头形式或者其他形式;可以在合同订立时作出,也可以在合同订立后追认。

有下列情形之一的,应认定为被保险人同意投保人为其订立保险合同并认可保险金额:

(一)被保险人明知他人代其签名同意而未表示异议的;
(二)被保险人同意投保人指定的受益人的;
(三)有证据足以认定被保险人同意投保人为其投保的其他情形。

第二条 被保险人以书面形式通知保险人和投保人撤销其依据保险法第三十四条第一款规定所作出的同意意思表示的,可认定为保险合同解除。

第三条 人民法院审理人身保险合同纠纷案件时,应主动审查投保人订立保险合同时是否具有保险利益,以及以死亡为给付保险金条件的合同是否经过被保险人同意并认可保险金额。

第四条 保险合同订立后,因投保人丧失对被保险人的保险利益,当事人主张保险合同无效的,人民法院不予支持。

第五条 保险人在合同订立时指定医疗机构对被保险人体检,当事人主张投保人如实告知义务免除的,人民法院不予支持。

保险人知道被保险人的体检结果,仍以投保人未就相关情况履行如实告知义务为由要求解除合同的,人民法院不予支持。

第六条 未成年人父母之外的其他履行监护职责的人为未成年人订立以死亡为给付保险金条件的合同,当事人主张参照保险法第三十三条第二款、第三十四条第三款的规定认定该合同有效的,人民法院不予支持,但经未成年人父母同意的除外。

第七条 当事人以被保险人、受益人或者他人已经代为支付保险费为由,主张投保人对应的交费义务已经履行的,人民法院应予支持。

第八条 保险合同效力依照保险法第三十六条规定中止,投保人提出恢复效力申请并同意补交保险费的,除被保险人的危险程度在中止期间显著增加外,保险人拒绝恢复效力的,人民法院不予支持。

保险人在收到恢复效力申请后,三十日内未明确拒绝的,应认定为同意恢复效力。

保险合同自投保人补交保险费之日恢复效力。保险人要求投保人补交相应利息的,人民法院应予支持。

第九条 投保人指定受益人未经被保险人同意的,人民法院应认定指定行为无效。

当事人对保险合同约定的受益人存在争议,除投保人、被保险人在保险合同之外另有约定外,按以下情形分别处理:

(一)受益人约定为"法定"或者"法定继承人"的,以民法典规定的法定继承人为受益人;

(二)受益人仅约定为身份关系的,投保人与被保险人为同一主体时,根据保险事故发生时与被保险人的身份关系确定受益人;投保人与被保险人为不同主体时,根据保险合同成立时与被保险人的身份关系确定受益人;

(三)约定的受益人包括姓名和身份关系,保险事故发生时身份关系发生变化的,认定为未指定受益人。

第十条 投保人或者被保险人变更受益人,当事人主张变更行为自变更意思表示发出时生效,人民法院应予支持。

投保人或者被保险人变更受益人未通知保险人,保险人主张变更对其不发生效力的,人民法院应予支持。

投保人变更受益人未经被保险人同意,人民法院应认定变更行为无效。

第十一条 投保人或者被保险人在保险事故发生后变更受益人,变更后的受益人请求保险人给付保险金的,人民法院不予支持。

第十二条 投保人或者被保险人指定数人为受益人,部分受益人在保险事故发生前死亡、放弃受益权或者依法丧失受益权的,该受益人应得的受益份额按照保险合同的约定处理;保险合同没有约定或者约定不明的,该受益人应得的受益份额按照以下情形分别处理:

(一)未约定受益顺序及受益份额的,由其他受益人平均享有;

(二)未约定受益顺序但约定受益份额的,由其他受益人按照相应比例享有;

(三)约定受益顺序但未约定受益份额的,由同顺序的其他受益人平均享有;同一顺序没有其他受益人的,由后一顺序的受益人平均享有;

(四)约定受益顺序及受益份额的,由同顺序的其他受益人按照相应比例享有;同一顺序没有其他受益人的,由后一顺序的受益人按照相应比例享有。

第十三条 保险事故发生后,受益人将与本次保险事故相对应的全部或者部分保险金请求权转让给第三人,当事人主张该转让行为有效的,人民法院应予支持,但根据合同性质、当事人约定或者法律规定不得转让的除外。

第十四条　保险金根据保险法第四十二条规定作为被保险人遗产，被保险人的继承人要求保险人给付保险金，保险人以其已向持有保险单的被保险人的其他继承人给付保险金为由抗辩的，人民法院应予支持。

第十五条　受益人与被保险人存在继承关系，在同一事件中死亡且不能确定死亡先后顺序的，人民法院应依据保险法第四十二条第二款推定受益人死亡在先，并按照保险法及本解释的相关规定确定保险金归属。

第十六条　人身保险合同解除时，投保人与被保险人、受益人为不同主体，被保险人或者受益人要求退还保险单的现金价值的，人民法院不予支持，但保险合同另有约定的除外。

投保人故意造成被保险人死亡、伤残或者疾病，保险人依照保险法第四十三条规定退还保险单的现金价值的，其他权利人按照被保险人、被保险人的继承人的顺序确定。

第十七条　投保人解除保险合同，当事人以其解除合同未经被保险人或者受益人同意为由主张解除行为无效的，人民法院不予支持，但被保险人或者受益人已向投保人支付相当于保险单现金价值的款项并通知保险人的除外。

第十八条　保险人给付费用补偿型的医疗费用保险金时，主张扣减被保险人从公费医疗或者社会医疗保险取得的赔偿金额的，应当证明该保险产品在厘定医疗费用保险费率时已经将公费医疗或者社会医疗保险部分相应扣除，并按照扣减后的标准收取保险费。

第十九条　保险合同约定按照基本医疗保险的标准核定医疗费用，保险人以被保险人的医疗支出超出基本医疗保险范围为由拒绝给付保险金的，人民法院不予支持；保险人有证据证明被保险人支出的费用超过基本医疗保险同类医疗费用标准，要求对超出部分拒绝给付保险金的，人民法院应予支持。

第二十条　保险人以被保险人未在保险合同约定的医疗服务机构接受治疗为由拒绝给付保险金的，人民法院应予支持，但被保险人因情况紧急必须立即就医的除外。

第二十一条　保险人以被保险人自杀为由拒绝承担给付保险金责任的，由保险人承担举证责任。

受益人或者被保险人的继承人以被保险人自杀时无民事行为能力为由抗辩的，由其承担举证责任。

第二十二条　保险法第四十五条规定的"被保险人故意犯罪"的认定，应当以刑事侦查机关、检察机关和审判机关的生效法律文书或者其他结论性意见为依据。

第二十三条　保险人主张根据保险法第四十五条的规定不承担给付保险金责任的，应当证明被保险人的死亡、伤残结果与其实施的故意犯罪或者抗拒依法采取的刑事强制措施的行为之间存在因果关系。

被保险人在羁押、服刑期间因意外或者疾病造成伤残或者死亡，保险人主张根据保险法第四十五条的规定不承担给付保险金责任的,人民法院不予支持。

第二十四条 投保人为被保险人订立以死亡为给付保险金条件的人身保险合同,被保险人被宣告死亡后,当事人要求保险人按照保险合同约定给付保险金的,人民法院应予支持。

被保险人被宣告死亡之日在保险责任期间之外,但有证据证明下落不明之日在保险责任期间之内,当事人要求保险人按照保险合同约定给付保险金的,人民法院应予支持。

第二十五条 被保险人的损失系由承保事故或者非承保事故、免责事由造成难以确定,当事人请求保险人给付保险金的,人民法院可以按照相应比例予以支持。

第二十六条 本解释施行后尚未终审的保险合同纠纷案件,适用本解释;本解释施行前已经终审,当事人申请再审或者按照审判监督程序决定再审的案件,不适用本解释。

最高人民法院关于适用《中华人民共和国保险法》若干问题的解释（四）

（2018年5月14日最高人民法院审判委员会第1738次会议通过，根据2020年12月23日最高人民法院审判委员会第1823次会议通过的《最高人民法院关于修改〈最高人民法院关于破产企业国有划拨土地使用权应否列入破产财产等问题的批复〉等二十九件商事类司法解释的决定》修正）

为正确审理保险合同纠纷案件，切实维护当事人的合法权益，根据《中华人民共和国民法典》《中华人民共和国保险法》《中华人民共和国民事诉讼法》等法律规定，结合审判实践，就保险法中财产保险合同部分有关法律适用问题解释如下：

第一条　保险标的已交付受让人，但尚未依法办理所有权变更登记，承担保险标的毁损灭失风险的受让人，依照保险法第四十八条、第四十九条的规定主张行使被保险人权利的，人民法院应予支持。

第二条　保险人已向投保人履行了保险法规定的提示和明确说明义务，保险标的受让人以保险标的转让后保险人未向其提示或者明确说明为由，主张免除保险人责任的条款不成为合同内容的，人民法院不予支持。

第三条　被保险人死亡，继承保险标的的当事人主张承继被保险人的权利和义务的，人民法院应予支持。

第四条　人民法院认定保险标的是否构成保险法第四十九条、第五十二条规定的"危险程度显著增加"时，应当综合考虑以下因素：

（一）保险标的的用途的改变；

（二）保险标的的使用范围的改变；

（三）保险标的的所处环境的变化；

（四）保险标的因改装等原因引起的变化；

（五）保险标的的使用人或者管理人的改变；

（六）危险程度增加持续的时间；

（七）其他可能导致危险程度显著增加的因素。

保险标的危险程度虽然增加，但增加的危险属于保险合同订立时保险人预见或者应当预见的保险合同承保范围的，不构成危险程度显著增加。

第五条　被保险人、受让人依法及时向保险人发出保险标的的转让通知后，保险人作出答复前，发生保险事故，被保险人或者受让人主张保险人按照保险合同承担赔偿保险金的责任的，人民法院应予支持。

第六条　保险事故发生后，被保险人依照保险法第五十七条的规定，请求保险人承担为防止或者减少保险标的的损失所支付的必要、合理费用，保险人以被保险人采取的措施未产生实际效果为由抗辩的，人民法院不予支持。

第七条 保险人依照保险法第六十条的规定，主张代位行使被保险人因第三者侵权或者违约等享有的请求赔偿的权利的，人民法院应予支持。

第八条 投保人和被保险人为不同主体，因投保人对保险标的的损害而造成保险事故，保险人依法主张代位行使被保险人对投保人请求赔偿的权利的，人民法院应予支持，但法律另有规定或者保险合同另有约定的除外。

第九条 在保险人以第三者为被告提起的代位求偿权之诉中，第三者以被保险人在保险合同订立前已放弃对其请求赔偿的权利为由进行抗辩，人民法院认定上述放弃行为合法有效，保险人就相应部分主张行使代位求偿权的，人民法院不予支持。

保险合同订立时，保险人就是否存在上述放弃情形提出询问，投保人未如实告知，导致保险人不能代位行使请求赔偿的权利，保险人请求返还相应保险金的，人民法院应予支持，但保险人知道或者应当知道上述情形仍同意承保的除外。

第十条 因第三者对保险标的的损害而造成保险事故，保险人获得代位请求赔偿的权利的情况未通知第三者或者通知到达第三者前，第三者在被保险人已经从保险人处获赔的范围内又向被保险人作出赔偿，保险人主张代位行使被保险人对第三者请求赔偿的权利的，人民法院不予支持。保险人就相应保险金主张被保险人返还的，人民法院应予支持。

保险人获得代位请求赔偿的权利的情况已经通知到第三者，第三者又向被保险人作出赔偿，保险人主张代位行使请求赔偿的权利，第三者以其已经向被保险人赔偿为由抗辩的，人民法院不予支持。

第十一条 被保险人因故意或者重大过失未履行保险法第六十三条规定的义务，致使保险人未能行使或者未能全部行使代位请求赔偿的权利，保险人主张在其损失范围内扣减或者返还相应保险金的，人民法院应予支持。

第十二条 保险人以造成保险事故的第三者为被告提起代位求偿权之诉的，以被保险人与第三者之间的法律关系确定管辖法院。

第十三条 保险人提起代位求偿权之诉时，被保险人已经向第三者提起诉讼的，人民法院可以依法合并审理。

保险人行使代位求偿权时，被保险人已经向第三者提起诉讼，保险人向受理该案的人民法院申请变更当事人，代位行使被保险人对第三者请求赔偿的权利，被保险人同意的，人民法院应予准许；被保险人不同意的，保险人可以作为共同原告参加诉讼。

第十四条 具有下列情形之一的，被保险人可以依照保险法第六十五条第二款的规定请求保险人直接向第三者赔偿保险金：

（一）被保险人对第三者所负的赔偿责任经人民法院生效裁判、仲裁裁决确认；

（二）被保险人对第三者所负的赔偿责任经被保险人与第三者协商一致；

（三）被保险人对第三者应负的赔偿责任能够确定的其他情形。

前款规定的情形下，保险人主张按照保险合同确定保险赔偿责任的，人民法院应予支持。

第十五条　被保险人对第三者应负的赔偿责任确定后，被保险人不履行赔偿责任，且第三者以保险人为被告或者以保险人与被保险人为共同被告提起诉讼时，被保险人尚未向保险人提出直接向第三者赔偿保险金的请求的，可以认定为属于保险法第六十五条第二款规定的"被保险人怠于请求"的情形。

第十六条　责任保险的被保险人因共同侵权依法承担连带责任，保险人以该连带责任超出被保险人应承担的责任份额为由，拒绝赔付保险金的，人民法院不予支持。保险人承担保险责任后，主张就超出被保险人责任份额的部分向其他连带责任人追偿的，人民法院应予支持。

第十七条　责任保险的被保险人对第三者所负的赔偿责任已经生效判决确认并已进入执行程序，但未获得清偿或者未获得全部清偿，第三者依法请求保险人赔偿保险金，保险人以前述生效判决已进入执行程序为由抗辩的，人民法院不予支持。

第十八条　商业责任险的被保险人向保险人请求赔偿保险金的诉讼时效期间，自被保险人对第三者应负的赔偿责任确定之日起计算。

第十九条　责任保险的被保险人与第三者就被保险人的赔偿责任达成和解协议且经保险人认可，被保险人主张保险人在保险合同范围内依据和解协议承担保险责任的，人民法院应予支持。

被保险人与第三者就被保险人的赔偿责任达成和解协议，未经保险人认可，保险人主张对保险责任范围以及赔偿数额重新予以核定的，人民法院应予支持。

第二十条　责任保险的保险人在被保险人向第三者赔偿之前向被保险人赔偿保险金，第三者依照保险法第六十五条第二款的规定行使保险金请求权时，保险人以其已向被保险人赔偿为由拒绝赔偿保险金的，人民法院不予支持。保险人向第三者赔偿后，请求被保险人返还相应保险金的，人民法院应予支持。

第二十一条　本解释自 2018 年 9 月 1 日起施行。

本解释施行后人民法院正在审理的一审、二审案件，适用本解释；本解释施行前已经终审，当事人申请再审或者按照审判监督程序决定再审的案件，不适用本解释。

中华人民共和国企业破产法

（2006年8月27日第十届全国人民代表大会常务委员会第二十三次会议通过）

第一章 总则

第 1 条 立法宗旨

为规范企业破产程序,公平清理债权债务,保护债权人和债务人的合法权益,维护社会主义市场经济秩序,制定本法。

第 2 条 清理债务与重整

1. 企业法人不能清偿到期债务,并且资产不足以清偿全部债务或者明显缺乏清偿能力的,依照本法规定清理债务。
2. 企业法人有前款规定情形,或者有明显丧失清偿能力可能的,可以依照本法规定进行重整。

第 3 条 破产案件的管辖

破产案件由债务人住所地人民法院管辖。

第 4 条 程序的法律适用

破产案件审理程序,本法没有规定的,适用民事诉讼法的有关规定。

第 5 条 破产程序的效力

1. 依照本法开始的破产程序,对债务人在中华人民共和国领域外的财产发生效力。
2. 对外国法院作出的发生法律效力的破产案件的判决、裁定,涉及债务人在中华人民共和国领域内的财产,申请或者请求人民法院承认和执行的,人民法院依照中华人民共和国缔结或者参加的国际条约,或者按照互惠原则进行审查,认为不违反中华人民共和国法律的基本原则,不损害国家主权、安全和社会公共利益,不损害中华人民共和国领域内债权人的合法权益的,裁定承认和执行。

第 6 条 企业职工权益的保障与企业经营管理人员法律责任的追究

人民法院审理破产案件,应当依法保障企业职工的合法权益,依法追究破产企业经营管理人员的法律责任。

第二章 申请和受理

第一节 申请

第7条 申请主体

1. 债务人有本法第二条规定的情形,可以向人民法院提出重整、和解或者破产清算申请。
2. 债务人不能清偿到期债务,债权人可以向人民法院提出对债务人进行重整或者破产清算的申请。
3. 企业法人已解散但未清算或者未清算完毕,资产不足以清偿债务的,依法负有清算责任的人应当向人民法院申请破产清算。

第8条 破产申请书与证据

1. 向人民法院提出破产申请,应当提交破产申请书和有关证据。
2. 破产申请书应当载明下列事项:
（一）申请人、被申请人的基本情况;
（二）申请目的;
（三）申请的事实和理由;
（四）人民法院认为应当载明的其他事项。
3. 债务人提出申请的,还应当向人民法院提交财产状况说明、债务清册、债权清册、有关财务会计报告、职工安置预案以及职工工资的支付和社会保险费用的缴纳情况。

第9条 破产申请的撤回

人民法院受理破产申请前,申请人可以请求撤回申请。

第二节 受理

第10条 破产申请的受理

1. 债权人提出破产申请的,人民法院应当自收到申请之日起五日内通知债务人。债务人对申请有异议的,应当自收到人民法院的通知之日起七日内向人民法院提出。人民法院应当自异议期满之日起十日内裁定是否受理。
2. 除前款规定的情形外,人民法院应当自收到破产申请之日起十五日内裁定是否受理。
3. 有特殊情况需要延长前两款规定的裁定受理期限的,经上一级人民法院批准,可以延长十五日。

第11条 裁定受理与债务人提交材料

1. 人民法院受理破产申请的,应当自裁定作出之日起五日内送达申请人。
2. 债权人提出申请的,人民法院应当自裁定作出之日起五日内送达债务人。债务人应当自裁定送达之日起十五日内,向人民法院提交财产状况说明、债务清册、债权清册、有关财务会计报告以及职工工资的支付和社会保险费用的缴纳情况。

第12条 裁定不受理与驳回申请

1. 人民法院裁定不受理破产申请的,应当自裁定作出之日起五日内送达申请人并说明理由。申请人对裁定不服的,可以自裁定送达之日起十日内向上一级人民法院提起上诉。

第二条　企业法人不能清偿到期债务，并且资产不足以清偿全部债务或者明显缺乏清偿能力的，依照本法规定清理债务。
　　企业法人有前款规定情形，或者有明显丧失清偿能力可能的，可以依照本法规定进行重整。

② 人民法院受理破产申请后至破产宣告前，经审查发现债务人不符合本法第二条规定情形的，可以裁定驳回申请。申请人对裁定不服的，可以自裁定送达之日起十日内向上一级人民法院提起上诉。

第13条　指定管理人

人民法院裁定受理破产申请的，应当同时指定管理人。

第14条　通知债权人与公告

① 人民法院应当自裁定受理破产申请之日起二十五日内通知已知债权人，并予以公告。

② 通知和公告应当载明下列事项：
（一）申请人、被申请人的名称或者姓名；
（二）人民法院受理破产申请的时间；
（三）申报债权的期限、地点和注意事项；
（四）管理人的名称或者姓名及其处理事务的地址；
（五）债务人的债务人或者财产持有人应当向管理人清偿债务或者交付财产的要求；
（六）第一次债权人会议召开的时间和地点；
（七）人民法院认为应当通知和公告的其他事项。

第15条　债务人的有关人员的义务

① 自人民法院受理破产申请的裁定送达债务人之日起至破产程序终结之日，债务人的有关人员承担下列义务：
（一）妥善保管其占有和管理的财产、印章和账簿、文书等资料；
（二）根据人民法院、管理人的要求进行工作，并如实回答询问；
（三）列席债权人会议并如实回答债权人的询问；
（四）未经人民法院许可，不得离开住所地；
（五）不得新任其他企业的董事、监事、高级管理人员。

② 前款所称有关人员，是指企业的法定代表人；经人民法院决定，可以包括企业的财务管理人员和其他经营管理人员。

第16条　债务人个别清偿的无效

人民法院受理破产申请后，债务人对个别债权人的债务清偿无效。

第17条　债务人的债务人或者财产持有人的义务

① 人民法院受理破产申请后，债务人的债务人或者财产持有人应当向管理人清偿债务或者交付财产。

② 债务人的债务人或者财产持有人故意违反前款规定向债务人清偿债务或者交付财产，使债权人受到损失的，不免除其清偿债务或者交付财产的义务。

第18条　破产申请受理前成立的合同的继续履行与解除

① 人民法院受理破产申请后，管理人对破产申请受理前成立而债务人和对方当事人均未履行完毕的合同有权决定解除或者继续履行，并通知对方当事人。管理人自破产申请受理之日起二个月内未通知对方当事人，或者自收到对方当事人催告之日起三十日内未答复的，视为解除合同。

第二条 企业法人不能清偿到期债务,并且资产不足以清偿全部债务或者明显缺乏清偿能力的,依照本法规定清理债务。

企业法人有前款规定情形,或者有明显丧失清偿能力可能的,可以依照本法规定进行重整。

2	管理人决定继续履行合同的，对方当事人应当履行；但是，对方当事人有权要求管理人提供担保。管理人不提供担保的，视为解除合同。
第19条 保全措施解除与执行程序中止	人民法院受理破产申请后，有关债务人财产的保全措施应当解除，执行程序应当中止。
第20条 民事诉讼或仲裁的中止与继续	人民法院受理破产申请后，已经开始而尚未终结的有关债务人的民事诉讼或者仲裁应当中止；在管理人接管债务人的财产后，该诉讼或者仲裁继续进行。
第21条 债务人的民事诉讼的管辖	人民法院受理破产申请后，有关债务人的民事诉讼，只能向受理破产申请的人民法院提起。

第三章 管理人

第22条 管理人的指定与更换

1. 管理人由人民法院指定。
2. 债权人会议认为管理人不能依法、公正执行职务或者有其他不能胜任职务情形的,可以申请人民法院予以更换。
3. 指定管理人和确定管理人报酬的办法,由最高人民法院规定。

第23条 管理人的义务

1. 管理人依照本法规定执行职务,向人民法院报告工作,并接受债权人会议和债权人委员会的监督。
2. 管理人应当列席债权人会议,向债权人会议报告职务执行情况,并回答询问。

第24条 管理人的资格

1. 管理人可以由有关部门、机构的人员组成的清算组或者依法设立的律师事务所、会计师事务所、破产清算事务所等社会中介机构担任。
2. 人民法院根据债务人的实际情况,可以在征询有关社会中介机构的意见后,指定该机构具备相关专业知识并取得执业资格的人员担任管理人。
3. 有下列情形之一的,不得担任管理人:
   (一)因故意犯罪受过刑事处罚;
   (二)曾被吊销相关专业执业证书;
   (三)与本案有利害关系;
   (四)人民法院认为不宜担任管理人的其他情形。
4. 个人担任管理人的,应当参加执业责任保险。

第25条 管理人的职责

1. 管理人履行下列职责:
   (一)接管债务人的财产、印章和账簿、文书等资料;
   (二)调查债务人财产状况,制作财产状况报告;
   (三)决定债务人的内部管理事务;
   (四)决定债务人的日常开支和其他必要开支;
   (五)在第一次债权人会议召开之前,决定继续或者停止债务人的营业;
   (六)管理和处分债务人的财产;
   (七)代表债务人参加诉讼、仲裁或者其他法律程序;
   (八)提议召开债权人会议;
   (九)人民法院认为管理人应当履行的其他职责。
2. 本法对管理人的职责另有规定的,适用其规定。

第26条 次债权人会议前管理人行为的许可

在第一次债权人会议召开之前,管理人决定继续或者停止债务人的营业或者有本法第六十九条规定行为之一的,应当经人民法院许可。

第27条 管理人的忠实义务

管理人应当勤勉尽责,忠实执行职务。

第六十九条　管理人实施下列行为，应当及时报告债权人委员会：(一)涉及土地、房屋等不动产权益的转让；(二)探矿权、采矿权、知识产权等财产权的转让；(三)全部库存或者营业的转让；(四)借款；(五)设定财产担保；(六)债权和有价证券的转让；(七)履行债务人和对方当事人均未履行完毕的合同；(八)放弃权利；(九)担保物的取回；(十)对债权人利益有重大影响的其他财产处分行为。

未设立债权人委员会的，管理人实施前款规定的行为应当及时报告人民法院。

第28条 管理人聘任工作人员与管理人的报酬

1. 管理人经人民法院许可,可以聘用必要的工作人员。
2. 管理人的报酬由人民法院确定。债权人会议对管理人的报酬有异议的,有权向人民法院提出。

第29条 管理人的辞职

管理人没有正当理由不得辞去职务。管理人辞去职务应当经人民法院许可。

第四章 债务人财产

第30条 债务人财产

破产申请受理时属于债务人的全部财产,以及破产申请受理后至破产程序终结前债务人取得的财产,为债务人财产。

第31条 受理破产申请前一年内行为的撤销

人民法院受理破产申请前一年内,涉及债务人财产的下列行为,管理人有权请求人民法院予以撤销:
(一)无偿转让财产的;
(二)以明显不合理的价格进行交易的;
(三)对没有财产担保的债务提供财产担保的;
(四)对未到期的债务提前清偿的;
(五)放弃债权的。

第32条 受理破产申请前六个月内行为的撤销

人民法院受理破产申请前六个月内,债务人有本法第二条第一款规定的情形,仍对个别债权人进行清偿的,管理人有权请求人民法院予以撤销。但是,个别清偿使债务人财产受益的除外。

第33条 无效行为

涉及债务人财产的下列行为无效:
(一)为逃避债务而隐匿、转移财产的;
(二)虚构债务或者承认不真实的债务的。

第34条 追回因被撤销或无效行为取得的债务人的财产

因本法第三十一条、第三十二条或者第三十三条规定的行为而取得的债务人的财产,管理人有权追回。

第35条 债务人的出资人缴纳出资

人民法院受理破产申请后,债务人的出资人尚未完全履行出资义务的,管理人应当要求该出资人缴纳所认缴的出资,而不受出资期限的限制。

第36条 管理人员非正常收入和财产的追回

债务人的董事、监事和高级管理人员利用职权从企业获取的非正常收入和侵占的企业财产,管理人应当追回。

第37条 管理人取回质物、留置物

人民法院受理破产申请后,管理人可以通过清偿债务或者提供为债权人接受的担保,取回质物、留置物。
前款规定的债务清偿或者替代担保,在质物或者留置物的价值低于被担保的债权额时,以该质物或者留置物当时的市场价值为限。

第38条 权利人财产的取回

人民法院受理破产申请后,债务人占有的不属于债务人的财产,该财产的权利人可以通过管理人取回。但是,本法另有规定的除外。

第39条 在途运输标的物的取回与交付

人民法院受理破产申请时,出卖人已将买卖标的物向作为买受人的债务人发运,债务人尚未收到且未付清全部价款的,出卖人可以取回在运途中的标的物。但是,管理人可以支付全部价款,请求出卖人交付标的物。

第二条 企业法人不能清偿到期债务,并且资产不足以清偿全部债务或者明显缺乏清偿能力的,依照本法规定清理债务。

企业法人有前款规定情形,或者有明显丧失清偿能力可能的,可以依照本法规定进行重整。

| 第40条 | 抵销权的限制 | 债权人在破产申请受理前对债务人负有债务的，可以向管理人主张抵销。但是，有下列情形之一的，不得抵销：
（一）债务人的债务人在破产申请受理后取得他人对债务人的债权的；
（二）债权人已知债务人有不能清偿到期债务或者破产申请的事实，对债务人负担债务的；但是，债权人因为法律规定或者有破产申请一年前所发生的原因而负担债务的除外；
（三）债务人的债务人已知债务人有不能清偿到期债务或者破产申请的事实，对债务人取得债权的；但是，债务人的债务人因为法律规定或者有破产申请一年前所发生的原因而取得债权的除外。 |

第五章 破产费用和共益债务

第41条 破产费用

人民法院受理破产申请后发生的下列费用,为破产费用:
(一)破产案件的诉讼费用;
(二)管理、变价和分配债务人财产的费用;
(三)管理人执行职务的费用、报酬和聘用工作人员的费用。

第42条 共益债务

人民法院受理破产申请后发生的下列债务,为共益债务:
(一)因管理人或者债务人请求对方当事人履行双方均未履行完毕的合同所产生的债务;
(二)债务人财产受无因管理所产生的债务;
(三)因债务人不当得利所产生的债务;
(四)为债务人继续营业而应支付的劳动报酬和社会保险费用以及由此产生的其他债务;
(五)管理人或者相关人员执行职务致人损害所产生的债务;
(六)债务人财产致人损害所产生的债务。

第43条 破产费用和共益债务的清偿

1. 破产费用和共益债务由债务人财产随时清偿。
2. 债务人财产不足以清偿所有破产费用和共益债务的,先行清偿破产费用。
3. 债务人财产不足以清偿所有破产费用或者共益债务的,按照比例清偿。
4. 债务人财产不足以清偿破产费用的,管理人应当提请人民法院终结破产程序。人民法院应当自收到请求之日起十五日内裁定终结破产程序,并予以公告。

第六章 债权申报

第44条 债权人依法定程序行使权利

人民法院受理破产申请时对债务人享有债权的债权人,依照本法规定的程序行使权利。

第45条 债权申报期限

人民法院受理破产申请后,应当确定债权人申报债权的期限。债权申报期限自人民法院发布受理破产申请公告之日起计算,最短不得少于三十日,最长不得超过三个月。

第46条 未到期的债权与附利息的债权的算定

1. 未到期的债权,在破产申请受理时视为到期。
2. 附利息的债权自破产申请受理时起停止计息。

第47条 附条件、附期限债权与未决债权的申报

附条件、附期限的债权和诉讼、仲裁未决的债权,债权人可以申报。

第48条 申报债权的公示与异议

1. 债权人应当在人民法院确定的债权申报期限内向管理人申报债权。
2. 债务人所欠职工的工资和医疗、伤残补助、抚恤费用,所欠的应当划入职工个人账户的基本养老保险、基本医疗保险费用,以及法律、行政法规规定应当支付给职工的补偿金,不必申报,由管理人调查后列出清单并予以公示。职工对清单记载有异议的,可以要求管理人更正;管理人不予更正的,职工可以向人民法院提起诉讼。

第49条 申报债权的书面说明

债权人申报债权时,应当书面说明债权的数额和有无财产担保,并提交有关证据。申报的债权是连带债权的,应当说明。

第50条 连带债权人申报债权

连带债权人可以由其中一人代表全体连带债权人申报债权,也可以共同申报债权。

第51条 连带债务人申报债权

1. 债务人的保证人或者其他连带债务人已经代替债务人清偿债务的,以其对债务人的求偿权申报债权。
2. 债务人的保证人或者其他连带债务人尚未代替债务人清偿债务的,以其对债务人的将来求偿权申报债权。但是,债权人已经向管理人申报全部债权的除外。

第52条 连带债务人的债权人申报债权

连带债务人数人被裁定适用本法规定的程序的,其债权人有权就全部债权分别在各破产案件中申报债权。

第53条 解除合同后对方当事人申报债权

管理人或者债务人依照本法规定解除合同的,对方当事人以因合同解除所产生的损害赔偿请求权申报债权。

第54条 受托人申报债权

债务人是委托合同的委托人,被裁定适用本法规定的程序,受托人不知该事实,继续处理委托事务的,受托人以由此产生的请求权申报债权。

第55条 票据付款人申报债权

债务人是票据的出票人,被裁定适用本法规定的程序,该票据的付款人继续付款或者承兑的,付款人以由此产生的请求权申报债权。

第56条 补充申报债权

1. 在人民法院确定的债权申报期限内,债权人未申报债权的,可以在破产财产最后分配前补充申报;但是,此前已进行的分配,不再对其补充分配。为审查和确认补充申报债权的费用,由补充申报人承担。
2. 债权人未依照本法规定申报债权的,不得依照本法规定的程序行使权利。

第57条 债权表

1. 管理人收到债权申报材料后,应当登记造册,对申报的债权进行审查,并编制债权表。
2. 债权表和债权申报材料由管理人保存,供利害关系人查阅。

第58条 债权表的核查、确认与异议

1. 依照本法第五十七条规定编制的债权表,应当提交第一次债权人会议核查。
2. 债务人、债权人对债权表记载的债权无异议的,由人民法院裁定确认。
3. 债务人、债权人对债权表记载的债权有异议的,可以向受理破产申请的人民法院提起诉讼。

第七章 债权人会议

第一节 一般规定

第59条 债权人会议的组成

1. 依法申报债权的债权人为债权人会议的成员,有权参加债权人会议,享有表决权。
2. 债权尚未确定的债权人,除人民法院能够为其行使表决权而临时确定债权额的外,不得行使表决权。
3. 对债务人的特定财产享有担保权的债权人,未放弃优先受偿权利的,对于本法第六十一条第一款第七项、第十项规定的事项不享有表决权。
4. 债权人可以委托代理人出席债权人会议,行使表决权。代理人出席债权人会议,应当向人民法院或者债权人会议主席提交债权人的授权委托书。
5. 债权人会议应当有债务人的职工和工会的代表参加,对有关事项发表意见。

第60条 债权人会议主席

1. 债权人会议设主席一人,由人民法院从有表决权的债权人中指定。
2. 债权人会议主席主持债权人会议。

第61条 债权人会议的职权

1. 债权人会议行使下列职权:
   (一)核查债权;
   (二)申请人民法院更换管理人,审查管理人的费用和报酬;
   (三)监督管理人;
   (四)选任和更换债权人委员会成员;
   (五)决定继续或者停止债务人的营业;
   (六)通过重整计划;
   (七)通过和解协议;
   (八)通过债务人财产的管理方案;
   (九)通过破产财产的变价方案;
   (十)通过破产财产的分配方案;
   (十一)人民法院认为应当由债权人会议行使的其他职权。
2. 债权人会议应当对所议事项的决议作成会议记录。

第62条 债权人会议的召开

1. 第一次债权人会议由人民法院召集,自债权申报期限届满之日起十五日内召开。
2. 以后的债权人会议,在人民法院认为必要时,或者管理人、债权人委员会、占债权总额四分之一以上的债权人向债权人会议主席提议时召开。

第63条 通知债权人

召开债权人会议,管理人应当提前十五日通知已知的债权人。

第64条 债权人会议的决议

1. 债权人会议的决议,由出席会议的有表决权的债权人过半数通过,并且其所代表的债权额占无财产担保债权总额的二分之一以上。但是,本法另有规定的除外。
2. 债权人认为债权人会议的决议违反法律规定,损害其利益的,可以自债权人会议作出决议之日起十五日内,请求人民法院裁定撤销该决议,责令债权人会议依法重新作出决议。
3. 债权人会议的决议,对于全体债权人均有约束力。

第65条 法院裁定事项

1. 本法第六十一条第一款第八项、第九项所列事项,经债权人会议表决未通过的,由人民法院裁定。
2. 本法第六十一条第一款第十项所列事项,经债权人会议二次表决仍未通过的,由人民法院裁定。
3. 对前两款规定的裁定,人民法院可以在债权人会议上宣布或者另行通知债权人。

第66条 债权人申请复议

债权人对人民法院依照本法第六十五条第一款作出的裁定不服的,债权额占无财产担保债权总额二分之一以上的债权人对人民法院依照本法第六十五条第二款作出的裁定不服的,可以自裁定宣布之日或者收到通知之日起十五日内向该人民法院申请复议。复议期间不停止裁定的执行。

第二节 债权人委员会

第67条 债权人委员会的组成

1. 债权人会议可以决定设立债权人委员会。债权人委员会由债权人会议选任的债权人代表和一名债务人的职工代表或者工会代表组成。债权人委员会成员不得超过九人。
2. 债权人委员会成员应当经人民法院书面决定认可。

第68条 债权人委员会的职权

1. 债权人委员会行使下列职权:
   (一)监督债务人财产的管理和处分;
   (二)监督破产财产分配;
   (三)提议召开债权人会议;
   (四)债权人会议委托的其他职权。
2. 债权人委员会执行职务时,有权要求管理人、债务人的有关人员对其职权范围内的事务作出说明或者提供有关文件。
3. 管理人、债务人的有关人员违反本法规定拒绝接受监督的,债权人委员会有权就监督事项请求人民法院作出决定;人民法院应当在五日内作出决定。

第六十一条 债权人会议行使下列职权:(一)核查债权;(二)申请人民法院更换管理人,审查管理人的费用和报酬;(三)监督管理人;(四)选任和更换债权人委员会成员;(五)决定继续或者停止债务人的营业;(六)通过重整计划;(七)通过和解协议;(八)通过债务人财产的管理方案;(九)通过破产财产的变价方案;(十)通过破产财产的分配方案;(十一)人民法院认为应当由债权人会议行使的其他职权。

债权人会议应当对所议事项的决议作成会议记录。

第69条 管理人行为的告知

1. 管理人实施下列行为,应当及时报告债权人委员会:
（一）涉及土地、房屋等不动产权益的转让;
（二）探矿权、采矿权、知识产权等财产权的转让;
（三）全部库存或者营业的转让;
（四）借款;
（五）设定财产担保;
（六）债权和有价证券的转让;
（七）履行债务人和对方当事人均未履行完毕的合同;
（八）放弃权利;
（九）担保物的取回;
（十）对债权人利益有重大影响的其他财产处分行为。

2. 未设立债权人委员会的,管理人实施前款规定的行为应当及时报告人民法院。

第八章 重整

第一节 重整申请和重整期间

第70条 重整申请

1. 债务人或者债权人可以依照本法规定,直接向人民法院申请对债务人进行重整。
2. 债权人申请对债务人进行破产清算的,在人民法院受理破产申请后、宣告债务人破产前,债务人或者出资额占债务人注册资本十分之一以上的出资人,可以向人民法院申请重整。

第71条 裁定重整与公告

人民法院经审查认为重整申请符合本法规定的,应当裁定债务人重整,并予以公告。

第72条 重整期间

自人民法院裁定债务人重整之日起至重整程序终止,为重整期间。

第73条 债务人自行管理与营业

1. 在重整期间,经债务人申请,人民法院批准,债务人可以在管理人的监督下自行管理财产和营业事务。
2. 有前款规定情形的,依照本法规定已接管债务人财产和营业事务的管理人应当向债务人移交财产和营业事务,本法规定的管理人的职权由债务人行使。

第74条 管理人管理与营业

管理人负责管理财产和营业事务的,可以聘任债务人的经营管理人员负责营业事务。

第75条 重整期间担保权的行使与借款

1. 在重整期间,对债务人的特定财产享有的担保权暂停行使。但是,担保物有损坏或者价值明显减少的可能,足以危害担保权人权利的,担保权人可以向人民法院请求恢复行使担保权。
2. 在重整期间,债务人或者管理人为继续营业而借款的,可以为该借款设定担保。

第76条 重整期间的取回权

债务人合法占有的他人财产,该财产的权利人在重整期间要求取回的,应当符合事先约定的条件。

第77条 重整期间对出资人收益分配与董事、监事、高级管理人员持股转让的限制

1. 在重整期间,债务人的出资人不得请求投资收益分配。
2. 在重整期间,债务人的董事、监事、高级管理人员不得向第三人转让其持有的债务人的股权。但是,经人民法院同意的除外。

第78条 重整终止与破产宣告

在重整期间,有下列情形之一的,经管理人或者利害关系人请求,人民法院应当裁定终止重整程序,并宣告债务人破产:
(一)债务人的经营状况和财产状况继续恶化,缺乏挽救的可能性;
(二)债务人有欺诈、恶意减少债务人财产或者其他显著不利于债权人的行为;
(三)由于债务人的行为致使管理人无法执行职务。

第二节 重整计划的制定和批准

第79条 重整计划草案的提交期限

1. 债务人或者管理人应当自人民法院裁定债务人重整之日起六个月内,同时向人民法院和债权人会议提交重整计划草案。
2. 前款规定的期限届满,经债务人或者管理人请求,有正当理由的,人民法院可以裁定延期三个月。
3. 债务人或者管理人未按期提出重整计划草案的,人民法院应当裁定终止重整程序,并宣告债务人破产。

第80条 重整计划草案的制作主体

1. 债务人自行管理财产和营业事务的,由债务人制作重整计划草案。
2. 管理人负责管理财产和营业事务的,由管理人制作重整计划草案。

第81条 重整计划草案的内容

重整计划草案应当包括下列内容:
(一)债务人的经营方案;
(二)债权分类;
(三)债权调整方案;
(四)债权受偿方案;
(五)重整计划的执行期限;
(六)重整计划执行的监督期限;
(七)有利于债务人重整的其他方案。

第82条 债权分类与重整计划草案分组表决

1. 下列各类债权的债权人参加讨论重整计划草案的债权人会议,依照下列债权分类,分组对重整计划草案进行表决:
(一)对债务人的特定财产享有担保权的债权;
(二)债务人所欠职工的工资和医疗、伤残补助、抚恤费用,所欠的应当划入职工个人账户的基本养老保险、基本医疗保险费用,以及法律、行政法规规定应当支付给职工的补偿金;
(三)债务人所欠税款;
(四)普通债权。
2. 人民法院在必要时可以决定在普通债权组中设小额债权组对重整计划草案进行表决。

第83条 不得减免的费用

重整计划不得规定减免债务人欠缴的本法第八十二条第一款第二项规定以外的社会保险费用;该项费用的债权人不参加重整计划草案的表决。

第84条 重整计划草案的表决

1. 人民法院应当自收到重整计划草案之日起三十日内召开债权人会议,对重整计划草案进行表决。

	2	出席会议的同一表决组的债权人过半数同意重整计划草案,并且其所代表的债权额占该组债权总额的三分之二以上的,即为该组通过重整计划草案。
	3	债务人或者管理人应当向债权人会议就重整计划草案作出说明,并回答询问。
第85条 出资人代表列席会议与出资人组表决	1	债务人的出资人代表可以列席讨论重整计划草案的债权人会议。
	2	重整计划草案涉及出资人权益调整事项的,应当设出资人组,对该事项进行表决。
第86条 表决通过重整计划与重整程序终止	1	各表决组均通过重整计划草案时,重整计划即为通过。
	2	自重整计划通过之日起十日内,债务人或者管理人应当向人民法院提出批准重整计划的申请。人民法院经审查认为符合本法规定的,应当自收到申请之日起三十日内裁定批准,终止重整程序,并予以公告。
第87条 裁定批准重整计划与重整程序终止	1	部分表决组未通过重整计划草案的,债务人或者管理人可以同未通过重整计划草案的表决组协商。该表决组可以在协商后再表决一次。双方协商的结果不得损害其他表决组的利益。
	2	未通过重整计划草案的表决组拒绝再次表决或者再次表决仍未通过重整计划草案,但重整计划草案符合下列条件的,债务人或者管理人可以申请人民法院批准重整计划草案: (一)按照重整计划草案,本法第八十二条第一款第一项所列债权就该特定财产将获得全额清偿,其因延期清偿所受的损失将得到公平补偿,并且其担保权未受到实质性损害,或者该表决组已经通过重整计划草案; (二)按照重整计划草案,本法第八十二条第一款第二项、第三项所列债权将获得全额清偿,或者相应表决组已经通过重整计划草案; (三)按照重整计划草案,普通债权所获得的清偿比例,不低于其在重整计划草案被提请批准时依照破产清算程序所能获得的清偿比例,或者该表决组已经通过重整计划草案; (四)重整计划草案对出资人权益的调整公平、公正,或者出资人组已经通过重整计划草案; (五)重整计划草案公平对待同一表决组的成员,并且所规定的债权清偿顺序不违反本法第一百一十三条的规定; (六)债务人的经营方案具有可行性。
	3	人民法院经审查认为重整计划草案符合前款规定的,应当自收到申请之日起三十日内裁定批准,终止重整程序,并予以公告。
第88条 重整程序的非正常终止		重整计划草案未获得通过且未依照本法第八十七条的规定获得批准,或者已通过的重整计划未获得批准的,人民法院应当裁定终止重整程序,并宣告债务人破产。

第八十二条　下列各类债权的债权人参加讨论重整计划草案的债权人会议，依照下列债权分类，分组对重整计划草案进行表决：（一）对债务人的特定财产享有担保权的债权；（二）债务人所欠职工的工资和医疗、伤残补助、抚恤费用，所欠的应当划入职工个人账户的基本养老保险、基本医疗保险费用，以及法律、行政法规规定应当支付给职工的补偿金；（三）债务人所欠税款；（四）普通债权。

人民法院在必要时可以决定在普通债权组中设小额债权组对重整计划草案进行表决。

第一百一十三条　破产财产在优先清偿破产费用和共益债务后，依照下列顺序清偿：（一）破产人所欠职工的工资和医疗、伤残补助、抚恤费用，所欠的应当划入职工个人账户的基本养老保险、基本医疗保险费用，以及法律、行政法规规定应当支付给职工的补偿金；（二）破产人欠缴的除前项规定以外的社会保险费用和破产人所欠税款；（三）普通破产债权。

破产财产不足以清偿同一顺序的清偿要求的，按照比例分配。

破产企业的董事、监事和高级管理人员的工资按照该企业职工的平均工资计算。

第三节 重整计划的执行

第89条 重整计划的执行主体
1. 重整计划由债务人负责执行。
2. 人民法院裁定批准重整计划后,已接管财产和营业事务的管理人应当向债务人移交财产和营业事务。

第90条 重整计划执行的监督与报告
1. 自人民法院裁定批准重整计划之日起,在重整计划规定的监督期内,由管理人监督重整计划的执行。
2. 在监督期内,债务人应当向管理人报告重整计划执行情况和债务人财务状况。

第91条 监督报告与监督期限的延长
1. 监督期届满时,管理人应当向人民法院提交监督报告。自监督报告提交之日起,管理人的监督职责终止。
2. 管理人向人民法院提交的监督报告,重整计划的利害关系人有权查阅。
3. 经管理人申请,人民法院可以裁定延长重整计划执行的监督期限。

第92条 重整计划的约束力
1. 经人民法院裁定批准的重整计划,对债务人和全体债权人均有约束力。
2. 债权人未依照本法规定申报债权的,在重整计划执行期间不得行使权利;在重整计划执行完毕后,可以按照重整计划规定的同类债权的清偿条件行使权利。
3. 债权人对债务人的保证人和其他连带债务人所享有的权利,不受重整计划的影响。

第93条 重整计划的终止
1. 债务人不能执行或者不执行重整计划的,人民法院经管理人或者利害关系人请求,应当裁定终止重整计划的执行,并宣告债务人破产。
2. 人民法院裁定终止重整计划执行的,债权人在重整计划中作出的债权调整的承诺失去效力。债权人因执行重整计划所受的清偿仍然有效,债权未受清偿的部分作为破产债权。
3. 前款规定的债权人,只有在其他同顺位债权人同自己所受的清偿达到同一比例时,才能继续接受分配。
4. 有本条第一款规定情形的,为重整计划的执行提供的担保继续有效。

第94条 重整计划减免的债务不再清偿
按照重整计划减免的债务,自重整计划执行完毕时起,债务人不再承担清偿责任。

第九章 和解

第95条 和解申请
1. 债务人可以依照本法规定,直接向人民法院申请和解;也可以在人民法院受理破产申请后、宣告债务人破产前,向人民法院申请和解。
2. 债务人申请和解,应当提出和解协议草案。

第96条 裁定和解
1. 人民法院经审查认为和解申请符合本法规定的,应当裁定和解,予以公告,并召集债权人会议讨论和解协议草案。
2. 对债务人的特定财产享有担保权的权利人,自人民法院裁定和解之日起可以行使权利。

第97条 通过和解协议
债权人会议通过和解协议的决议,由出席会议的有表决权的债权人过半数同意,并且其所代表的债权额占无财产担保债权总额的三分之二以上。

第98条 裁定认可和解协议并终止和解程序
债权人会议通过和解协议的,由人民法院裁定认可,终止和解程序,并予以公告。管理人应当向债务人移交财产和营业事务,并向人民法院提交执行职务的报告。

第99条 终止执行和解协议与宣告破产
和解协议草案经债权人会议表决未获得通过,或者已经债权人会议通过的和解协议未获得人民法院认可的,人民法院应当裁定终止和解程序,并宣告债务人破产。

第100条 和解协议的约束力
1. 经人民法院裁定认可的和解协议,对债务人和全体和解债权人均有约束力。
2. 和解债权人是指人民法院受理破产申请时对债务人享有无财产担保债权的人。
3. 和解债权人未依照本法规定申报债权的,在和解协议执行期间不得行使权利;在和解协议执行完毕后,可以按照和解协议规定的清偿条件行使权利。

第101条 和解协议的影响
和解债权人对债务人的保证人和其他连带债务人所享有的权利,不受和解协议的影响。

第102条 债务人履行和解协议的义务
债务人应当按照和解协议规定的条件清偿债务。

第103条 和解协议的否决与宣告破产
1. 因债务人的欺诈或者其他违法行为而成立的和解协议,人民法院应当裁定无效,并宣告债务人破产。
2. 有前款规定情形的,和解债权人因执行和解协议所受的清偿,在其他债权人所受清偿同等比例的范围内,不予返还。

第104条 终止执行和解协议与宣告破产
债务人不能执行或者不执行和解协议的,人民法院经和解债权人请求,应当裁定终止和解协议的执行,并宣告债务人破产。

2. 人民法院裁定终止和解协议执行的,和解债权人在和解协议中作出的债权调整的承诺失去效力。和解债权人因执行和解协议所受的清偿仍然有效,和解债权未受清偿的部分作为破产债权。
3. 前款规定的债权人,只有在其他债权人同自己所受的清偿达到同一比例时,才能继续接受分配。
4. 有本条第一款规定情形的,为和解协议的执行提供的担保继续有效。

第105条 自行和解与破产程序终结

人民法院受理破产申请后,债务人与全体债权人就债权债务的处理自行达成协议的,可以请求人民法院裁定认可,并终结破产程序。

第106条 和解协议减免债务不再清偿

按照和解协议减免的债务,自和解协议执行完毕时起,债务人不再承担清偿责任。

第十章 破产清算

第一节 破产宣告

第107条 破产宣告

1. 人民法院依照本法规定宣告债务人破产的,应当自裁定作出之日起五日内送达债务人和管理人,自裁定作出之日起十日内通知已知债权人,并予以公告。
2. 债务人被宣告破产后,债务人称为破产人,债务人财产称为破产财产,人民法院受理破产申请时对债务人享有的债权称为破产债权。

第108条 破产宣告前的破产程序终结

破产宣告前,有下列情形之一的,人民法院应当裁定终结破产程序,并予以公告:
（一）第三人为债务人提供足额担保或者为债务人清偿全部到期债务的；
（二）债务人已清偿全部到期债务的。

第109条 别除权

对破产人的特定财产享有担保权的权利人,对该特定财产享有优先受偿的权利。

第110条 别除权的不完全实现与放弃

享有本法第一百零九条规定权利的债权人行使优先受偿权利未能完全受偿的,其未受偿的债权作为普通债权；放弃优先受偿权利的,其债权作为普通债权。

第二节 变价和分配

第111条 破产财产变价方案

1. 管理人应当及时拟订破产财产变价方案,提交债权人会议讨论。
2. 管理人应当按照债权人会议通过的或者人民法院依照本法第六十五条第一款规定裁定的破产财产变价方案,适时变价出售破产财产。

第112条 变价出售方式

1. 变价出售破产财产应当通过拍卖进行。但是,债权人会议另有决议的除外。
2. 破产企业可以全部或者部分变价出售。企业变价出售时,可以将其中的无形资产和其他财产单独变价出售。
3. 按照国家规定不能拍卖或者限制转让的财产,应当按照国家规定的方式处理。

第113条 破产财产的清偿顺序

1. 破产财产在优先清偿破产费用和共益债务后,依照下列顺序清偿:
（一）破产人所欠职工的工资和医疗、伤残补助、抚恤费用,所欠的应当划入职工个人账户的基本养老保险、基本医疗保险费用,以及法律、行政法规规定应当支付给职工的补偿金；
（二）破产人欠缴的除前项规定以外的社会保险费用和破产人所欠税款；

第六十五条 本法第六十一条第一款第八项、第九项所列事项,经债权人会议表决未通过的,由人民法院裁定。

本法第六十一条第一款第十项所列事项,经债权人会议二次表决仍未通过的,由人民法院裁定。

对前两款规定的裁定,人民法院可以在债权人会议上宣布或者另行通知债权人。

（三）普通破产债权。

破产财产不足以清偿同一顺序的清偿要求的，按照比例分配。

破产企业的董事、监事和高级管理人员的工资按照该企业职工的平均工资计算。

第114条 破产财产的分配方式

破产财产的分配应当以货币分配方式进行。但是，债权人会议另有决议的除外。

第115条 破产财产的分配方案

1. 管理人应当及时拟订破产财产分配方案，提交债权人会议讨论。
2. 破产财产分配方案应当载明下列事项：
（一）参加破产财产分配的债权人名称或者姓名、住所；
（二）参加破产财产分配的债权额；
（三）可供分配的破产财产数额；
（四）破产财产分配的顺序、比例及数额；
（五）实施破产财产分配的方法。
3. 债权人会议通过破产财产分配方案后，由管理人将该方案提请人民法院裁定认可。

第116条 破产财产分配方案的执行

1. 破产财产分配方案经人民法院裁定认可后，由管理人执行。
2. 管理人按照破产财产分配方案实施多次分配的，应当公告本次分配的财产额和债权额。管理人实施最后分配的，应当在公告中指明，并载明本法第一百一十七条第二款规定的事项。

第117条 附条件债权的分配

1. 对于附生效条件或者解除条件的债权，管理人应当将其分配额提存。
2. 管理人依照前款规定提存的分配额，在最后分配公告日，生效条件未成就或者解除条件成就的，应当分配给其他债权人；在最后分配公告日，生效条件成就或者解除条件未成就的，应当交付给债权人。

第118条 未受领的破产财产的分配

债权人未受领的破产财产分配额，管理人应当提存。债权人自最后分配公告之日起满二个月仍不领取的，视为放弃受领分配的权利，管理人或者人民法院应当将提存的分配额分配给其他债权人。

第119条 诉讼或仲裁未决债权的分配

破产财产分配时，对于诉讼或者仲裁未决的债权，管理人应当将其分配额提存。自破产程序终结之日起满二年仍不能受领分配的，人民法院应当将提存的分配额分配给其他债权人。

第三节 破产程序的终结

第120条 破产程序的终结及公告

1. 破产人无财产可供分配的,管理人应当请求人民法院裁定终结破产程序。
2. 管理人在最后分配完结后,应当及时向人民法院提交破产财产分配报告,并提请人民法院裁定终结破产程序。
3. 人民法院应当自收到管理人终结破产程序的请求之日起十五日内作出是否终结破产程序的裁定。裁定终结的,应当予以公告。

第121条 破产人的注销登记

管理人应当自破产程序终结之日起十日内,持人民法院终结破产程序的裁定,向破产人的原登记机关办理注销登记。

第122条 管理人执行职务的终止

管理人于办理注销登记完毕的次日终止执行职务。但是,存在诉讼或者仲裁未决情况的除外。

第123条 破产程序终结后的追加分配

1. 自破产程序依照本法第四十三条第四款或者第一百二十条的规定终结之日起二年内,有下列情形之一的,债权人可以请求人民法院按照破产财产分配方案进行追加分配:
（一）发现有依照本法第三十一条、第三十二条、第三十三条、第三十六条规定应当追回的财产的;
（二）发现破产人有应当供分配的其他财产的。
2. 有前款规定情形,但财产数量不足以支付分配费用的,不再进行追加分配,由人民法院将其上交国库。

第124条 对未受偿债权的清偿责任

破产人的保证人和其他连带债务人,在破产程序终结后,对债权人依照破产清算程序未受清偿的债权,依法继续承担清偿责任。

第四十三条　破产费用和共益债务由债务人财产随时清偿。

债务人财产不足以清偿所有破产费用和共益债务的，先行清偿破产费用。

债务人财产不足以清偿所有破产费用或者共益债务的，按照比例清偿。

债务人财产不足以清偿破产费用的，管理人应当提请人民法院终结破产程序。人民法院应当自收到请求之日起十五日内裁定终结破产程序，并予以公告。

第三十一条　人民法院受理破产申请前一年内，涉及债务人财产的下列行为，管理人有权请求人民法院予以撤销：（一）无偿转让财产的；（二）以明显不合理的价格进行交易的；（三）对没有财产担保的债务提供财产担保的；（四）对未到期的债务提前清偿的；（五）放弃债权的。

第三十二条　人民法院受理破产申请前六个月内，债务人有本法第二条第一款规定的情形，仍对个别债权人进行清偿的，管理人有权请求人民法院予以撤销。但是，个别清偿使债务人财产受益的除外。

第三十三条　涉及债务人财产的下列行为无效：（一）为逃避债务而隐匿、转移财产的；（二）虚构债务或者承认不真实的债务的。

第三十六条　债务人的董事、监事和高级管理人员利用职权从企业获取的非正常收入和侵占的企业财产，管理人应当追回。

中华人民共和国企业破产法 125—131 条

第十一章　法律责任

第125条　破产企业董事、监事和高级管理人员的法律责任

1　企业董事、监事或者高级管理人员违反忠实义务、勤勉义务，致使所在企业破产的，依法承担民事责任。

2　有前款规定情形的人员，自破产程序终结之日起三年内不得担任任何企业的董事、监事、高级管理人员。

第126条　有义务列席债权人会议的债务人的有关人员的法律责任

有义务列席债权人会议的债务人的有关人员，经人民法院传唤，无正当理由拒不列席债权人会议的，人民法院可以拘传，并依法处以罚款。债务人的有关人员违反本法规定，拒不陈述、回答，或者作虚假陈述、回答的，人民法院可以依法处以罚款。

第127条　不履行法定义务的直接责任人员的法律责任

1　债务人违反本法规定，拒不向人民法院提交或者提交不真实的财产状况说明、债务清册、债权清册、有关财务会计报告以及职工工资的支付情况和社会保险费用的缴纳情况的，人民法院可以对直接责任人员依法处以罚款。

2　债务人违反本法规定，拒不向管理人移交财产、印章和账簿、文书等资料的，或者伪造、销毁有关财产证据材料而使财产状况不明的，人民法院可以对直接责任人员依法处以罚款。

第128条　债务人的法定代表人和其他直接责任人员的法律责任

债务人有本法第三十一条、第三十二条、第三十三条规定的行为，损害债权人利益的，债务人的法定代表人和其他直接责任人员依法承担赔偿责任。

第129条　债务人的有关人员擅自离开住所地的法律责任

债务人的有关人员违反本法规定，擅自离开住所地的，人民法院可以予以训诫、拘留，可以依法并处罚款。

第130条　管理人的法律责任

管理人未依照本法规定勤勉尽责，忠实执行职务的，人民法院可以依法处以罚款；给债权人、债务人或者第三人造成损失的，依法承担赔偿责任。

第131条　刑事责任

违反本法规定，构成犯罪的，依法追究刑事责任。

第三十一条 人民法院受理破产申请前一年内，涉及债务人财产的下列行为，管理人有权请求人民法院予以撤销：（一）无偿转让财产的；（二）以明显不合理的价格进行交易的；（三）对没有财产担保的债务提供财产担保的；（四）对未到期的债务提前清偿的；（五）放弃债权的。

第三十二条 人民法院受理破产申请前六个月内，债务人有本法第二条第一款规定的情形，仍对个别债权人进行清偿的，管理人有权请求人民法院予以撤销。但是，个别清偿使债务人财产受益的除外。

第三十三条 涉及债务人财产的下列行为无效：（一）为逃避债务而隐匿、转移财产的；（二）虚构债务或者承认不真实的债务的。

第十二章 附则

第132条 别除权适用的例外

本法施行后,破产人在本法公布之日前所欠职工的工资和医疗、伤残补助、抚恤费用,所欠的应当划入职工个人账户的基本养老保险、基本医疗保险费用,以及法律、行政法规规定应当支付给职工的补偿金,依照本法第一百一十三条的规定清偿后不足以清偿的部分,以本法第一百零九条规定的特定财产优先于对该特定财产享有担保权的权利人受偿。

第133条 本法实行前国务院规定范围内企业破产的特别规定

在本法施行前国务院规定的期限和范围内的国有企业实施破产的特殊事宜,按照国务院有关规定办理。

第134条 金融机构破产的特别规定

1. 商业银行、证券公司、保险公司等金融机构有本法第二条规定情形的,国务院金融监督管理机构可以向人民法院提出对该金融机构进行重整或者破产清算的申请。国务院金融监督管理机构依法对出现重大经营风险的金融机构采取接管、托管等措施的,可以向人民法院申请中止以该金融机构为被告或者被执行人的民事诉讼程序或者执行程序。
2. 金融机构实施破产的,国务院可以依据本法和其他有关法律的规定制定实施办法。

第135条 企业法人以外组织破产的准用规定

其他法律规定企业法人以外的组织的清算,属于破产清算的,参照适用本法规定的程序。

第136条 施行日期

本法自2007年6月1日起施行,《中华人民共和国企业破产法(试行)》同时废止。

第一百一十三条　破产财产在优先清偿破产费用和共益债务后，依照下列顺序清偿：（一）破产人所欠职工的工资和医疗、伤残补助、抚恤费用，所欠的应当划入职工个人账户的基本养老保险、基本医疗保险费用，以及法律、行政法规规定应当支付给职工的补偿金；（二）破产人欠缴的除前项规定以外的社会保险费用和破产人所欠税款；（三）普通破产债权。

　　破产财产不足以清偿同一顺序的清偿要求的，按照比例分配。

　　破产企业的董事、监事和高级管理人员的工资按照该企业职工的平均工资计算。

第一百零九条　对破产人的特定财产享有担保权的权利人，对该特定财产享有优先受偿的权利。

附

最高人民法院关于适用《中华人民共和国企业破产法》若干问题的规定（一）

法释〔2011〕22号

（2011年8月29日最高人民法院审判委员会第1527次会议通过 2011年9月9日最高人民法院公告公布自2011年9月26日起施行）

为正确适用《中华人民共和国企业破产法》，结合审判实践，就人民法院依法受理企业破产案件适用法律问题作出如下规定。

第一条 债务人不能清偿到期债务并且具有下列情形之一的，人民法院应当认定其具备破产原因：

（一）资产不足以清偿全部债务；

（二）明显缺乏清偿能力。

相关当事人以对债务人的债务负有连带责任的人未丧失清偿能力为由，主张债务人不具备破产原因的，人民法院应不予支持。

第二条 下列情形同时存在的，人民法院应当认定债务人不能清偿到期债务：

（一）债权债务关系依法成立；

（二）债务履行期限已经届满；

（三）债务人未完全清偿债务。

第三条 债务人的资产负债表，或者审计报告、资产评估报告等显示其全部资产不足以偿付全部负债的，人民法院应当认定债务人资产不足以清偿全部债务，但有相反证据足以证明债务人资产能够偿付全部负债的除外。

第四条 债务人账面资产虽大于负债，但存在下列情形之一的，人民法院应当认定其明显缺乏清偿能力：

（一）因资金严重不足或者财产不能变现等原因，无法清偿债务；

（二）法定代表人下落不明且无其他人员负责管理财产，无法清偿债务；

（三）经人民法院强制执行，无法清偿债务；

（四）长期亏损且经营扭亏困难，无法清偿债务；

（五）导致债务人丧失清偿能力的其他情形。

第五条 企业法人已解散但未清算或者未在合理期限内清算完毕，债权人申请债务人破产清算，除债务人在法定异议期限内举证证明其未出现破产原因外，人民法院应当受理。

第六条 债权人申请债务人破产的，应当提交债务人不能清偿到期债务的有关证据。债务人对债权人的申请未在法定期限内向人民法院提出异议，或者异议不成立的，人民法院应当依法裁定受理破产申请。

受理破产申请后，人民法院应当责令债务人依法提交其财产状况说明、债务清册、债权清册、财务会计报告等有关材料，债务人拒不提交的，人民法院可以对债务人的直接责任人员采取罚款等强制措施。

第七条　人民法院收到破产申请时，应当向申请人出具收到申请及所附证据的书面凭证。

人民法院收到破产申请后应当及时对申请人的主体资格、债务人的主体资格和破产原因，以及有关材料和证据等进行审查，并依据企业破产法第十条的规定作出是否受理的裁定。

人民法院认为申请人应当补充、补正相关材料的，应当自收到破产申请之日起五日内告知申请人。当事人补充、补正相关材料的期间不计入企业破产法第十条规定的期限。

第八条　破产案件的诉讼费用，应根据企业破产法第四十三条的规定，从债务人财产中拨付。相关当事人以申请人未预先交纳诉讼费用为由，对破产申请提出异议的，人民法院不予支持。

第九条　申请人向人民法院提出破产申请，人民法院未接收其申请，或者未按本规定第七条执行的，申请人可以向上一级人民法院提出破产申请。

上一级人民法院接到破产申请后，应当责令下级法院依法审查并及时作出是否受理的裁定；下级法院仍不作出是否受理裁定的，上一级人民法院可以径行作出裁定。

上一级人民法院裁定受理破产申请的，可以同时指令下级人民法院审理该案件。

最高人民法院关于适用《中华人民共和国企业破产法》若干问题的规定（二）

（2013年7月29日最高人民法院审判委员会第1586次会议通过，根据2020年12月23日最高人民法院审判委员会第1823次会议通过的《最高人民法院关于修改〈最高人民法院关于破产企业国有划拨土地使用权应否列入破产财产等问题的批复〉等二十九件商事类司法解释的决定》修正）

根据《中华人民共和国民法典》《中华人民共和国企业破产法》等相关法律，结合审判实践，就人民法院审理企业破产案件中认定债务人财产相关的法律适用问题，制定本规定。

第一条　除债务人所有的货币、实物外，债务人依法享有的可以用货币估价并可以依法转让的债权、股权、知识产权、用益物权等财产和财产权益，人民法院均应认定为债务人财产。

第二条　下列财产不应认定为债务人财产：
（一）债务人基于仓储、保管、承揽、代销、借用、寄存、租赁等合同或者其他法律关系占有、使用的他人财产；
（二）债务人在所有权保留买卖中尚未取得所有权的财产；
（三）所有权专属于国家且不得转让的财产；
（四）其他依照法律、行政法规不属于债务人的财产。

第三条　债务人已依法设定担保物权的特定财产，人民法院应当认定为债务人财产。

对债务人的特定财产在担保物权消灭或者实现担保物权后的剩余部分，在破产程序中可用以清偿破产费用、共益债务和其他破产债权。

第四条　债务人对按份享有所有权的共有财产的相关份额，或者共同享有所有权的共有财产的相应财产权利，以及依法分割共有财产所得部分，人民法院均应认定为债务人财产。

人民法院宣告债务人破产清算，属于共有财产分割的法定事由。人民法院裁定债务人重整或者和解的，共有财产的分割应当依据民法典第三百零三条的规定进行；基于重整或者和解的需要必须分割共有财产，管理人请求分割的，人民法院应予准许。

因分割共有财产导致其他共有人损害产生的债务，其他共有人请求作为共益债务清偿的，人民法院应予支持。

第五条　破产申请受理后，有关债务人财产的执行程序未依照企业破产法第十九条的规定中止的，采取执行措施的相关单位应当依法予以纠正。依法执行回转的财产，人民法院应当认定为债务人财产。

第六条　破产申请受理后，对于可能因有关利益相关人的行为或者其他原因，影响破产程序依法进行的,受理破产申请的人民法院可以根据管理人的申请或者依职权,对债务人的全部或者部分财产采取保全措施。

第七条 对债务人财产已采取保全措施的相关单位,在知悉人民法院已裁定受理有关债务人的破产申请后,应当依照企业破产法第十九条的规定及时解除对债务人财产的保全措施。

第八条 人民法院受理破产申请后至破产宣告前裁定驳回破产申请,或者依据企业破产法第一百零八条的规定裁定终结破产程序的,应当及时通知原已采取保全措施并已依法解除保全措施的单位按照原保全顺位恢复相关保全措施。

在已依法解除保全的单位恢复保全措施或者表示不再恢复之前,受理破产申请的人民法院不得解除对债务人财产的保全措施。

第九条 管理人依据企业破产法第三十一条和第三十二条的规定提起诉讼,请求撤销涉及债务人财产的相关行为并由相对人返还债务人财产的,人民法院应予支持。

管理人因过错未依法行使撤销权导致债务人财产不当减损,债权人提起诉讼主张管理人对其损失承担相应赔偿责任的,人民法院应予支持。

第十条 债务人经过行政清理程序转入破产程序的,企业破产法第三十一条和第三十二条规定的可撤销行为的起算点,为行政监管机构作出撤销决定之日。

债务人经过强制清算程序转入破产程序的,企业破产法第三十一条和第三十二条规定的可撤销行为的起算点,为人民法院裁定受理强制清算申请之日。

第十一条 人民法院根据管理人的请求撤销涉及债务人财产的以明显不合理价格进行的交易的,买卖双方应当依法返还从对方获取的财产或者价款。

因撤销该交易,对于债务人应返还受让人已支付价款所产生的债务,受让人请求作为共益债务清偿的,人民法院应予支持。

第十二条 破产申请受理前一年内债务人提前清偿的未到期债务,在破产申请受理前已经到期,管理人请求撤销该清偿行为的,人民法院不予支持。但是,该清偿行为发生在破产申请受理前六个月内且债务人有企业破产法第二条第一款规定情形的除外。

第十三条 破产申请受理后,管理人未依据企业破产法第三十一条的规定请求撤销债务人无偿转让财产、以明显不合理价格交易、放弃债权行为的,债权人依据民法典第五百三十八条、第五百三十九条等规定提起诉讼,请求撤销债务人上述行为并将因此追回的财产归入债务人财产的,人民法院应予受理。

相对人以债权人行使撤销权的范围超出债权人的债权抗辩的,人民法院不予支持。

第十四条 债务人对以自有财产设定担保物权的债权进行的个别清偿,管理人依据企业破产法第三十二条的规定请求撤销的,人民法院不予支持。但是,债务清偿时担保财产的价值低于债权额的除外。

第十五条 债务人经诉讼、仲裁、执行程序对债权人进行的个别清偿,管理人依据企业破产法第三十二条的规定请求撤销的，人民法院不予支持。但是，债务人与债权人恶意串通损害其他债权人利益的除外。

第十六条 债务人对债权人进行的以下个别清偿，管理人依据企业破产法第三十二条的规定请求撤销的，人民法院不予支持：
（一）债务人为维系基本生产需要而支付水费、电费等的；
（二）债务人支付劳动报酬、人身损害赔偿金的；
（三）使债务人财产受益的其他个别清偿。

第十七条 管理人依据企业破产法第三十三条的规定提起诉讼，主张被隐匿、转移财产的实际占有人返还债务人财产，或者主张债务人虚构债务或者承认不真实债务的行为无效并返还债务人财产的，人民法院应予支持。

第十八条 管理人代表债务人依据企业破产法第一百二十八条的规定，以债务人的法定代表人和其他直接责任人员对所涉债务人财产的相关行为存在故意或者重大过失，造成债务人财产损失为由提起诉讼，主张上述责任人员承担相应赔偿责任的，人民法院应予支持。

第十九条 债务人对外享有债权的诉讼时效，自人民法院受理破产申请之日起中断。

债务人无正当理由未对其到期债权及时行使权利，导致其对外债权在破产申请受理前一年内超过诉讼时效期间的，人民法院受理破产申请之日起重新计算上述债权的诉讼时效期间。

第二十条 管理人代表债务人提起诉讼，主张出资人向债务人依法缴付未履行的出资或者返还抽逃的出资本息，出资人以认缴出资尚未届至公司章程规定的缴纳期限或者违反出资义务已经超过诉讼时效为由抗辩的，人民法院不予支持。

管理人依据公司法的相关规定代表债务人提起诉讼，主张公司的发起人和负有监督股东履行出资义务的董事、高级管理人员，或者协助抽逃出资的其他股东、董事、高级管理人员、实际控制人等，对股东违反出资义务或者抽逃出资承担相应责任，并将财产归入债务人财产的，人民法院应予支持。

第二十一条 破产申请受理前，债权人就债务人财产提起下列诉讼，破产申请受理时案件尚未审结的，人民法院应当中止审理：
（一）主张次债务人代替债务人直接向其偿还债务的；
（二）主张债务人的出资人、发起人和负有监督股东履行出资义务的董事、高级管理人员，或者协助抽逃出资的其他股东、董事、高级管理人员、实际控制人等直接向其承担出资不实或者抽逃出资责任的；
（三）以债务人的股东与债务人法人人格严重混同为由，主张债务人的股东直接向其偿还债务人对其所负债务的；
（四）其他就债务人财产提起的个别清偿诉讼。

债务人破产宣告后，人民法院应当依照企业破产法第四十四条的规定判决驳回债权人的诉讼请求。但是，债权人一审中变更其诉讼请求为追收的相关财产归入债务人财产的除外。

债务人破产宣告前，人民法院依据企业破产法第十二条或者第一百零八条的规定裁定驳回破产申请或者终结破产程序的，上述中止审理的案件应当依法恢复审理。

第二十二条 破产申请受理前，债权人就债务人财产向人民法院提起本规定第二十一条第一款所列诉讼，人民法院已经作出生效民事判决书或者调解书但尚未执行完毕的，破产申请受理后，相关执行行为应当依据企业破产法第十九条的规定中止，债权人应当依法向管理人申报相关债权。

第二十三条 破产申请受理后，债权人就债务人财产向人民法院提起本规定第二十一条第一款所列诉讼的，人民法院不予受理。

债权人通过债权人会议或者债权人委员会，要求管理人依法向次债务人、债务人的出资人等追收债务人财产，管理人无正当理由拒绝追收，债权人会议依据企业破产法第二十二条的规定，申请人民法院更换管理人的，人民法院应予支持。

管理人不予追收，个别债权人代表全体债权人提起相关诉讼，主张次债务人或者债务人的出资人等向债务人清偿或者返还债务人财产，或者依法申请合并破产的，人民法院应予受理。

第二十四条 债务人有企业破产法第二条第一款规定的情形时，债务人的董事、监事和高级管理人员利用职权获取的以下收入，人民法院应当认定为企业破产法第三十六条规定的非正常收入：

（一）绩效奖金；

（二）普遍拖欠职工工资情况下获取的工资性收入；

（三）其他非正常收入。

债务人的董事、监事和高级管理人员拒不向管理人返还上述债务人财产，管理人主张上述人员予以返还的，人民法院应予支持。

债务人的董事、监事和高级管理人员因返还第一款第（一）项、第（三）项非正常收入形成的债权，可以作为普通破产债权清偿。因返还第一款第（二）项非正常收入形成的债权，依据企业破产法第一百一十三条第三款的规定，按照该企业职工平均工资计算的部分作为拖欠职工工资清偿；高出该企业职工平均工资计算的部分，可以作为普通破产债权清偿。

第二十五条 管理人拟通过清偿债务或者提供担保取回质物、留置物，或者与质权人、留置权人协议以质物、留置物折价清偿债务等方式，进行对债权人利益有重大影响的财产处分行为的，应当及时报告债权人委员会。未设立债权人委员会的，管理人应当及时报告人民法院。

第二十六条 权利人依据企业破产法第三十八条的规定行使取回权，应当在破产财产变价方案或者和解协议、重整计划草案提交债权人会议表决前向管理人提出。权利人在上述期限后主张取回相关财产的，应当承担延迟行使取回权增加的相关费用。

第二十七条 权利人依据企业破产法第三十八条的规定向管理人主张取回相关财产，管理人不予认可，权利人以债务人为被告向人民法院提起诉讼请求行使取回权的，人民法院应予受理。

权利人依据人民法院或者仲裁机关的相关生效法律文书向管理人主张取回所涉争议财产，管理人以生效法律文书错误为由拒绝其行使取回权的，人民法院不予支持。

第二十八条 权利人行使取回权时未依法向管理人支付相关的加工费、保管费、托运费、委托费、代销费等费用，管理人拒绝其取回相关财产的，人民法院应予支持。

第二十九条 对债务人占有的权属不清的鲜活易腐等不易保管的财产或者不及时变现价值将严重贬损的财产，管理人及时变价并提存变价款后，有关权利人就该变价款行使取回权的，人民法院应予支持。

第三十条 债务人占有的他人财产被违法转让给第三人，依据民法典第三百一十一条的规定第三人已善意取得财产所有权，原权利人无法取回该财产的，人民法院应当按照以下规定处理：

（一）转让行为发生在破产申请受理前的，原权利人因财产损失形成的债权，作为普通破产债权清偿；

（二）转让行为发生在破产申请受理后的，因管理人或者相关人员执行职务导致原权利人损害产生的债务，作为共益债务清偿。

第三十一条 债务人占有的他人财产被违法转让给第三人，第三人已向债务人支付了转让价款，但依据民法典第三百一十一条的规定未取得财产所有权，原权利人依法追回转让财产的，对因第三人已支付对价而产生的债务，人民法院应当按照以下规定处理：

（一）转让行为发生在破产申请受理前的，作为普通破产债权清偿；

（二）转让行为发生在破产申请受理后的，作为共益债务清偿。

第三十二条 债务人占有的他人财产毁损、灭失，因此获得的保险金、赔偿金、代偿物尚未交付给债务人，或者代偿物虽已交付给债务人但能与债务人财产予以区分的，权利人主张取回就此获得的保险金、赔偿金、代偿物的，人民法院应予支持。

保险金、赔偿金已经交付给债务人，或者代偿物已经交付给债务人且不能与债务人财产予以区分的，人民法院应当按照以下规定处理：

（一）财产毁损、灭失发生在破产申请受理前的，权利人因财产损失形成的债权，作为普通破产债权清偿；

（二）财产毁损、灭失发生在破产申请受理后的，因管理人或者相关人员执行职务导致权利人损害产生的债务，作为共益债务清偿。

债务人占有的他人财产毁损、灭失，没有获得相应的保险金、赔偿金、代偿物，或者保险金、赔偿物、代偿物不足以弥补其损失的部分，人民法院应当按照本条第二款的规定处理。

第三十三条　管理人或者相关人员在执行职务过程中，因故意或者重大过失不当转让他人财产或者造成他人财产毁损、灭失，导致他人损害产生的债务作为共益债务，由债务人财产随时清偿不足弥补损失，权利人向管理人或者相关人员主张承担补充赔偿责任的，人民法院应予支持。

上述债务作为共益债务由债务人财产随时清偿后，债权人以管理人或者相关人员执行职务不当导致债务人财产减少给其造成损失为由提起诉讼，主张管理人或者相关人员承担相应赔偿责任的，人民法院应予支持。

第三十四条　买卖合同双方当事人在合同中约定标的物所有权保留，在标的物所有权未依法转移给买受人前，一方当事人破产的，该买卖合同属于双方均未履行完毕的合同，管理人有权依据企业破产法第十八条的规定决定解除或者继续履行合同。

第三十五条　出卖人破产，其管理人决定继续履行所有权保留买卖合同的，买受人应当按照原买卖合同的约定支付价款或者履行其他义务。

买受人未依约支付价款或者履行完毕其他义务，或者将标的物出卖、出质或者作出其他不当处分，给出卖人造成损害，出卖人管理人依法主张取回标的物的，人民法院应予支持。但是，买受人已经支付标的物总价款百分之七十五以上或者第三人善意取得标的物所有权或者其他物权的除外。

因本条第二款规定未能取回标的物，出卖人管理人依法主张买受人继续支付价款、履行完毕其他义务，以及承担相应赔偿责任的，人民法院应予支持。

第三十六条　出卖人破产，其管理人决定解除所有权保留买卖合同，并依据企业破产法第十七条的规定要求买受人向其交付买卖标的物的，人民法院应予支持。

买受人以其不存在未依约支付价款或者履行完毕其他义务，或者将标的物出卖、出质或者作出其他不当处分情形抗辩的，人民法院不予支持。

买受人依法履行合同义务并依据本条第一款将买卖标的物交付出卖人管理人后，买受人已支付价款损失形成的债权作为共益债务清偿。但是，买受人违反合同约定，出卖人管理人主张上述债权作为普通破产债权清偿的，人民法院应予支持。

第三十七条　买受人破产，其管理人决定继续履行所有权保留买卖合同的，原买卖合同中约定的买受人支付价款或者履行其他义务的期限在破产申请受理时视为到期，买受人管理人应当及时向出卖人支付价款或者履行其他义务。

买受人管理人无正当理由未及时支付价款或者履行完毕其他义务，或者将标的物出卖、出质或者作出其他不当处分，给出卖人造成损害，出卖人依据民法典第六百四十一条等规定主张取回标的物的，人民法院应予支持。但是，买受人已支付标的物总价款百分之七十五以上或者第三人善意取得标的物所有权或者其他物权的除外。

因本条第二款规定未能取回标的物，出卖人依法主张买受人继续支付价款、履行完毕其他义务，以及承担相应赔偿责任的，人民法院应予支持。对因买受人未支付价款或者未履行完毕其他义务，以及买受人管理人将标的物出卖、出质或者作出其他不当处分导致出卖人损害产生的债务，出卖人主张作为共益债务清偿的，人民法院应予支持。

第三十八条　买受人破产，其管理人决定解除所有权保留买卖合同，出卖人依据企业破产法第三十八条的规定主张取回买卖标的物的，人民法院应予支持。

出卖人取回买卖标的物，买受人管理人主张出卖人返还已支付价款的，人民法院应予支持。取回的标的物价值明显减少给出卖人造成损失的，出卖人可从买受人已支付价款中优先予以抵扣后，将剩余部分返还给买受人；对买受人已支付价款不足以弥补出卖人标的物价值减损损失形成的债权，出卖人主张作为共益债务清偿的，人民法院应予支持。

第三十九条　出卖人依据企业破产法第三十九条的规定，通过通知承运人或者实际占有人中止运输、返还货物、变更到达地，或者将货物交给其他收货人等方式，对在运途中标的物主张了取回权但未能实现，或者在货物未达管理人前已向管理人主张取回在运途中标的物，在买卖标的物到达管理人后，出卖人向管理人主张取回的，管理人应予准许。

出卖人对在运途中标的物未及时行使取回权，在买卖标的物到达管理人后向管理人行使在运途中标的物取回权的，管理人不应准许。

第四十条　债务人重整期间，权利人要求取回债务人合法占有的权利人的财产，不符合双方事先约定条件的，人民法院不予支持。但是，因管理人或者自行管理的债务人违反约定，可能导致取回物被转让、毁损、灭失或者价值明显减少的除外。

第四十一条　债权人依据企业破产法第四十条的规定行使抵销权，应当向管理人提出抵销主张。

管理人不得主动抵销债务人与债权人的互负债务，但抵销使债务人财产受益的除外。

第四十二条　管理人收到债权人提出的主张债务抵销的通知后，经审查无异议的，抵销自管理人收到通知之日起生效。

管理人对抵销主张有异议的，应当在约定的异议期限内或者自收到主张债务抵销的通知之日起三个月内向人民法院提起诉讼。无正当理由逾期提起的，人民法院不予支持。

人民法院判决驳回管理人提起的抵销无效诉讼请求的，该抵销自管理人收到主张债务抵销的通知之日起生效。

第四十三条　债权人主张抵销，管理人以下列理由提出异议的，人民法院不予支持：

（一）破产申请受理时，债务人对债权人负有的债务尚未到期；

（二）破产申请受理时，债权人对债务人负有的债务尚未到期；

（三）双方互负债务标的物种类、品质不同。

第四十四条 破产申请受理前六个月内，债务人有企业破产法第二条第一款规定的情形，债务人与个别债权人以抵销方式对个别债权人清偿，其抵销的债权债务属于企业破产法第四十条第（二）、（三）项规定的情形之一，管理人在破产申请受理之日起三个月内向人民法院提起诉讼，主张该抵销无效的，人民法院应予支持。

第四十五条 企业破产法第四十条所列不得抵销情形的债权人，主张以其对债务人特定财产享有优先受偿权的债权，与债务人对其不享有优先受偿权的债权抵销，债务人管理人以抵销存在企业破产法第四十条规定的情形提出异议的，人民法院不予支持。但是，用以抵销的债权大于债权人享有优先受偿权财产价值的除外。

第四十六条 债务人的股东主张以下列债务与债务人对其负有的债务抵销，债务人管理人提出异议的，人民法院应予支持：

（一）债务人股东因欠缴债务人的出资或者抽逃出资对债务人所负的债务；

（二）债务人股东滥用股东权利或者关联关系损害公司利益对债务人所负的债务。

第四十七条 人民法院受理破产申请后，当事人提起的有关债务人的民事诉讼案件，应当依据企业破产法第二十一条的规定，由受理破产申请的人民法院管辖。

受理破产申请的人民法院管辖的有关债务人的第一审民事案件，可以依据民事诉讼法第三十八条的规定，由上级人民法院提审，或者报请上级人民法院批准后交下级人民法院审理。

受理破产申请的人民法院，如对有关债务人的海事纠纷、专利纠纷、证券市场因虚假陈述引发的民事赔偿纠纷等案件不能行使管辖权的，可以依据民事诉讼法第三十七条的规定，由上级人民法院指定管辖。

第四十八条 本规定施行前本院发布的有关企业破产的司法解释，与本规定相抵触的，自本规定施行之日起不再适用。

最高人民法院关于适用《中华人民共和国企业破产法》若干问题的规定（三）

（2019年2月25日最高人民法院审判委员会第1762次会议通过，根据2020年12月23日最高人民法院审判委员会第1823次会议通过的《最高人民法院关于修改〈最高人民法院关于破产企业国有划拨土地使用权应否列入破产财产等问题的批复〉等二十九件商事类司法解释的决定》修正）

为正确适用《中华人民共和国企业破产法》，结合审判实践，就人民法院审理企业破产案件中有关债权人权利行使等相关法律适用问题，制定本规定。

第一条　人民法院裁定受理破产申请的，此前债务人尚未支付的公司强制清算费用、未终结的执行程序中产生的评估费、公告费、保管费等执行费用，可以参照企业破产法关于破产费用的规定，由债务人财产随时清偿。

此前债务人尚未支付的案件受理费、执行申请费，可以作为破产债权清偿。

第二条　破产申请受理后，经债权人会议决议通过，或者第一次债权人会议召开前经人民法院许可，管理人或者自行管理的债务人可以为债务人继续营业而借款。提供借款的债权人主张参照企业破产法第四十二条第四项的规定优先于普通破产债权清偿的，人民法院应予支持，但其主张优先于此前已就债务人特定财产享有担保的债权清偿的，人民法院不予支持。

管理人或者自行管理的债务人可以为前述借款设定抵押担保，抵押物在破产申请受理前已为其他债权人设定抵押的，债权人主张按照民法典第四百一十四条规定的顺序清偿，人民法院应予支持。

第三条　破产申请受理后，债务人欠缴款项产生的滞纳金，包括债务人未履行生效法律文书应当加倍支付的迟延利息和劳动保险金的滞纳金，债权人作为破产债权申报的，人民法院不予确认。

第四条　保证人被裁定进入破产程序的，债权人有权申报其对保证人的保证债权。

主债务未到期的，保证债权在保证人破产申请受理时视为到期。一般保证的保证人主张行使先诉抗辩权的，人民法院不予支持，但债权人在一般保证人破产程序中的分配额应予提存，待一般保证人应承担的保证责任确定后再按照破产清偿比例予以分配。

保证人被确定应当承担保证责任的，保证人的管理人可以就保证人实际承担的清偿额向主债务人或其他债务人行使求偿权。

第五条　债务人、保证人均被裁定进入破产程序的，债权人有权向债务人、保证人分别申报债权。

债权人向债务人、保证人均申报全部债权的，从一方破产程序中获得清偿后，其对另一方的债权额不作调整，但债权人的受偿额不得超出其债权总额。保证人履行保证责任后不再享有求偿权。

第六条　管理人应当依照企业破产法第五十七条的规定对所申报的债权进行登记造册，详尽记载申报人的姓名、单位、代理人、申报债权额、担保情况、证据、联系方式等事项，形成债权申报登记册。

管理人应当依照企业破产法第五十七条的规定对债权的性质、数额、担保财产、是否超过诉讼时效期间、是否超过强制执行期间等情况进行审查、编制债权表并提交债权人会议核查。

债权表、债权申报登记册及债权申报材料在破产期间由管理人保管，债权人、债务人、债务人职工及其他利害关系人有权查阅。

第七条　已经生效法律文书确定的债权，管理人应当予以确认。

管理人认为债权人据以申报债权的生效法律文书确定的债权错误，或者有证据证明债权人与债务人恶意通过诉讼、仲裁或者公证机关赋予强制执行力公证文书的形式虚构债权债务的，应当依法通过审判监督程序向作出该判决、裁定、调解书的人民法院或者上一级人民法院申请撤销生效法律文书，或者向受理破产申请的人民法院申请撤销或者不予执行仲裁裁决、不予执行公证债权文书后，重新确定债权。

第八条　债务人、债权人对债权表记载的债权有异议的，应当说明理由和法律依据。经管理人解释或调整后，异议人仍然不服的，或者管理人不予解释或调整的，异议人应当在债权人会议核查结束后十五日内向人民法院提起债权确认的诉讼。当事人之间在破产申请受理前订立有仲裁条款或仲裁协议的，应当向选定的仲裁机构申请确认债权债务关系。

第九条　债务人对债权表记载的债权有异议向人民法院提起诉讼的，应将被异议债权人列为被告。债权人对债权表记载的他人债权有异议的，应将被异议债权人列为被告；债权人对债权表记载的本人债权有异议的，应将债务人列为被告。

对同一笔债权存在多个异议人，其他异议人申请参加诉讼的，应当列为共同原告。

第十条　单个债权人有权查阅债务人财产状况报告、债权人会议决议、债权人委员会决议、管理人监督报告等参与破产程序所必需的债务人财务和经营信息资料。管理人无正当理由不予提供的，债权人可以请求人民法院作出决定；人民法院应当在五日内作出决定。

上述信息资料涉及商业秘密的，债权人应当依法承担保密义务或者签署保密协议；涉及国家秘密的应当依照相关法律规定处理。

第十一条　债权人会议的决议除现场表决外，可以由管理人事先将相关决议事项告知债权人，采取通信、网络投票等非现场方式进行表决。采取非现场方式进行表决的，管理人应当在债权人会议召开后的三日内，以信函、电子邮件、公告等方式将表决结果告知参与表决的债权人。

根据企业破产法第八十二条规定，对重整计划草案进行分组表决时，权益因重整计划草案受到调整或者影响的债权人或者股东，有权参加表决；权益未受到调整或者影响的债权人或者股东，参照企业破产法第八十三条的规定，不参加重整计划草案的表决。

第十二条 债权人会议的决议具有以下情形之一，损害债权人利益，债权人申请撤销的，人民法院应予支持：

（一）债权人会议的召开违反法定程序；

（二）债权人会议的表决违反法定程序；

（三）债权人会议的决议内容违法；

（四）债权人会议的决议超出债权人会议的职权范围。

人民法院可以裁定撤销全部或者部分事项决议，责令债权人会议依法重新作出决议。

债权人申请撤销债权人会议决议的，应当提出书面申请。债权人会议采取通信、网络投票等非现场方式进行表决的，债权人申请撤销的期限自债权人收到通知之日起算。

第十三条 债权人会议可以依照企业破产法第六十八条第一款第四项的规定，委托债权人委员会行使企业破产法第六十一条第一款第二、三、五项规定的债权人会议职权。债权人会议不得作出概括性授权，委托其行使债权人会议所有职权。

第十四条 债权人委员会决定所议事项应获得全体成员过半数通过，并作成议事记录。债权人委员会成员对所议事项的决议有不同意见的，应当在记录中载明。

债权人委员会行使职权应当接受债权人会议的监督，以适当的方式向债权人会议及时汇报工作，并接受人民法院的指导。

第十五条 管理人处分企业破产法第六十九条规定的债务人重大财产的，应当事先制作财产管理或者变价方案并提交债权人会议进行表决，债权人会议表决未通过的，管理人不得处分。

管理人实施处分前，应当根据企业破产法第六十九条的规定，提前十日书面报告债权人委员会或者人民法院。债权人委员会可以依照企业破产法第六十八条第二款的规定，要求管理人对处分行为作出相应说明或者提供有关文件依据。

债权人委员会认为管理人实施的处分行为不符合债权人会议通过的财产管理或变价方案的，有权要求管理人纠正。管理人拒绝纠正的，债权人委员会可以请求人民法院作出决定。

人民法院认为管理人实施的处分行为不符合债权人会议通过的财产管理或变价方案的，应当责令管理人停止处分行为。管理人应当予以纠正，或者提交债权人会议重新表决通过后实施。

第十六条 本规定自2019年3月28日起实施。

实施前本院发布的有关企业破产的司法解释，与本规定相抵触的，自本规定实施之日起不再适用。